書系緣起

早在二千多年前，中國的道家大師莊子已看穿知識的奧祕。莊子在《齊物論》中道出態度的大道理：莫若以明。

莫若以明是對知識的態度，而小小的態度往往成就天淵之別的結果。

「樞始得其環中，以應無窮。是亦一無窮，非亦一無窮也。故曰：莫若以明。」

是誰或是什麼誤導我們中國人的教育傳統成為閉塞一族？答案已不重要，現在，大家只需著眼未來。

共勉之。

FIND YOUR PATH：

Unconventional Lessons from 36 Leading Scientists and Engineers

撕下標籤 成就最好的自己

當你不再侷限於自己或社會的設定，
就能收穫所有的可能

丹尼爾・古德曼（Daniel Goodman）——著
許可欣、黃馨葳——譯

序

職業及人生的指南

科學家和工程師能在學術、商業和政府環境中找到富有挑戰性、有錢景且在知識上令人滿足的職業。在這些可能性中，學生們最熟悉的或許是學術環境，學生花費多年在校園裡跟著教授學習，所以也對學術生涯的樣貌有所了解，但對於行業或公家機關的職業可能性就沒那麼熟悉。

本書原是為了考慮這三種職場的學生提供指導而構思的，然而，隨著計畫的進行，我明白透過這些菁英科學家及工程師的故事，可以為讀者在職業生涯的任何階段提供寶貴的人生指南。

人生指南包括告訴你如何創造家庭生活與工作平衡的職業，以及可以找到導師或行業中的領導者是多麼美好的事。本書裡有許多女性經歷了性別歧視，她們會描述自己的想法、感覺和對這種歧視的反應，她們所做的選擇也是人生指南的絕佳範例。有些人解釋了如何將堅定的價值觀融入訓練或職場的過程。身為少數族裔的主角們則面臨了一系列的挑戰，無論是在資源不足的社區中長大，或是經歷種族偏見，或是成為學校或職場的開路先鋒。

主角們個人及專業的選擇來自他們的成長環境，包括父母師長的指導和鼓勵，以及他們與生俱來的個性、才能和興趣。雖然每個主角面對的挑戰都不一樣，但這些榜樣有個共同點，即他們對科學發現的熱愛，以及他們利用科學技術來理解並改善這個世界的想望。

這本書的想法來自我在方尼和約翰・赫茲基金會（Fannie & John Hertz Foundation）中，與學生和傑出科學家的互動。每年夏天，赫茲基金會都會舉辦工作坊，讓在校生可以和年長的研究員交流，並聆聽客座講師的演講。有些客座講師已經創辦了公司，有些是在特定研究領域工作的大學教授，有些則是政府科學家或行政人員。在二〇一四年夏天的工作坊中，金伯莉・布迪爾（Kimberly Budil）生動地講述了她在政府部門的職業生涯，金伯莉長時間在國家實驗室擔任管理者，她描述自己有多喜歡支持和鼓舞科學家團隊，她還談到自己的職業挑戰和成功，包括她作為母親如何平衡家庭責任與工作的投入。在她演講後，我思考該如何傳播像金伯莉這種科學家楷模的智慧，然後決定寫一本書。

這本書也是我在公司ASM-NEXX擔任主管時，與實習生及訪客互動經驗的結果。我們經常會安排活動，讓我們的科學家與學生分享目前的工作和職業經歷，聽取這些專家的個人故事可以讓學生及訪客想像科學家的生活，並考慮自己是否要想從事類似的職業。因此，我選擇利用個人敘事的形式，有效地呈現這些人生故事和職業指引。

採訪的設定

大多數文章都是在採訪每個主角後寫出草稿，再讓他們審閱，提出修改建議或重寫。有兩個科學家理查．邁爾斯（Richard Miles）和理查．波斯特（Richard Post）則想要自己撰寫初稿。每篇文章在引言中都會說出它的主題。故事按時間順序書寫，從童年開始、一路寫到他們早期的職業生涯，許多文章會強調一些特殊事件，主角會提供意見或解答採訪者提出的問題。

這三十六篇文章分成三組。第一組：企業家，包括在商業領域中工作的科學家和工程師；第二組：學者，包括在大學或非政府研究機構裡度過大部分職業生涯的人；第三組：公務人員（公僕），他們的職涯中大多都在為美國政府工作，無論是文職還是軍職。

第一組裡有些主角創辦了公司，也就是所謂的企業家；這一組的其他人在現有企業中做出重要的技術或領導貢獻，他們為公司創造經濟價值、帶來成長，所以這些人也能符合企業家一詞的原始意義。雖然我將每個主角分配到不同的組別裡，但有些人的職業是跨越不同的類別。舉例來說，有幾個企業家也曾在學術機構或政府單位工作過，同樣的，學術科學家也可能為政府工作，或是為商業公司提供顧問，或兩者兼有。

可以了解並寫下這些優秀者的故事是件令人愉快的事，他們告訴我許多人生的教訓，也教導我成功科學家在訓練及職涯中做出選擇的方式，我也學會人可以在一生中擁有許多職業，追求夢想永遠不會太晚。希望你在閱讀時也能和我撰寫這些文章一樣，享受其中的樂趣。

如何閱讀此書

閱讀這本書的其中一個方法，可以先從頭開始，依序閱讀三組的故事，然後再讀前言「事業是生活的延伸」。

有些讀者覺得閱讀故事前，先看前言很有用。為期四年的職涯指導研究計畫很迷人有趣，而前言包含了它的結果，它先敘述每個主角選擇職涯方向的理由，以及該職業成員共有的特徵和偏好，然後解析故事裡子群體共有的人生和事業教訓。前言裡也有些讓讀者思考的問題，讓他們能將文章中的想法融入自己的生活。

一些帶有特殊興趣的讀者或許會決定先看某一部分的文章，例如，學生可能會認為還處於職涯早期的主角故事，與他們目前遇到的的挑戰和職涯決策最為相關，職涯早期的主角包括伊森・佩爾斯坦（Ethan Perlstein，第二章）、貝絲・里德（Beth Reid, Z. ，第三章）、克里斯多福・盧斯（Christopher Loose，第四章）、王真（Jane Wang，第五章）、珍妮佛・帕克（Jennifer Park，第七章）、潔西卡・西利格（Jessica Seeliger，第十六章）、史蒂芬・亞歷山大（Stephon Alexander，第十七章）、珍妮佛・羅伯茨（Jennifer Roberts，第二十六章）、蕾妮・霍頓（Renee Horton，第二十七章）和潔米・瓦倫丁（Jami Valentine，第二十八章）。

正考慮加入創業公司的讀者會想閱讀企業家的經歷，例如克里斯多福・盧斯、珊卓・格洛克斯曼（Sandra Glucksmann，第一章）、理查・勒辛（Richard Lethin，第六章）、史蒂芬・范頓（Stephen Fantone，第八章）、丹尼爾・泰歐巴德（Daniel Theobald，第十章）、貝絲・里德、王真、丹尼爾・古德曼（Daniel Goodman，第十一章）、大衛・加拉斯（David Galas，第十三章）和理查・波斯特。

有些企業家成為技術領導者或大公司的領導者，對這類職涯發展有興趣的讀者或許可以從以下主角的故事開始：凱西・吉賽爾（Kathy Gisser，第九章）、汪達・奧斯汀（Wanda Austin，第十二章）和諾曼・奧古斯丁（Norman Augustine，第十四章）、凱瑟琳・費雪（Kathleen Fisher，第十八章）。

想了解國防有關的科學事業，可以閱讀汪達・奧斯汀、諾曼・奧古斯丁、麥可・歐漢隆（Michael O'Hanlon，第二十章）、威廉・普雷斯（William Press，第二十三章）、理查・邁爾斯、珍妮佛・羅伯茨、金伯莉・布迪爾、溫蒂・塞斯拉克（Wendy Cieslak，第三十一章）、艾倫・帕利考斯基（Ellen Pawlikowski，第三十三章）、保羅・尼爾森（Paul Nielsen，第三十四章）和傑・戴維斯（Jay Davis，第三十六章）。

公部門裡非國防研究職涯發展的故事可見蕾妮・霍頓、潔米・瓦倫丁、艾倫・斯托凡（Ellen Stofan，第三十二章）、約翰・馬瑟（John Mather，第三十五章）、傑・戴維斯和大衛・加拉斯。

有些主角在訓練或職涯發展的不同階段轉換了科學領域，對改變領域有興趣的讀者可以閱讀麥可・歐漢隆、威廉・普雷斯、雪莉・蒂格曼（Shirley Tilghman，第二十二章）和大衛・加拉斯的故事。

許多科學家和工程師在訓練早期就找到對職涯發展至關重要的導師，對這類主題有興趣的讀者可以閱讀：凱西・吉賽爾、潔西卡・西利格、塔瑪拉・杜林（Tamara Doering，第十九章）和萊納・魏斯（Rainer Weiss，第二十五章）的故事。

想了解工作與生活平衡的讀者可閱讀珊卓・格洛克斯曼、丹尼爾・古德曼、汪達・奧斯汀、潔西卡・西利格、塔瑪拉・杜林、珍妮佛・羅伯茨、潔米・瓦倫丁、黛爾德・奧利尼克（Deirdre Olynick，第二十九章）和艾倫・帕利考斯基的故事。

許多女性科學家在工作上遇到組織障礙或性別歧視的問題，本書也有少數主角必須克服多種社會挑戰，才能成為成功的科學家和領導者，因此，在美國，女性和少數民族在科學界及工程界的比例仍然很低。不管你選擇如何閱讀這本書，我鼓勵你一定要選擇這些非凡的故事，包括黛爾德・奧利尼克、珍妮佛・羅伯茨、溫蒂・塞斯拉克、汪達・奧斯汀、史蒂芬・亞歷山大、蕾妮・霍頓和潔米・瓦倫丁，他們都是真正的科學家和工程師的楷模，他們的人生和事業經驗都值得學習。

撕下標籤 成就最好的自己

當你不再侷限於自己或社會的設定，就能收穫所有的可能

目錄

Part 3　為國家貢獻心力並找到成就　

前言

事業是生活的延伸

從生活、觀點和故事中吸取經驗教訓

「有著令人難以抗拒的吸重力，我很喜歡。」這就是珊卓・格洛克斯曼（Sandra Glucksmann）對新創公司的看法。她成立過新創公司，並助它茁壯之後，她覺得是時候再挑戰一次了。

「我到達實驗室後的每分每秒都很有趣！」魏斯是這麼描述他的物理學和宇宙學實驗生涯。魏斯喜歡建造新設備，享受成功的喜悅，並喜歡與學生相處。

「這是高科技設備，看起來像是科幻電影會出現的東西……我覺得自己在創造歷史。」霍頓負責焊接大型火箭引擎，她就是這樣看待她在新奧爾良的NASA米修德裝配廠的工作。霍頓從小就想成為科學家。她靠著決心和使命感，克服重重阻礙實現自己的夢想。

格洛克斯曼、魏斯和霍頓分別是企業家、學者和公務人員。這三位科學家有不同的背景、職業道路和故事，但他們對工作都抱有熱情。

我們可以從這些榜樣的生活、觀點和故事學到很多。他們正面看待世界，將世界視為一個充滿魅力與機會的地方。他們之中有人成立公司，有人探索、發現，也有人為國家安全貢獻一己之力。

但是生涯之路並不總是筆直寬敞。麥可．歐漢隆（Michael O'Hanlon）說道：「每次寫履歷列出過往職業時，就像命中注定好了那樣明確。有時候，我覺得自己應該寫另一份履歷，列出我過去經歷的種種困難。」

透過本書各章人物的故事，我們可以學習如何平衡工作與家庭或其他人生追求。一些科學家決定以兼職工作的形式照顧家庭，或尋找能使自己和配偶都能發展事業的工作。還有一些人找到適合的工作讓他們有時間追求科學以外的興趣。

本書有一些女性科學家描述遭遇性別偏見的經歷。有色人種科學家也被用異樣的眼光看待，因為他們常常是所出環境唯一的有色人種。了解他們的經歷幫助我們認識偏見和歧視，並為女性和少數族群提供更友好的環境。書中有很多科學家致力挑戰歧視或體制障礙，可供我們借鑒。

企業家

企業家決定在商業環境中工作的原因各不相同。對於某些人來說，他們的創業之路自童年萌芽。理查．波斯特（Richard Post）在矽谷長大，受威廉．惠烈（William Hewlett）和大衛．帕卡德（David Packard）的影響成立電子公司。迪克深信人生中要獲得博士學位，在大學任教，學習厲害的技術後展開事業。丹尼爾．西奧博爾德（Daniel Theobald）也在矽谷長大，吸收企業家文化。對於凱西．吉賽爾（Kathy Gisser）來說，從小看著父母經營生意，教會她重視企業家精神，儘管小時候還不懂什麼是企業家精神。

一些企業家在高中期間的經歷表顯出對商業感興趣。史蒂芬・范頓（Stephen Fantone）用割草和鏟雪賺來的錢建造望遠鏡。他就讀麻省理工學院時繼續運用商業頭腦，販賣光學設備。高中時，克里斯多福・盧斯（Christopher Loose）在默克集團（Merck&Co.）實習，是他日後選擇化學工程、生物學和商業為職涯發展的契機。

一些企業家原本想進入學術界或政府工作，但是人生總有意想不到的事情發生。伊森・佩爾斯坦（Ethan Perlstein）本想當教授，但是在被多次拒絕之後，他採取特殊的方法達成目標。他成立一家公司研究罕見疾病，藉此創造學術氛圍的研究環境。在〈放棄高盛高薪職缺成為科學家〉這一章中，我提到因政府資金削減使我重新考慮是否要到國家實驗室進行聚變能源，最後決定到商業環境。

為了累積經驗，並將專業知識應用於實際問題，一些科學家投入商業領域。貝絲・里德（Beth Reid）考慮從事學術職業，但對建構星系團模型感到厭倦。她的興趣廣泛，在讀研究所時就所見一二，她研究生態學或生物物理學，然後才決定投入宇宙學。身為數學模式建立者，她發展計算和分析知識。現在，她在氣候公司（Climate Corporation）工作，使用工具來分析衛星數據並幫助農民提高農作物產量。珍妮佛・帕克（Jennifer Park）在研究所和第一份工作期間曾在生物學實驗室工作。她想接觸更廣泛的領域，她認為當一名企業的團隊領導者比實驗室科學家更有成效，因此她成為產品經理從事業務開發。

對於格洛克斯曼和王真（Z. Jane Wang）而言，團隊合作也很重要。格洛克斯曼很感謝她在新創生物技術公司中的第一支團隊，她的同事們在努力實現目標的過程中相互支持。博士後研究結束後，王真可以選擇繼續投入她和同事創立的公司，或者到谷歌生命科學部門威瑞（Verily）。最後王真成為一個大型團隊的技術負責人，該團隊的各專家結合專業知識解決多維生物學和計算問題。

汪達．奧斯汀（Wanda Austin）和諾曼．奧古斯丁（Norman Augustine）在航空航天公司中被讚譽為技術貢獻者，兩人懷著對系統動力學的興趣，以及跨領域能力來協助大型系統的運作。兩人都對軍事商業領域展現興趣，奧斯汀研究美國空軍合約，奧古斯丁加入美國國防部，擔任計劃經理。憑藉對技術和業務的了解，他們升為管理層，最後成為執行長。兩人很早了解團隊合作的價值，並培養領導團隊所需的管理技能。

當大衛．加拉斯（David Galas）從理論物理學家轉換到實驗生物學家時，合作和團隊對他而言更重要。加拉斯一直很喜歡獨自解決數學難題。讀研究所時，他發現若要分析複雜的物理問題，合作比單打獨鬥來的好。後來，他成為美國國防部基因組計劃經理和生物技術公司的創始人，他認為團隊合作對於進步十分重要。他還學到領導大型團隊所需的管理技能。

加拉斯是一位企業家，他曾在學術、業界和政府這三個領域工作過。他評論每種環境在科學的優勢：只有在學術界才能開展由熱情驅動、奇特而有創意的計劃；大規模的計劃需要政府的支持；新創公司追求快速、專注和實際應用。他說，就像從研究所到成為科學家沒有單一的途徑一樣，從基礎研究到技術創新也是如此。每個領域不同的階段和方法都彼此影響著。

學者

學術型科學家在通往研究人員和教師的目標上有不同的旅程。有些人受到大學教授父母的影響，走上教職。斯伯格的父親為物理學教授，事業令人滿意，學生幾乎都是家庭中第一個上大學的孩子。塔瑪拉·杜林（Tamara Doering）的父母都是學者。她說她以為獲得博士學位到大學任教是每個學生的成長之路，每個人都這麼做。邁爾斯的父母是工程師，祖父是教授。對邁爾斯而言，成為機械工程研究教授是自然而然的事。

有一些學術科學家在大學期間發現他們喜歡教學。潔西卡·西利格（Jessica Seeliger）是大學的助教，凱瑟琳·費雪（Kathleen Fisher）曾教其他大學生電腦科學。一些學者是讀大學後才發現他們對教學有熱忱，例如：蒂格曼和歐漢隆。他們加入服務機構，在國外教科學。蒂格曼隨加拿大大學海外服務組織前往獅子山共和國教高中化學。歐漢隆加入和平隊，並在剛果民主共和國教物理。史蒂芬·亞歷山大（Stephon Alexander）在博士後研究期間，在暑期班教理論物理課。除了享受教學的快樂，他還發現有助於自己加強技術領域。

大多數學者在大學期間都主修科學領域。亞歷山大和威廉·普雷斯在大學修讀物理學，最終成為物理學教授。斯伯格學習天體物理學，並在大學期間就知道自己更適合成為天體物理學家，而不是數學家或實驗學家。費雪在大學二年級時就愛上電腦科學，並將其視為未來職業領域。

大學畢業後，一些人轉換研究領域。西利格和蒂格曼大學主修化學，但後來成為生物學家。他們兩人都向指導老師和外界尋求幫助，讓他們獲得未在大學接受的生物學訓練。對於西利格而言，她在英國攻讀生物學博士學位之前，先在艾倫．費爾斯（Alan Fersht）教授指導下獲得蛋白質折疊領域碩士學位。蒂格曼在美國國家衛生院分子生物學家萊德教授的實驗室進行博士後研究。

在研究所和博士後研究期間，學者發現他們很享受成為專業領域專家的過程。杜林興奮地回憶起那一天，她決定研究致病真菌，至今已有二十多年。西利格繼續研究結核菌，最近投入微生物的脂膜運輸、細胞壁和細胞膜研究。邁爾斯成為使用雷射研究空氣動力學和燃燒的專家。蒂格曼忽略同事的反對意見，投入很多年研究H19基因。她最後成功了，證明H19基因是生物學上第一個長鏈非編碼RNA。魏斯花了四十年的時間改進檢測重力波的儀器。

學術科學家發現，不管是與研究小組還是研究小組之外的合作，對於提高生產力和創造力至關重要。作為賓夕法尼亞州立大學的一名年輕教授，亞歷山大知道不僅要和宇宙學家交流，也要和凝聚態理論學家學習。亞歷山大能夠使用簡單的概念對早期宇宙建立模型。天體物理學家斯伯格通過與實驗學家和工程師合作，在儀器設計方面取得進展。最近，他們發表許多有關探測系外行星方法的論文。蒂格曼在美國國家衛生院進行博士後研究時，她和另一位研究人員被分配相同任務，這本來可能是一場災難。但是他們透過分工合作，對哺乳動物基因有重大發現。他們的共同發現推動他們進入不同的職涯之路。威廉．普雷斯與他的三個同事合作撰寫科學計算教科書《數值算法》。魏斯是雷射干涉儀重力波天文台的創始人之一，他和一千多名同事為天文台做出不可磨滅的貢獻。

博士班畢業後或完成博士後研究，大多數學者成為大學教授。但費雪和歐漢隆卻是例外。費雪在業界打滾多年才回到學術界任教。歐漢隆先在政府工作，接著加入布魯金斯學會（Brookings Institute）進行政策研究，目前是四所大學的兼職教授。

大多數學術科學家在職業生涯中都住在同一所機構，並在同一科學領域工作。威廉．普雷斯是個例外，他說即使在同一家機構，他大約每五年就更換一次領域。在撰寫了一篇相對論論文之後，他進入宇宙學，然後又換到流體動力學。最近，他投入分子生物學。他還曾在洛斯阿拉莫斯國家實驗室指導武器研究。這些領域的共同點是他在科學計算領域的專業知識。

蒂格曼和比爾．普雷斯一樣，也曾轉換科學領域成為一名生物學家，但她轉換的時間點很早。蒂格曼轉換領域的原因是一位化學教授的一席話。教授告訴她，她是一名好學生，但不會成為一名優秀的化學家。她知道教授是對的，這麼建議是為她好。蒂格曼當上教授後，她也曾好幾次向學生提過同樣的建議，但前提是她百分百確定，因為這可能會對學生產生極深遠的影響。因此，她對如何提出建議相當謹慎。

蒂格曼認為，承認自己走上不適合的領域，並知道有改變的必要，需要自覺和自信。投入不適合的領域時，可能無法獲得快樂或感到無趣。就蒂格曼而言，她對成為化學家一點都不覺得有趣。她想念高中時期進行科學研究時的刺激感，當時她認為化學是解決難題的絕佳方法。

對改變職業領域感興趣的學生和科學家，比爾．普雷斯說進入新領域須面對一場硬戰，而不是只有表面功夫。他建議可以先與新領域的專家合作，並研究他們覺得有趣的議題。舉個反例，他說有些物理學家雖然已經進入生物學界，但生物學家認為他們仍在處理物理學議題。他認為這沒有對錯，但他認為這不是職業的真正轉變。

公務人員

對於在軍隊或政府機構工作的科學家而言，有些人啟蒙於童年。霍頓自國中起就想要到NASA工作，當時她決定要當太空人。斯托凡的父親是NASA的火箭科學家，母親是科學老師。當家人前往甘迺迪太空中心觀看火箭發射時，斯托凡只有四歲。

有些人在大學期間曾在政府實驗室實習。羅伯茨在約翰．霍普金斯大學應用研究實驗室度過一個夏天，又在海軍研究實驗室實習一個暑假。瓦倫丁在勞倫斯利佛摩國家實驗室進行暑期實習。

在主角為公務員的章節中有兩個人在大學時決定參軍。尼爾森考量家庭的經濟狀況，選擇去美國空軍學院而不是麻省理工學院就讀。帕利考斯基在大學一年級時加入預備軍官訓練團，因為她對越戰結束時的軍旅生涯感到好奇。

有一位科學家布迪爾在國家實驗室攻讀博士學位。她在加州大學戴維斯分校的應用科學系攻讀研究所，並在勞倫斯利佛摩國家實驗室從事雷射和探測器工作。

在完成博士學位論文後，好幾個人立即在國家實驗室和政府機構找到工作。瓦倫丁在約翰．霍普金斯大學完成固態物理學和材料科學論文後，加入了美國專利商標局。塞斯拉克和她的丈夫邁克從倫斯勒理工學院畢業，專攻冶金學。他們都在新墨西哥州阿爾伯克基的桑迪亞國家實驗室找到工作。斯托凡在布朗大學獲得博士學位後，加入噴射推進實驗室的麥哲倫任務團隊。馬瑟在柏克萊大學完成氣球宇宙學實驗後，加入了戈達德太空研究所進行博士後研究。戴維斯跟隨他的論文指導教授到勞倫斯利佛摩國家實驗室工作，因為恐怖分子炸毀他們在威斯康辛大學的實驗室。

在為政府工作之前，其中兩名科學家在業界工作一小段時間。羅伯茨曾為國防高等研究計畫署的國防承包商工作好幾年，之後成為計劃經理。奧利尼克在半導體設備公司工作兩年，然後才在勞倫斯柏克萊國家實驗室找到奈米製造的相關工作。

加入軍隊或政府機構後，許多科學家很快擔任管理者角色。尼爾森完成等離子物理學博士學位後，他加入美國空軍特殊任務辦公室來設計太空梭。他認為這份工作是他技術職業的巔峰。尼爾森離開空軍特殊任務辦公室之後，他被分派到管理職。在帕利考斯基的第一個空軍任務中，她負責監督「全面禁止核試驗條約」的實驗工作。她手下有一群人建造分離設備。她發現授權團隊執行細節非常有幫助。隨著尼爾森和帕利考斯基不斷晉升，部屬也越來越多。

塞斯拉克和戴維斯都是實驗科學家，但隨著經驗的累積，他們成了國家實驗室的管理階層。塞斯拉克擔任桑迪亞和洛斯阿拉莫斯國家實驗室主任，戴維斯擔任勞倫斯利佛摩國家實驗室主任，之後搬到華盛頓成為國防威脅降低局（Defense Threat Reduction Agency）的第一任局長。

布迪爾在獲得博士學位後，在勞倫斯利佛摩國家實驗室從事雷射研究多年，之後才搬到華盛頓特區，向美國能源部國家核子保安總署提供建議。在華盛頓工作代表不再從事研究工作，而是從事一些她並不專精的計劃。布迪爾得知她的背景使她成為華盛頓政策環境中技術上最適合的人選之一，且她發現自己喜歡向非技術人員講解技術議題。她對許多不同的科學議題都感興趣，而且是一位戰略思想家，擅長激勵人心。了解自身的優勢有助於成功管理。

布迪爾重返勞倫斯利佛摩國家實驗室之後，她晉升為管理層。她目前負責監督由美國能源部資助的加州大學三個國家實驗室。布迪爾說這些實驗室進行的許多研究皆為國家安全、能源和生物技術領域的中期計劃。這些計劃需要合格的技術團隊進行數年的努力才能解決棘手的技術問題。布迪爾說，在國家實驗室進行的研究比業界的研究與開發計劃更長遠，也比學術界經常進行的基礎研究有更大的應用價值。

布迪爾認為，選擇在業界、學術界或政府研究實驗室工作，取決於科學家對計劃時程和應用程度的偏好。傾向於短期研究的人適合在業界工作，而致力基礎研究的人在學術界則更悠然自得。

科學家和工程師的個人經驗支持布迪爾的觀點。企業科學家吉賽爾和王真使用化學和生物學知識來製造產品，而蒂格曼用她對化學和生物學的素養解決自然界的難題。業務經理帕克喜歡與客戶合作進行各種計劃，而對於杜林來說，研究特殊真菌是她科學生涯的重心。企業家格洛克斯曼在不斷變化的氛圍中成長。她擁抱新創企業的不確定性，迫不及待地想開始新的嘗試，而亞歷山大喜歡進行長期的基礎研究，為早期宇宙建立數學模型。

布迪爾在國家實驗室對科學工作的描述也與其他科學家的故事不謀而合。塞斯拉克的電池開發工作和霍頓的大型火箭引擎焊接都在應用科學界舉足輕重，尼爾森和帕利考斯基在職業生涯中完成的軍事科學計劃也對國家極其重要。

> 思考問題：
> 我喜歡什麼時間範圍的計劃？我對創造產品還是了解自然世界更感興趣？我如何定義貢獻大眾，會引導我邁向哪種職業道路？

性別偏見和歧視

許多女科學家在職業生涯中遇到了不同程度的性別偏見或歧視。奧利尼克在北卡羅來納州立大學就讀時曾經歷性別歧視。她記得一位教授抬頭看女孩的裙底，還聽到一位教授在決定是否僱用員工前，打聽員工長得漂不漂亮。這種態度使奧利尼克更加堅信要成為一名優秀的科學家。

蒂格曼對皇后大學一位物理學教授的性別歧視言論記憶猶新。她認為那個教授大錯特錯，不認同他說女孩不應該成為物理學家。她還回憶起在美國國家衛生院博士後研究進入尾聲時，她和一名男同事都在尋找工作，又碰到性別歧視問題。蒂格曼感到很幸運，在她的成長期間這種評論並不常見，而她所敬重的兩位老師也很支持她。老師總是告訴她做得很好，應該繼續前進，不要受其他人意見的影響。蒂格曼意發現許多女同事比她面臨更多的歧視。她感謝父母教會她保持自信，沒有人能告訴她不可以做什麼。

在讀研究所期間，斯托凡發現領域中的女性很少，這使她覺得自己必須加倍努力才能被認真對待。後來，當她在噴射推進實驗室進行麥哲倫任務時，她感覺同事對她能清晰表達感到不可思議。她的同事們並不粗暴無禮，但是他們總是高高在上，也因為她是女人而不把她當回事。

斯托凡說，婦女和少數民族對於要代表整個群體備感壓力。當她在辦公室沒有看到女性時，她會被恐懼吞噬，開始自我懷疑：「我可以在這裡嗎？」她說她多年來沒有什麼自信，因此不得偽裝自己。假裝自己是個很有自信的人需要耗費很多精力，還要常常擔心是否有人會發現自己其實沒有自信。斯托凡說，有些人天生就很自信，但是對於科學場域的女性來說，假裝有自信是有幫助的。

塞斯拉克首次加入桑迪亞國家實驗室時，她的上司有偏見。儘管她的表現與男性小組成員一樣，但她的上司拒絕給予她良好的評價。當被問到為什麼時，他告訴她，她不應該在意自己的收入，她的丈夫賺很多錢就好。那是她第一次但不是最後一次離開有偏見的主管。後來還有一位主管拒絕提名她晉升，因為主管和他的妻子認為雙薪家庭無法好好照顧兩個孩子。塞斯拉克向平等就業機會／平權辦公室提出申訴，主管非常生氣地警告她，如果她還敢申訴，他將使她在實驗室的職涯畫下句點。她曾考慮投訴，但最後因無法承擔被報復的風險而作罷。

在剛踏入職場時，塞斯拉克會建議其他面臨歧視的女性保持低調，因為根據她的個人經驗，提報歧視沒有幫助。但是，她最近從性別偏見的經歷中學到堅持正確立場的重要性。塞斯拉克說面對騷擾或性別歧視沒有統一的做法，她最具體的建議是做好記錄。若未來行為明顯越軌決定要起而反抗時，就可以採取強而有力的行動。

塞斯拉克開始在桑迪亞國家實驗室工作，她沒有同事或老師能支持她，因此她現在想扮演其他女性支持者的角色。她認為這種支持非常重要，因為不僅可以幫助女性處理投訴程序，而且可以避免任何報復行為（儘管根據聯邦性騷擾法這種報復是違法的，但事實上仍繼續阻礙許多女性的發展）。

里德說，與許多女科學家相比，她受到社會壓力、性別偏見和歧視的影響較小，她沒有特別注意到對其他人的影響。直到好幾年後，她才知道在研究所和博士後研究常常發生歧視。她說如果她對這個問題更理解的話，那麼可能可以提供同事更大的幫助。

有色人種科學家的挑戰

有色人種科學家在學校和職業生涯中常常面臨挑戰。奧斯汀、瓦倫丁和霍頓都是有色族裔，他們說他們常常是環境中唯一有色人種。

奧斯汀是富蘭克林與馬歇爾學院中僅有的二十名非裔美國人之一。她來自一小城鎮，常常感到孤立。幸運的是她有一名很支持她的老師，也和老師的家人相處融洽，這讓她感到溫暖，並幫助她融入校園。

大學畢業後，奧斯汀在白人為主的航空航天工程領域找到第一份工作，深切感受到來自同事的敵意。她換了一份夢寐以求的新工作，到航空公司這個開放的環境追求成就。

當瓦倫丁決定去哪裡讀研究所時，她的大學導師問她：「想成為系上第一位有色人種學生嗎？想成為打破玻璃天花板的人嗎？還是去已經有黑人物理學家的學校，不會被視為怪胎的地方？」現今，她仍然讓學生好好思考這些問題。

最後，瓦倫丁選擇就讀布朗大學，當時她是物理學領域僅有的四到五名非洲裔美國學生之一。她發現在布朗大學的學習經歷很困難。她在約翰·霍普金斯大學讀完研究所，在一個擁有更多非裔美國人學生的學校，百分之八十的學生正在學習科學和工程學，她感到悠然自得。

亞歷山大在小城市長大，很多數朋友都身陷囹圄或陷入其他惡劣情況。直到一位高中老師建議他讀大學，這時他才考慮上大學。亞歷山大還感受身為局外人的壓力。他說，他的背景和社會地位讓他受孤立。他將局外人的身份轉變為優勢，讓他無後顧之憂的冒險，而不必擔心同事會嘲笑他解決物理問題的方式。

在研究所生涯，霍頓曾在三所大學經歷過歧視。當她在南方大學修讀物理時，老師毫不猶豫地告訴為數不多的女學生，她們屬於家庭而不應該到物理系來讀書。路易斯安那州的一位外國教授告訴霍頓，她是個白痴，不配讀研究所。有聽力障礙的霍頓認真錄製和抄寫授課內容，並請她的兩個孩子幫助她了解教授授課內容。她在阿拉巴馬大學的實驗室研究五年，她的指導教授給發了一封電子郵件說她沒有取得足夠的進展，就將她踢出實驗室。在打電話給幾個同學之後，她發現自己並不孤單。很多人也曾與指導教授有摩擦，但校方很少伸出援手。最後，霍頓終於找到一位指導老師完成論文。

處理組織層級的障礙

羅伯茨進入麻省理工學院電氣工程與電腦科學系研究所時，發現組織層級的障礙，包括混亂的政策和對學生缺乏支持。她曾考慮改變領域或離開研究所，但越挫越勇最後反而適應麻省理工學院的學習生活。首先，她幫助系上調整新生說明會。接著，她成為系上研究生協會的會長，幫助校方了解為何女學生退學的比率高於男學生。她發現，繼續學業的女學生並不是因為她們過得比較快樂，她們只是拒絕放棄！

羅伯茨和夥伴們努力讓系上變得更加友善，贊助有關研究小組動力、職業選擇和如何兼顧家庭工作、生活的各項計劃。在其中一個工作坊中，女學生集思廣益討論如何回應來自學生和教授的負面評論和批評。她們還討論在充滿挑戰的情況下如何增強韌性。

羅伯茨還幫助啟動麻省理工學院緩解摩擦和壓力資源計劃。該計劃的學生輔導員提供支持、指導和調解服務。在過去的十年中，像麻省理工學院這樣的諮詢計劃已經日益普遍，目前大約三分之一的大學校園諮詢中心都有類似的計劃。

麻省理工學院的資源計劃涵蓋的一些主題，也列於馬塞諸塞州劍橋市非營利組織科技企業中的女性（Women in the Enterprise of Science and Technology）的議程上。該組織為女性提供教育、指導、網路和資訊共享，培養企業家思維和冒險精神。組織成員來自各個行業，從資訊技術、生物製藥到清潔技術和環境科學等。由格洛克斯曼擔任董事會主席，鼓勵女性科學家和工程師參加小組討論或社交活動。

> 思考問題：
> 我如何面對教室、實驗室或辦公室的性別或種族偏見？我和同事如何營造一個包容、友善的環境？如果我遇到組織障礙或偏見，應該與組織中的哪些單位聯繫？有沒有能扮演支持角色的資深人士，能提供意見？

尋找人生導師和指導教授

蒂格曼有兩位非常信任的導師，他們告訴她繼續前進，不要受任何人的冷嘲熱諷影響。霍頓從兩位導師霍達利和哈特琳身上學到如何保持自信並讓人傾聽。數學教授喬治・羅森斯坦（George Rosenstein）和他的家人為奧斯汀提供支持，而奧斯汀沒有大學的經驗，無法理解她需要社會和學術支持。

艾倫上將是尼爾森的榜樣。艾倫上將身為物理學家，表示科學家或工程師可以在空軍中取得成就，並向尼爾森傳授領導的知識。費雪教授為理查・萊辛（Richard Lethin）提供架構電腦的思路，因此，大學畢業後，萊辛加入費雪教授的公司。萊辛後來創立自己的公司，該公司以費雪的願景為基礎，但又增加自己的技術理解和價值觀。扎卡里亞斯教授在魏斯讀麻省理工學院時給予幫助。露西婭・羅斯曼・德尼斯（Lucia Rothman-Denes）是格洛克斯曼嚴格的指導教授，告訴她科學的嚴謹性以及如何充分利用生活。

本書描述的每個榜樣也都有自己的榜樣。有些是有影響力的老師，有些是企業或軍事領導人，還有些是指導教授。里德在斯伯格的指導下學習。斯伯格的論文指導教授是威廉・普雷斯，而普雷斯師承理查・費曼和索恩教授。在師徒制的領域中，科學家能自指導教授獲得許多資源。魏斯甚至說，對於一位年輕的科學家而言，有影響力的老師能建立學生的信心，這非常重要。

成功的可能策略是在學生時期找到傑出的科學家當指導教授。羅斯返回研究所時，他知道他想與麻省理工學院教授羅伯特・蘭格（Robert Langer）學習，他是藥物輸送、組織工程和生物材料領域的專家，也是許多生物技術新創企業的創始人。羅斯有興趣創辦自己的生物技術公司，因此即使他只是學生，在蘭格門下學習提供他認識許多有力人士的機會。

亞歷山大在布朗大學學習物理學時，他有三位傑出的指導教授，其中萊昂・庫珀（Leon Cooper）和邁克・科斯特列茲（Mike Kosterlitz）曾獲諾貝爾獎。亞歷山大充滿熱情和想像力，但他不是系上最優秀好的學生。然而，他的指導教授在他身上看到創新的火花，並鼓勵他致力於神經科學和弦宇宙學的理論問題。這個鼓勵來的正是時候，因為亞歷山大說，如果他的指導教授沒有鼓舞他，他可能就放棄學業了。

西利格的指導教授是著名的史蒂夫・博克（Steve Boxer），因為他對生物學及物理工具有深刻的學養。西利格發現博克教授的研究小組是一個出色的培訓環境，而博克教授本人是一個放手讓學生嘗試的教授。他讓西利格可以自主選擇研究方向，因此她傾向優遊在各個計劃之間。

本書許多篇章的主角評論他們的指導教授提供指導的程度以及學生的獨立性。對於喜歡更多探索方向的學生，建議選擇有前途的青年教授作為指導教授或由一群指導教授共同指導。

帕克研究幹細胞療法，她的指導老師是李松（Song Li）教授，是他的第二位指導學生。由於李教授學生不多，所以可以好好指導每個學生。修讀有機合成的王真選擇年輕有為的迪恩・托斯特（Dean Toste）教授為指導教授，並且是他的第一批研究生之一。她同時也有一個由三名教職人員組成的指導團隊，為她提供多維度計劃的建議，該計劃需要廣泛的專業知識。

一些章節的主角在校時就非常努力，尋找導師為科學研究和職業發展助一臂之力。

高中時，伊森・佩爾斯坦（Ethan Perlstein）在一家生物技術新創公司擔任技術員，他大量閱讀免疫學期刊。他寫信給一著名的科學家，想了解他們的工作。美國國家衛生院的羅納德・傑曼（Ronald Germain）很友善地回答他的問題，兩人開始書信往返。傑曼在佩爾斯坦上大學之前還幫他找了暑期實習。大一和大三時，佩爾斯坦回到國家衛生院，而傑曼成為了他的指導老師。

吉賽爾在參觀凱斯西儲大學化學系時，找到她的第一位人生導師。讀高三時，吉賽爾到凱斯西儲大學了解化學課程，艾爾・安德森（Al Anderson）博士是按字母順序列出的第一位教授。當她拜訪安德森教授時，教授給了她一份工作。她協助研究生在安德森教授實驗室進行研究，這讓吉賽爾有信心成為成功的化學家。

西利格在讀高中的時候，曾上過歐柏林學院諾曼・克萊格（Norman Craig）教授的熱力學課程。西利格主動聯繫克萊格教授，詢問是否可以在他的實驗室做暑期實習生，他同意了。西利格協助光譜學研究，負責操作和維護昂貴的分析設備。這個經歷使她對自己的實驗技能充滿信心，並希望繼續到大學的物理化學領域學習。

大一時，杜林修讀麥可・埃迪丁（Michael Edidin）教授的生物學，並詢問是否暑假期間到埃迪丁教授的實驗室實習。她本來打算隔年夏天繼續到他的實驗室實習，但是她發現教授要休假一段時間，索性她走進隔壁索爾・羅斯曼（Saul Roseman）教授的實驗室詢問同一問題。之後，她繼續為羅斯曼教授工作，她在實驗室進行的糖生物學研究成為她後來的工作重心。

書中一些主角是靠運氣或偶然發現自己的人生導師。史蒂芬・范頓（Steve Fantone）將此事件稱為「機緣巧合」。他說，他的生活中充滿了這樣的機緣巧合，其中最重要的一次是與妻子相識。對於他的職業生涯而言，最重要的一次相遇發生在凌晨四點波士頓洛根機場，他當時在售票口排隊，遇到未來的導師和商業夥伴山姆・雷蒙（Sam Raymond），這次相遇帶來了許多意想不到的機會。

魏斯也是偶然間遇到人生導師。被麻省理工學院退學後，他在校園裡徘徊，思考下一步該怎麼做，無意中走進扎卡里亞斯教授的實驗室，並協助技術人員。後來，扎卡里亞斯教授教導魏斯如何進行高精度的物理實驗，幫助他完成學位，還幫他找工作。

法國著名學者路易．巴斯德（Louis Pasteur）曾說過：「機會是留給準備好的人。」他指的是自己的發現以及物理學家克里斯汀．奧斯特（Christian Oersted）的發現，但同時也適用於范托和魏斯如何找到導師。

早在范托與雷蒙認識之前，他已經做好充足準備。舉例來說，大學時期，他自願幫忙設置演講廳，供來訪的光學學會演講者使用，藉這個機會他與演講者有進一步的交流。畢業時，范托已經認識很多業界有力人士，對領域內所有公司正在進行的研究知之甚詳。

同樣的，魏斯能到扎卡里亞斯教授的實驗室工作也仰賴他充足的準備。魏斯精通電子，曾在高中時期製造、販售音響。這段經歷使他能辨別實驗室哪些電子設備需要改進，也因此獲得扎卡里亞斯教授的賞識，成功得到實驗室的工作。

> 思考問題：
> 我知道要聯繫誰才能獲得實習或工作嗎？我可以請誰擔任指導老師？我可以做些什麼準備，例如：技能培養、建立人脈或參加志工活動，將偶遇的可能性最大化？

工作與家庭平衡

格洛克斯曼在研究所三年級時生了一個女兒。她說，蹣跚學步的嬰兒不會影響她讀完研究生所，但確實對她的工作和生活平衡以及婚姻都產生重大影響，她和丈夫查理沒辦法自由運用時間了。查理是一名律師，而格洛克斯曼從事分子遺傳學研究。如果查理要上法庭，或者格洛克斯曼要到實驗室做實驗，那麼他們就不得不調整作息時間。這並不容易，但是他們仍努力做到，而且兩個人都能維持自己的事業。

對於奧利尼克來說，兼顧工作與生活是兒子出生三個月後並開始第一份工作的主要考量。她是一位親餵母乳的全職母親。本來奧利尼克和丈夫選擇離她工作場所較近的地方居住，但如此一來她的丈夫上下班通勤時間很長。後來，奧利尼克換了新工作，企圖找到自己和家人生活的平衡點。

奧利尼克到勞倫斯柏克萊國家實驗室從事兼職研究工作，使她有靈活的時間與孩子們互動。她在孩子的學校做志工，包括幫助組織科學活動和學校活動。當孩子們長大，她轉為全職研究人員。接著，她完成MBA學位，轉換職涯領域，目前在加州大學舊金山分校工作，負責全球健康計劃。

杜林和她的丈夫都是教授，他們不得不討論工作和家庭的兩難問題。他們選擇延後生育孩子，直到他們成為優秀的教授為止。杜林的學生問她什麼時候是建立家庭的最佳時間點。她說，有孩子真是太棒了，但是沒有一個最好的養育孩子的時間點。杜林還說，如果她在讀書或進行博士後研究時生孩子，她的成績可能不會那麼好。她認為，如果她早一點成為母親，那麼她在學術界可能不會像今天這麼成功。

西利格和她的丈夫也選擇比較晚才生孩子。像杜林一樣，西利格了解學術生涯與養育孩子是一場很大的挑戰，她擔心要放棄自己的實驗室和教學時間來照料孩子。但她仍高興地說，養育孩子是快樂的經歷，也為她的工作帶來歡樂。她的兒子讓她思索人生的優先排序。

丹尼爾・西奧博爾德（Daniel Theobald）和他的妻子黛博拉（Deborah）在建立家庭時共創公司。在成立保健軟體公司之後的兩年，客戶數量不斷增加，同時他們有了兩個孩子。四年後，他們搬回波士頓，繼續發展公司，並養育孩子。西奧博爾德夫婦發現擁有自己的公司是很大的責任，但也為他們提供了比一般員工更大的靈活性，例如：他們可以帶孩子上班。西奧博爾德夫婦成功在工作和家庭生活之間取得平衡。

在麻省理工學院讀研究所時，羅伯茨和電氣工程與電腦科學系委員會成員時重新定義工作與生活的平衡問題。在她到達麻省理工學院之前，該系僅針對女學生舉行小組討論，育有年幼子女的女教授分享如何平衡職業和家庭。羅伯茨幫助組織完善的討論會，邀請學術界和業界的在職父母和男、女學生共襄盛舉。羅伯茨認為，建立父母共同育兒模式可以讓女性在事業上取得成功。

帕利考斯基和奧斯汀都同意羅伯茨關於夫妻共同育兒的重要性。他們感謝配偶的支持。

工作和其他興趣

在研究所緊張的生活後，瓦倫丁在美國專利商標局的工作對她來說是完美的工作。原因之一是，美國專利商標局鼓勵員工在工作之外享受生活。瓦倫丁利用她的空閒時間輔導學生。許多榜樣在科學和工程學之外都具有濃厚的興趣，並為追求這些興趣而構建自己的職業。最常見的興趣是音樂和表演。

帕克對音樂有濃厚的興趣，她甚至曾考慮當音樂家。她也在管樂團演奏古典音樂。塞斯拉克和西利格都是弦樂家，喜歡演奏古典音樂。亞歷山大是爵士薩克斯演奏家。音樂是他人生的核心，隨著時間的流逝，他學會結合兩種熱情，並從音樂中獲得宇宙學理論的啟發。

正如「放棄高盛高薪職缺成為科學家」這章所提及，音樂對我的生活也非常重要。在經過一天的工作後，我喜歡彈鋼琴。彈鋼琴讓我放鬆，激發創造力以及與其他音樂家和聽眾產生連結。音樂和科學都是結構化的，具有標準的符號和公認的古典和爵士形式。音樂讓我自由探索、創作和發現，對全世界的很多科學家也是如此。

當科學家或工程師做決定時，職業道路與個人生活如何互動是核心重點。從本書榜樣的觀點、故事和選擇，可知他們生活中如何平衡科學興趣與個人目標，以及兼顧家庭和其他興趣。

> 思考問題：
> 有哪些個人責任和興趣？在做職業選擇時，如何兼顧生活和事業，而不犧牲其中之一？

Part 1

成為企業家的商業菁英

第一章

從分子生物學家到創業生醫公司

珊卓・格洛克斯曼（Sandra Glucksmann）

新創公司就像約會和初戀——一切都如此新穎。當然，你得學習新的科學領域，你得對商務的各個面向做出決策——協調商業和科學策略和規畫、建立團隊、設計實驗室，你得決定引進什麼專業知識，想發展哪種文化，以及你要如何募資，這就像進入超級的多工處理模式。對我來說，沒有什麼比這更令人興奮，它在很多方面都很有挑戰性：它令人筋疲力竭，還非常耗時。這是讓人無法抗拒的吸引力，我喜歡這樣。

我生於阿根廷，然而從八歲開始，一直到二十四歲念研究所，我從沒在一個國家居住超過三年，那段期間，我讀過六所小學、一所中學、三所高中和兩所大學，範圍遍布美國和拉丁美洲。這種童年讓我可以安然面對創業家精神中的不確定性。這是前一家公司老闆知道我背景時告訴我的；她更了解我為何能在創業世界裡茁壯成長：我喜歡未知——我不怕它。

我害怕的是已知。如果我開始對自己正在做的事感到太過安心，就會產生許多焦慮，那種感覺是我離開第一家公司創業的原因之一，當時我已經晉升到副總裁，負責管理幾百名員工，現在我已經離開那家公司，開始另一段冒險。

在國家間移動

爸媽在我五歲時離婚，之後兩人都再婚了，我在母親和繼父的撫養下長大，因為繼父的職業而不停地搬到不同的國家。在一九六〇年代，繼父在福特汽車公司負責公共關係及策略，我們因此搬到美國的密西根，然後他換到巴塔哥尼亞一家科學基金會工作，我們又搬回阿根廷。後來阿根廷的政治局勢惡化，母親、四個兄弟姐妹和我再次搬到美國。

在我成長過程中，繼父朱利歐（Julio）是重要的影響角色，他是個多才多藝的人，真正的博學多才，擁有柏克萊的工商管理碩士學位和巴黎索邦學院的政治學學位。他教會我和我的兄弟姐妹許多事，包括如何欣賞自然與藝術，如何理解政治，他幫助我們意識到自己在世界上的位置，以及我們如何能有所作為。

我的母親和繼父一樣，都是個多才多藝的人。她煮得一手好菜，開了好幾家餐廳，會說六種語言。她一直想成為化學家，不過她很年輕就結了婚。照顧家庭比獲得大學學位更重要。

我一直是個努力取悅別人的好女孩，因為母親一直想當個科學家，我便覺得這麼做是對的。在高中階段，對我來說最有意義的是生物學，它看來最合理。生物學採用化學和物理學的概念，例如熵，也將這些概念應用在日常生活和自然界裡。這是一門我能理解的科學，生物學幫助我悠遊於這個世界，並在其中感到安心舒適。

在美國高中畢業後，我寫信給在阿根廷工作的父親，告訴他自己正考慮大學時修讀生物學，但我也在考慮其他可能性。他回信建議我回阿根廷，花一年好好想清楚。回到阿根廷後，發現美國的高中文憑不被阿根廷承認，我需要完成中學畢業考試，所以我又念了一次高中，然後申請大學。

專業化早期

我在布宜諾艾利斯的天主教大學度過大學的前兩年，阿根廷的高等教育系統和歐洲相似——每個學院教授一種專業，例如生物學、農業、醫學或法律。我進入生物學學院，在那裡同時修讀統計學、物理學、化學與哲學。

我利用暑假探望住在芝加哥附近的母親和繼父，繼父建議我轉到美國大學，他說如果我想在應用科學領域找工作，最好在比較有研究機會的國家念書及居住。朱利歐當時為一家國際種苗公司工作，與威斯康辛大學的植物學家多有合作，我們去拜訪他的合作對象，也逛了逛校園。

威斯康辛大學承認我在阿根廷修的所有課程，因此我在威斯康辛的那兩年可以選修研究生課程，例如病毒學和分子生物學。我也在分子生物學實驗室利用細菌和病毒作為模型研究轉錄調控，以理解細胞分子機制。從研究所的課程中，我決定成為一名分子遺傳學家。我申請芝加哥的研究所，因為我要和一位芝加哥的律師結婚了。芝加哥大學分子遺傳學和細胞生物學系錄取了我，但我不想等到九月才繼續學習，所以我在夏天便開始到研究實驗室工作。

我第一次工作的實驗室就是我最終完成博士論文的實驗室。

一輩子的影響

我一開始到芝加哥念書時找過幾個教授討論，當時我認識了露西婭．羅斯曼-丹尼斯教授（Professor Lucia Rothman-Denes），我們相處得很好，有相似的背景：我們都出生於阿根廷，父親是猶太人，母親是天主教徒。我們的個性相似，我們有相似的外表。

露西婭和我到現在都還是很親近的朋友，她是一個很棒的導師，真正影響了我，我個人很欽佩她，她在科學上也對我影響甚深——從露西婭身上，我學到科學的嚴謹性。我在芝加哥的第一學期，修讀了露西婭的基礎課程，我也因此喜歡上分子遺傳學的工作。在她的實驗室裡，我們一起研究有趣的病毒模型系統，研究蛋白質結構和功能之間的關係。如果我們改變蛋白質或DNA的分子，幾個小時內就可以看到對病毒和蛋白質功能的影響。能夠快速得到實驗結果，是我熱愛分子生物學的原因之一。

我的論文研究這種模式病毒的轉錄調控，這種病毒有一種RNA聚合酶，可以讀取DNA來製造RNA。聚合酶是一種異常巨大的蛋白質，所以它本身就是非常有趣的分子，不過蛋白質辨識DNA的方式也非常不尋常，我可以在DNA層級上製造突變，看到那些突變對蛋白質發揮功能的能力所產生的影響。有趣的不只是突變的影響力，還有突變在DNA層級對二級結構的影響。我發現這個二級結構比實際的核酸序列更重要。

雖然我們的發現和轉錄調控的理解大致相同，但它們是不可預測的，這就是這項工作有趣的地方。即使我喜歡生物學的可預測性和理性的本質，但我在研究所裡研究的美妙之處就是每天都能有新的發現。

重新安排研究所與家庭生活

讀博士的五年半間，我和先生住在海德公園，研究所第三年生了女兒。我不覺得孩子會影響我的研究所生活，但它的確影響我們工作與生活的平衡，也影響我們的婚姻。查理和我失去女兒出生前擁有的大部分自由，如果他有訴訟，或是我得回實驗室做實驗，我們就必須協調彼此的時間才行。

在研究所畢業決定去哪裡進行博士後研究時，地點就成了重要的考量，我想住在博士後結束時可以找到學術工作的地方，我們想搬到查理可以考律師資格考試的州，而且不要再搬家。我們也希望是東岸的城市，這樣能離家人近一些。劍橋、麻州都符合這些要求，因此成為我們的首選。

因為長久以來我對環境的熱愛，我想將在研究所學到的分子遺傳學應用在植物上，所以我尋找專精植物分子生物學的實驗室，最終找到麻省理工學院格雷姆．沃克（Graham Walker）的實驗室，研究細菌和植物的共生關係。

在麻省理工學院的博士後進行得很順利，但我不像在芝加哥那樣，喜歡麻省理工的學術環境。在芝加哥念研究所期間，我從不需要處理學術界裡的政治和競爭問題，所以在我抵達劍橋後，哈佛和麻省理工學院的競爭環境讓我震驚，我對學界的政治很天真——科學家彼此競爭似乎很殘忍。

我打電話給露西婭，跟她談論職涯的方向，以及我對博士後生活的五味雜陳。我說，我以為搬到學術界中心的劍橋就是學術天堂，但事實上這裡的研究者競爭激烈，這裡的人沒有比她的實驗室更聰明，研究沒有更出色，我也沒有像在她的實驗室中一樣，感覺到知識上的挑戰。露西婭了解我的感受，她提醒我，我的學術成長最重要的部分在研究所階段已經完成。

露西婭這個導師非常嚴格，我認為這是女性科學家指導其他女性的典型作法。在露西婭的實驗室裡，即使我已經以第一作者發表論文，我還是覺得自己做得不夠好，等到我離開她的實驗室，她才對我說：「記得，珊卓，不管你要做什麼，你都會做得很好。」聽到這些話時，我問自己為什麼當初在她實驗室裡，她都不曾這麼說，露西婭也指導其他實驗室的研究生，鼓勵他們，幫助他們思考職涯，但在她自己的實驗室，她只會討論如何做出更好的科學研究。我想箇中理由是她認為她的學生代表了她，就好像她是我們的母親，她要求自己的學生就像要求她自己。

意外的方向

博士後結束後，我的職業轉向企業發展是個偶然，我本來想在大學裡找工作，特別是在曾經受訓的芝加哥大學，而且在二十七年前，研究者很少離開學術環境，加入新創公司。

然而，我完成博士後時，一個朋友告訴我，他加入一家名為千禧製藥（Millennium Pharmaceutical）的新創公司，他叫我把履歷給他，然後公司的創辦人艾瑞克・蘭德（Eric Lander）請我去面試，我詢問沃克對這個機會的意見，擔心如果我離開學術界，他會對我有負面想法，但他很支持我，還說要幫我寫推薦信。幾週後，我又和公司一小組人進行第二次面試，這間公司和它的目標讓我印象深刻，一九九〇年代早期正是基因革命的開始，並且開始擁有能定序DNA的工具，也能理解複雜疾病的遺傳因素，例如癌症、炎症、糖尿病和肥胖。我一直被科學的實際應用吸引，也認為這些目標非常令人興奮，所以我加入千禧，成為它第一批科學家的一員。

我在基因方面的第一份工作是擔任物理製圖師：找出並複製導致特定疾病的突變，我的團隊和我找出多囊性腎病的基因，這是種患者會在腎臟長出囊腫的罕見疾病。後來我又帶領團隊找到導致年輕人成年型糖尿病的突變。我從實驗室科學家開始，最終成為公司副總裁，負責九個不同的部門，從定序和分子病理學，到分析開發，這都是發展藥物所需的應用技術。一九九三年我加入千禧時，公司只有十名員工；當我在二〇〇六年離開時，已經有一千六百名員工。

前十年，千禧將它的技術授權給大型製藥公司，並和這些公司合作，找出疾病的目標基因，以發展新藥。後來，千禧使用過去發展的技術及專業找出基因標的，開發自己的藥物。

我在千禧的其中一個導師是馬克・李文（Mark Levin），他在公司擔任了十二年的執行長。李文非常重視團隊的價值，他讓員工相信他們可以超過自己的想像，完成更多的事。事實上，他建立公司時的座名銘就印在我們第一件衣服上：「一切皆有可能。」李文讓我們相信，只要我們齊心協力，就能完成不可能的事。

我在千禧工作的第一個專案裡就明白團隊工作的重要性，那是個非常競爭的專案，我們三個非常緊密的合作。為實現一個宏偉的目標而努力奮鬥，是件令人興奮且激動的事，可以相互支援，最終擊敗競爭者，這大大強化了出色的團隊合作。

從科學家到管理者

我在千禧製藥裡學會鑒賞團隊，並且發現我喜歡領導團隊。隨著我從實驗室科學家晉升到經理，我需要改變對自己角色和貢獻的想法，在我管理幾百名員工的時候，就無法顧及技術的細節，我不能再做技術專家做的事了。

不做技術專家後，我需要讓別人成功，並支持他們，我的職責之一是確保員工提出正確的科學和策略問題，舉例來說，我會質疑某個特定的實驗是否真的有必要，結果是否能幫助我們做出重要的規劃決策。

進入千禧製藥十一年後，我告訴李文，我該走了。我覺得自己好像念了太久的高三，我想要體驗一些新的東西。李文建議我先學習有關公司的業務面，擴展我的領導技能，學習如何經營一家公司。我又待了兩年，學到很多東西，但我的目標是回到新創公司。我在二〇〇六年離開千禧，協助成立了天藍製藥公司（Cerulean Pharma），並在那裡待了七年，後來又幫助成立了埃迪塔斯藥業（Editas Medicine），那是家致力於治療基因疾病的基因編輯公司。近年來，我又創立了塞迪拉生醫公司（Cedilla Therapeutics），專注於蛋白質降解領域。

自二〇〇一年以來，我一直擔任女性參與科技企業社群（Women in the Enterprise of Science and Technology）的理事，這是家總部設在波士頓的非營利組織，支持婦女參與科學和技術工作，我們每月都舉辦有關管理和領導的工作坊，幫助婦女在工作中取得成功。我們的目標在創造女性可以脫穎而出，並自由討論職業問題的社群。

關於主角

亞莉珊卓（珊卓）．格洛克斯曼是麻州劍橋塞迪拉生醫公司的總裁兼執行長，她也在埃迪塔斯藥業、天藍製藥和千禧製藥擔任管理職務，格洛克斯曼是一名分子遺傳學家，擁有威斯康辛大學麥迪遜分校的學士學位和芝加哥大學的博士學位。

第二章 獨立科學家建立自己的實驗室

伊森・佩爾斯坦（Ethan Perlstein）

本來，我對職涯的計畫是待在學術界裡，成為一名教授，那是我的職業目標，因為我想效法我的指導教授。我一直仰望著他，他是我的榜樣，我對他有認同感，想要成為他那樣的人。身為一名教授，我想在藥學領域裡工作，從想法的萌芽開始，然後找公司加入，繼續發展實驗室裡的發現。雖然我非常喜歡教學，但教學不是我留在學術界的主因，我最大的動機是參與研究，而我相信留在學術界的實驗室就能達成目標。但在應徵二十七個學術職位都被拒絕後，我知道成為一名教授不是我的職業方向。

所以我邁出了不尋常的一步，成為一名獨立科學家，開設了自己的研究實驗室，致力找出治療罕見疾病的藥物。一開始我向天使投資人籌募資金，在二〇一四年二月獨資成立佩雷拉（Perlara）公司，兩年後，我們與一家生物製藥伙伴協商融資，並計畫與該合作伙伴展開多疾病合作。目前的目標是證明我們的商業模式可行，並和伙伴一起證明這種科學是有用的。我們需要找到能進入臨床實驗的分子，並為第一輪的風險投資奠定基礎。罕見的單基因疾病有四千種，要找出哪一種是最適合我們的方法和商業模式。

高中生物科技

我在佛羅里達邁阿密北邊海灘長大，第一次接觸科學是在青少年時讀了《科學人》雜誌（Scientific American），當時就迷上了生物學。我爸媽不是科學家，但媽媽無條件地支持我的科學興趣，父親也鼓勵我的各種求知欲。

> 我一旦迷上什麼，就很難勸阻，刀山火海都擋不住我。這是我性格堅韌的一部分，一輩子都是如此，我的父母離婚多次，因此童年過程中遇到很多情感上的問題，所以我很早就培養出堅韌的本質。一旦對科學感興趣，這種韌性就變成專一性，從第一天起，這種專一性就滲透到我對待科學的方式中。

我的第一次實驗室經驗，是高二升高三的暑假到一家生物科技新創公司實習，一開始，我被派到化學儲藏室混合溶液和培養基。暑假後，我升職了，可以直接和兩名科學家合作，利用噬菌體表現T細胞受體蛋白質，進行噬菌體展示技術研究計畫。高三放學後，我每天都到那裡工作，我很高興能在實驗室裡工作，可以有那些科學家當榜樣。

我在那家生物科技新創公司工作時，也會到它的圖書館閱讀免疫學期刊，一流的T細胞生物學家，同時也是美國國立衛生研究院（NIH）過敏與傳染病研究所系統生物學實驗室的主任，羅納德·杰曼（Ronald Germain）在一份期刊上發表了論文。我寫了封電子郵件給他，詢問有關研究的疑問。其實，我寫信給很多科學家，但羅納德很友好地回信給一名高中生，這封回信開啟了我們之間的通信，以及我上大學之前的暑假實習。大一、大二的暑假我都在NIH實習，大三則去佛羅里達一家生物科技的新創公司實習。

我高中時常常去探望住在紐約的祖父，我也愛上了那座城市。曾祖父是波蘭猶太移民，從埃利斯島（Ellis Island）進入美國，之後一輩子都住在這個城市，身為他們的曾孫，我覺得和紐約有種文化上的連結，並決定我也要搬到那裡。所以高三時，我申請哥倫比亞大學提早入學，而且得到許可。

我在大一修習了化學、微積分、物理學和生物學，想要成為一名生物學家，但我的學業沒有跟上進度，也沒有認真對待作業，我還沒從高中只要念點書就能及格的態度，轉變到大學更嚴肅的心態。我最初的理科成績並不出色，所以我開始質疑自己是否真的想當一名科學家。每年暑假，我還是到生物實驗室工作，但學期中我主要修習人文課程。我主修歷史和社會學，考慮以後當個社會科學家，興趣是研究曾祖父移民到美國的那段時期。我學習波蘭語，並跟隨一名教授進行有關波蘭社會的獨立研究。小時候，母親會跟我說波蘭語，所以我已經有這種語言的基本知識，但修習語言課程可以更加鞏固。

社會科學家到生物學家

但是到了大三，我決定自己真的想成為一名生物學家，就開始選修實驗室和研究課程，彌補失去的時間。我申請了幾家研究所，可是我不確定以人文學科學士學位能不能申請成功。不過，有幾家生物所錄取我了，包括柏克萊和哈佛。我詢問NIH的導師榮恩・傑曼恩（Ron Germain）哪個學程最適合我，他推薦哈佛，認為我在那裡可以在免疫學或生物學其他領域，所以我決定去那裡就讀。

> 我見過許多初次創業的人，看見我們有許多共同的特徵，那些特徵並不像罕見疾病那樣罕見，最重要的是毅力和習慣失敗。我對自己正在做的事充滿熱情，我也注意到自己擁有其他人沒有的優勢，我有足夠的財務資源可以創業，我也很榮幸在普林斯頓大學做了一段時間的研究員。

哈佛的系統會協助研究生尋找指導教授，讓學生在不同的實驗室短時間工作，以找到自己的研究領域。我的第一輪是到幹細胞實驗室工作，但我不喜歡解剖老鼠胚胎，那讓我作嘔。我想研究生物體，這是可以比研究老鼠更快獲得資料的方式，而且我希望這個領域不要再解剖動物。

我的第二輪在史都華・施賴伯（Stuart Schreiber）結合化學和生物學的跨領域實驗室裡研究酵母細胞，施賴伯是化學生物學的領導者，利用小分子作為探針來探索生物功能，我喜歡研究酵母細胞勝過老鼠。我的博士論文研究兩個主題：第一是在藥學探索領域，使用酵母細胞和簡化的疾病模型尋找候選藥物，第二是利用突變作用人工創造，或是在實驗室裡培育現有的自然酵母，研究酵母的基因變異。我的目標是找出影響酵母藥物抗性的突變因素，我創造了「演化藥理學」這個詞彙來描述這個方法，它現在對我的公司來說，仍是一個懸而未決的關鍵問題：在臨床環境中，人們可以利用酵母獲得多少對藥學有用的見解？

施賴伯的研究團隊龐大，有幾十名博士後和研究生，那是個很好的訓練環境，經驗富豐的學生也能提供大量的資源和指導。我很早就知道我無法佔用史都華太多時間，他的指導主要是在我完成論文的時候。每週實驗室會議時，他會提出很好的問題，等我的題目成熟了，準備寫結論時，史都華就能提供大量的時間，而我們也緊密地合作完成論文。我的研究所讀了五年，然後又在過渡時期，留在史都華的實驗室做了一年博士後，完成實驗工作並撰寫科學論文，然後才取得下一個職位，到普林斯頓大學路易斯・西格勒（Lewis-Sigler）的整合基因體研究所擔任研究員。

在化學生物學領域，博士後在教授的實驗室工作，而研究員各自進行實驗，但要向中心負責人彙報工作。研究員在所裡工作一段時間，證明自己在該學科有不同於研究論文的成就，所以一個研究員就像個「超級博士後」，他們獨立工作，需要自己尋找資金，並且能夠有自己的小型研究團隊。

在普林斯頓擔任研究員期間，我繼續利用酵母作實驗，專注於特定分子的效果——抗憂鬱症藥物左洛復（Zoloft）。我利用許多不同的方法建立左洛復在酵母細胞裡作用的模型，包括基因學、生物化學、藥理學和放射標記。我也可以建立酵母和哺乳動物細胞間的聯繫，找出左洛復在這兩種系統中發生類似的相互作用。

毅力讓我想盡方法、用盡手段努力達到我的目標，我稱之為試圖「駭」進系統。二十年前，當人們第一次可以寄電子郵件給科學家時，我利用父親的電子帳號，因為我沒有自己的帳號。高中時，我可以說服NIH的知名研究者給我暑假實習的機會，我找出方法將邁阿密學術期刊圖書館和全世界的研究者聯繫起來，在學術界外獨立創辦研究實驗室，我可以「駭」進系統，以達到我的職業目標。

離開學術界

我在二〇〇七年進入普林斯頓，當時希望能在那裡做一、兩年的研究員，但二〇〇八年經濟衰退，大學不再雇用新的教授，我以為學術工作市場在幾年內會好轉，的確，二〇一〇年人事解凍，但那時候也有許多跟我一樣的博士後候選人，一起競爭少數幾個職位。接下來兩年，我慢慢了解到自己必須放棄成為教授的幻想。

離開學術界後，我在二〇一二到二〇一三年都在學習，卻不知道自己的職業生涯將往哪裡去。我決定成立自己的研究實驗室，首先，我要找個空間，我考慮繼續以前的研究，但我的結論是，它要商業化太過困難。我和罕見疾病倡導者討論後，看到一個商機：我一直在研究的演化藥理學中，最有前景的應用將是在罕見疾病領域。

我租的第一個實驗室在柏克萊市中心的一個小「角落」，我自籌資金，拿儲蓄支付研究費用。一開始我利用酵母進行簡單的實驗，六個月後，我的錢花完了，所以我在一家名為微雷查（Microryza）的新創公司擔任顧問，這家公司後來更名為實驗（Experiment），專為科學研究案募資。實驗是Y聯合器（Y Combinator）的一部分，這家矽谷首屈一指的新創加速器因支持Airbnb等公司而聞名，但它也擴展到生技領域。利用我在實驗公司裡學到的，我合併佩雷拉公司（Perlara，起初名為佩爾斯坦實驗室），成為一家公益法人，也是一家以盈利為目的的公司，允許我籌集資金和雇用員工，以平衡利潤和達成使命。

在前兩年，佩雷拉仍在建立商業模式的種子階段，在科學上找尋與競爭者的相異之處。到了第三年，我們與諾華（Novartis）合作，一起發展罕見遺傳性代謝疾病治療。在二〇一七年，我們成立一個計畫，與患者家屬合作，集資發展其罕見疾病的治療。我們先在模型生物中研究這個疾病，然後進行藥物再利用篩選，最後通過藥物篩選找出適合在老鼠中進行臨床前驗證的化合物。病患家屬成為知識財產權的共同擁有者，之後可能會成立新的公司製造這些藥物。

佩雷拉現在已經進入第五年，我們也找到一套永續的商業模式。我很高興成立了一家公司，讓我有機會進行罕見疾病的研究，雖然不是在原本想像中的學術環境裡。

關於主角

伊森・佩爾斯坦是加州舊金山佩雷拉製藥的執行長，他擁有哥倫比亞大學的社會學學位，以及哈佛大學分子及細胞生物學的博士學位。

第三章 從小喜愛數學而成為數學建模師

貝絲・里德（Beth Reid）

高三暑假在美國太空總署蘭利研究中心實習時，我知道了自己想做什麼職業。那時我和一個化學工程師一起以兩股中間有火焰的反向氣流做燃燒實驗，有個科學家走進房間，看了看我們的實驗，然後開始問問題，我問那個研究人員是誰，他們說他是個數學建模師。那一瞬間，我決定，我也要當個數學建模師。結果我的確正確地評估了自己的興趣，它也成了我的事業。

我在普林斯頓念研究所時做過天文物理學的數學建模，分析史隆數位巡天計畫的資料，為暗物質量的星系分布建立模型。後來到巴塞隆納及柏克萊做博士後時，仍持續這個研究。我喜歡做博士後的時光，可以自由地整天做研究、獨立工作並擁有發展新的想法，我覺得非常愉快。

但我也以博士後的身份寫了第一份補助計畫書，書寫的過程讓我明白我不想繼續待在學術界。那份計畫書將我在星系團的建模專業應用到太空總署一項名為WFIRST的新任務上。即使計畫書得到補助了，在寫作結束時，我已經厭倦在這個狹窄的領域工作。我開始尋找一份業界的工作，希望可以利用數學建模經驗，尤其是在分析大數據的經驗上。

一開始找工作，我先找朋友及前同事討論。有些同事也受雇於企業，負責網路資料分析，這種公司注重的是產品使用，並調查消費者的行為，但我很快了解自己對這一領域不感興趣。後來我看到領英（LinkedIn）網站上一個廣告，要找研究員做時空和貝氏分級模型。貼出這份職缺的公司叫氣候公司（Climate Corporation），最近收購了孟山都公司一個部門，為農民提供精準的農業產品。我大致了解廣告裡會怎麼提及數學，這工作看來也很有科學挑戰性，我覺得我可以偽裝自己，通過這場面試。

因為我的背景是天文物理學，這種公司不會直接雇用我，雖然我的技巧和氣候公司的許多研究領域都有重疊，我還是不符合任一領域。我和幾個團隊面試後，氣象學團隊說：「我們喜歡她！」我現在是一個小團隊裡的資料科學家，利用衛星、雷達和雨量計資料建立模型，我們提供農民降雨資訊，協助他們進行日常的決策，我們也將這個資訊匯入其他內部模型，例如土壤氮模型。即使我只是剛開始學習氣候和雷達資料，但我喜歡在一個注重環境的新領域中工作。我嚴謹的科學和數學訓練已經被證明是非常寶貴的，而且很快地讓我在氣候公司的氣象團隊中，成為有生產力的一員。

相較於許多女性科學家，我很少受到社會壓力、性別偏見或過度的歧視影響。我比較不去注意或意識到影響他人的情況，我在研究所和博士後畢業後幾年才了解當時的歧視，但我過去對此一無所知，如果我更理解（這些情況），我或許能對同事發揮更多的助力。

早期對數學的興趣

我在維吉尼亞州里奇蒙南部的郊區長大，父親是化學工程師，母親是圖書館員，也在小學教書，我上的是公立高中，主修數學和科學，對數學非常感興趣。我在學校裡最喜歡的幾位老師中就有一個是數學老師，她是個才華橫溢、樂於助人的老師，到現在我都跟他有聯繫。

在低年級時，每個人都列出一本最喜歡的書，我有個同學提出史蒂芬．霍金的《時間簡史》，我後來也讀了。我發現書中的概念很迷人，又讀完其他幾本暢銷物理學書籍後，我決定要追求物理學。那年夏天，有十到十五名高中生參加美國太空總署蘭利研究中心為維吉尼亞州居民舉辦的特殊「州長學校」，我也是其中一員，當時我決定想從事的物理學領域中，包含了數學建模。

大學時本來考慮申請卡內基．梅隆大學，但後來決定去維吉尼亞理工大學。州內學校的學費低很多，物理系的主任章禮南（Lay Nam Chang）在我參觀學校時一直推銷，維吉尼亞理工大學主要是一所工程學校，有許多物理學老師，但每年只收幾個物理學學生。這讓我有許多機會進行研究計畫，也能得到教職員的個別注意。這對我來說是個美好的地方。

在維吉尼亞理工大學，我和凝聚態物理學家烏維・陶貝爾一起進行了幾年的研究計畫，後來又找了計算統計物理的工讀工作。我們一起研究反應控制擴散，以及預測相位轉移為各種互動參數函數的計算模型。我撰寫編碼找出相位轉移，並測試陶貝爾的理論。陶貝爾是非常隨和的指導老師。

我在維吉尼亞理工大學認識我先生，他大學也是主修物理，不過我們一起修的課不多。我研究所畢業後，他又留在維吉尼亞理工大學三年。我在攻讀博士時，他搬到紐澤西教高中物理學兩年。

除了普林斯頓，我還考慮到加州大學聖塔芭芭拉分校繼續研讀計算統計物理。有一個小組在研究森林火災傳播的模型，我一直對生態及環境議題很感興趣，事實上，在申請國家科學基金會獎學金時，我寫道自己正考慮利用物理模型研究動物棲息地，但我不想投入森林火災的研究計畫中，這樣論文的環境議題選擇就變少了。

決定到普林斯頓念研究所更多是基於感覺，而非仔細的計畫。我參觀普林斯頓時，有個學生指向研究所的一個房間，那裡是知名理論物理學家理查・費曼當學生時曾經住過的地方。我也是個費曼粉，大學時讀過他一些著作，看到他的房間說服了我，我應該申請普林斯頓。

尋找領域和主題

等我到了普林斯頓，我卻有些無所適從。雖然教授都很樂意和我說話，但他們期待學生非常獨立。我環顧四周，還是找不到一個好的研究主題。我第一個可能的論文主題是在生態學系的建模研究，後來我又和一名生物物理學家進行一項實驗計畫，他直接了當地告訴我，我是個理論學家，不是個實驗主義者。然後我又考慮了神經科學的計畫。經歷三次找不到合適的研究主題後，我開始失去信心，不知道能不能找到自己的位置。

終於，我考慮天文物理學，大衛・斯柏珞（David Spergel）非常樂於接受別人意見，也很高興能和我討論。他首先給了我一個非常明確的問題，等我開始研究他的問題時，我發現我讀到的第一篇論文裡的第一個公式是錯誤的。我經常把這個故事當作很好的人生教訓，我花了幾天時間，確定這第一公式是錯的，而且事實證明確實如此——我是對的。

有一個學期，大衛和我偶爾會進行討論，我讀了很多書，但我感到沮喪；我的研究所生涯並不順利。在那時候，我認識了位博士後，他從事宇宙微波背景的測量，在尋找一個計畫。我研究了一陣子阿塔卡馬宇宙學望遠鏡（Atacama Cosmology Telescope，ACT）的指向性，那是位於智利北部阿塔卡馬沙漠裡的大型電波望遠鏡。ACT有組一千個探測器的陣列，每個探測器都需要定期重新校準，才能維持它的指向準確性。計畫裡一名合作者是另一所大學的教授，我們開了一個會，我在會中向小組報告我的研究結果，他剛好在我報告時衝進房間，大聲宣布：「我不會相信你說的任何一句話。」當時好嚇人，他負責望遠鏡的指向，我提出的誤差值很大，結果我的數值是對的，但他不想聽到這些。

我還遇過其他教授咄咄逼人、針鋒相對，告訴學生和同事他們完全錯誤的經驗，我已經習慣了這種行為，現在我已經會配合他們。但我還是研究生時，這讓我很不安，我適應這種行為的方法是絕對確定自己是對的，因為我是一個極其細心的人，在這種情況下我從來沒有錯過，我對此感到欣慰。

在我的論文中，我使用史隆數位巡天計畫的資料，估計出基本的宇宙參數，例如宇宙的總物質和大小。我在撰寫論文時，大衛也很忙——他是天文物理學系的主任，負責指導許多學生。那時候，我覺得在有限的指導下做研究很有壓力，但隨著時間，他的方法激勵我要獨立。

在研究所的最後一段時間，我很幸運，因為史隆計畫的最終資料剛剛發布，大多數研究這份計畫的學者都已經轉向其他計畫，但我剛好得以寫出最後的總結論文，說明這項計畫所測量的星系功率譜，我也因此成為一篇重要的、被大量引用的論文的第一作者，這是我最高的學術成就，不只是因為我有資格，我很了解這個主題，也因為天時地利。

研究所畢業後，我到巴塞隆納做博士後，分析史隆最後一批資料，並撰寫總結論文，這花了我一年的時間。第二年，我研究不同的計畫，然後搬到柏克萊，擔任哈伯研究員，準備下一代史隆計畫的資料。那時候，我已經是這個領域的專家，能提出自己的想法，並學習如何執行它們。從科學角度來說，那是段美好的時光，但那也表示我一直在一個狹窄的研究領域工作，而我渴望嘗試其他事物。

我環顧四周，決定走入職業生涯的下個階段，我知道從博士後研究員轉任教授，是個重要的生涯轉換，撰寫補助申請、教學、指導研究生都是我在做博士後研究員時不需要做的事。我喜歡做研究，但其他教授的工作職責並不吸引人，所以我決定離開學術界。我很高興能找到與長久以來對環境的興趣相關的業界工作，做一名數學建模師也可以讓我發揮我的天賦。

關於主角

貝絲．里德是名科學家，在氣候公司的氣候團隊工作，在這本書付印後，她換到隆恩有限公司（Loon LLC）擔任氣球計畫及控制的軟體工程師。她擁有維吉尼亞理工大學的物理學學位及普林斯頓大學的博士學位。

第四章

創立生醫公司比當醫生幫助更多人

克里斯多福・盧斯（Christopher Loose）

長久以來，我一直很喜歡創造新藥物，甚至在中學的時候，我就對醫學療法感興趣，想著以後要當個醫生，或是從事醫學工作。等我長大一點，我明白若是發展藥物可以幫助更多人，而不是一次幫助一個病人。我決定研讀化學工程，重點是生物醫學應用，同時也學習商業知識。我對藥學和商業的兩個興趣促使我創辦了兩家公司：一家在研究所期間，第二家則是在最近。

第一家新創公司是醫療器材公司，稱為森普勒斯生技公司（Semprus BioSciences），我們開發具有表面改質設計的血管導管，旨在幫助減少凝塊形成，從那次經驗中，我了解夥伴和團隊合作的力量，以及公司要花多久的時間，才能從概念階段開始發展，到最終被收購。

在大衛・盧奇諾和我共同創辦森普勒斯之後，我們研究了許多新的生醫公司可能使用的技術。舉例來說，我們考慮了將基因編輯用在再生醫學裡的想法，但這項技術相當複雜，必須面對藥物傳輸的挑戰，以及可能對身體基因可能產生不利變化。我的麻省理工學位論文指導老師羅伯特・朗格（Robert Langer）及他的同事傑夫・卡普（Jeff Karp）曾發展過更簡單但潛力更大的方式，他們已經展示出，小分子藥物可以活化患者體內休眠的幹細胞，使健康組織及功能重新生長並修復。大衛・盧奇諾和我決定以蘭格和卡普的研究為基礎創辦公司，將新型的小分子再生療法推向市場。

我們的新公司稱為頻率生醫（Frequency Therapeutics），公司的首要目標是逆轉聽力損失。美國有上百萬名聽力損失患者，其中有些人是因為內耳的毛細胞受損，我們的藥物針對名為祖細胞的幹細胞子代，讓它們繁殖並產生新的毛細胞，進而達到恢復自然聽力的可能性。我們正朝著這個目標進行臨床前研究，希望不久的未來就能進入臨床實驗。

出發

我在密西根州的奧克莫斯（Okemos）長大，父親是律師，母親是老師。從很小開始，我就對數學和科學感興趣，高中時得到機會去密西根州立大學做實驗室研究，確認了自己對工程的興趣。申請大學時，我都尋找除了在工程領域強，同時也有好的歷史和文科課程的學院。我的首選學校普林斯頓大學錄取了我。

我在普林斯頓主修化學工程，同時選修商業課程，包括會計、風險管理和機率，也完成了運籌學的認證必修課程。大三我跟隨教授克里斯・弗洛達斯（Chris Floudas）進行研究計畫，建立蛋白折疊的能量模式，我的畢業論文發展成治療性肽設計電腦模型的一部分，弗洛達斯團隊和藥商的合作時也採用了這個模型。就讀普林斯頓時，弗洛達斯教授對我來說是很重要的導師，他讓人印象深刻之處在於他能清晰的處理問題，還有分析複雜系統的能力。

業界經驗

普林斯頓畢業後，我進入新澤西州拉威（Rahway）附近的默克公司（Merck & Co.），成為開發小組的一員。我在那裡獲得寶貴的經驗，默克的同事真的相信新藥的重要性，對工作很投入，也是非常好的科學家。我學到藥物如何擴大規模應用到臨床試驗上，也知道公司如何將藥物轉型至先導工廠生產。藥物生產規模擴大時，經常會出現驚喜，我也親眼目睹了一些。

我加入默克時，不確定職業生涯下一步最好的選擇會是什麼，雖然我考慮讀化工研究所，或是拿個商業學位，但我決定在投入研讀博士或工商管理學碩士學位前，先了解業界是什麼樣子。在默克工作讓我相信製藥是我想做的事，開發藥物在技術上和專業上都很有吸引力。但我也看到在這麼大的組織中要產生重大影響力有多麼困難，為了在這樣的環境中有所作為，我知道自己需要一個更高的學位。

我有個普林斯頓的好朋友大學畢業後，直接到麻省理工上化工研究學程，我去拜訪他、了解他的科系時，對學生及教職員的精力、熱情，以及創新和創業的機會感到印象深刻。這次拜訪讓我相信，我應該念博士，而非工商管理碩士，而且要盡快開始。不久後，我申請了麻省理工，所以只在默克公司待了一年。

我進入麻省理工學院後，努力想找到一個具商業潛能的論文計畫，如果可能的話，我想跟鮑伯・蘭格（Bob Langer）教授合作。蘭格是藥物遞輸、組織工程和生物材料方式的世界級專家。蘭格參與許多新創公司，我知道加入他的實驗室能讓我接觸到支持創新和商業化的同事網絡。

我很幸運獲得赫茲獎學金，讓我可以和蘭格、葛雷格・斯蒂芬諾伯羅斯（Greg Stephanopoulos）教授合作進行一個沒有資金支持的計畫，使用計算演算法設計抗生素。當時新的抗生素已證明對耐甲氧西林金黃色葡萄球菌（Methicillin-resistant Staphylococcus aureus）和炭疽（anthrax）有效，我聯絡鮑伯，討論將這種新藥物商業化的方式。其中一個選擇是成立藥物開發公司，但研究規範和市場障礙後，我們發現抗菌醫療設備領域有更好、更短期的商業機會，例如經常容易引發感染的腫瘤治療導管。鮑伯很支持這個想法，把我介紹給大衛・盧奇諾，他是麻省理工學院的史隆研究員，正在攻讀一年的在職ＭＢＡ。

大衛是個理想的商業伙伴，他的背景和技能可以和我互補。他曾在麥迪遜大道從事技術行銷工作，在加入史隆前，也曾是生醫種子基金的領導者，而我的經歷則與技術更直接相關。我們的共通點是都很好勝，也都很想在生醫領域做出巨大貢獻。

大衛和我在貝絲以色列醫院度過一段時間，我們和感染科醫生討論，也找了參與採購和價值分析的醫院管理人員。基於與這些利益相關者的多次對話，我們認為我們的產品具有巨大的商業潛力。這表示，創業對我來說是正確的道路。

想像一家公司

大衛和我想創立的醫材公司面臨到第一個挑戰就是我們這輩子都未接觸過、更別說研究過的醫療器材。因此需要有導管製作和銷售經驗的人幫助，大衛突發奇想，參加了醫材管理會議，知道有家具領先地位的抗菌導管公司正在裁員，解雇了有經驗的員工。大衛找上葛雷格．哈斯（Greg Haas），他從事開發導管產品已有超過二十年的經驗。葛雷格教導我們有關器材製造、規範過程及潛在商業伙伴可能帶來的問題。

大衛和我寫了一份初步商業計畫書，決定參加麻省理工十萬美元創業競賽。無論輸贏，我們知道這項競賽能幫助我們建立更多人脈，也能改善我們的計畫。二〇〇六年春天非常忙碌，我繼續實驗室裡的研究，開始撰寫論文，並準備這項競賽。得到數十位出色顧問的回饋後，我們贏得競賽的最大獎，不僅有獎金三萬美元，也讓我們相信我們的新創公司SteriCoat（後來更名為森普勒斯生技公司）正朝著正確的方向前進。一位顧問開玩笑地說，我們早期的商業模式可以參加世界上每一個商業計畫競賽：我們也加入哈佛、牛津、普林斯頓、劍橋和萊斯大學的競賽，累積了大約十萬美元的資金。

事業的下一步是尋找富人的天使投資。意識到接受私人投資是一項非常大的責任，我們拖延了六個月，直到我們確認已經對智慧財產權做了足夠的保護，且已招募其他的團隊成員。

與私人投資者的重大突破發生在一次與哈佛商學院（Harvard Business School）教授的會

議上，他們有時會支持創業早期的公司。當時我們正第一次簡報到一半，一位教授靠在椅背上說：「我會投五萬美元。」大衛毫不猶豫地回答說，我們實際上想尋找十萬美元的投資。我驚訝地看著他們，但教授很快同意了。後來我們又見了教授的朋友等人，在幾個月內就募集了一百萬美元的創業基金。募得私人資金後，我們會見了風險投資公司，迅速進行了實質審查，並在七月獲得一百萬美元注資。

建立公司

在第一年，我們試圖以有條不紊的速度發展公司，不想太快聘用人力，到二〇〇八年底，員工大約十人，我擔任技術長。團隊越大，代表必須花越多時間在會議和管理上，募集更多資金的壓力也一直存在。

我們的挑戰真正始於二〇〇八年的股市崩盤。在一連串風險公司拒絕我們的融資請求後，我們的主要支持者5AM Ventures的領導發揮了至關重要的作用，他們告訴我們，無論其他投資者如何決定，我們都要投入下一輪的募資。我們及時找到了第二個投資者，最後一輪又加入了SROne和GSK。我們在這次事件學到的關鍵是，有個堅定、經驗豐富又資金雄厚的投資者對新創事業能不能熬過困難時期至關重要。

我們的下一個挑戰是獲得市場正在轉變的訊息，我們需要更專注於預防凝血，而不是預防感染；我們還聽說聯邦藥物管理局（FDA）可能增加審查新抗菌技術的門檻。因為這兩個理由，我們從純粹發展我在麻省理工開發的抗菌技術，轉向我們取得授權的雙功能技術。

到了二〇一二年，因為越來越接近向ＦＤＡ提出申請的時間，工作仍然充滿挑戰和緊張，我們的公司已成長至四十名員工，我的職責也擴展了，似乎每隔六個月，我的工作內容都會不太一樣，包含了創造智慧財產、進行管理分析、規劃臨床實驗、分析實驗，還有透過多個專案通路招募最優秀的團隊成員，並讓他們回答能推動我們達到里程碑的關鍵問題。

二〇一二年是至關重要的一年。我們向ＦＤＡ提交了一種能減少凝血的腫瘤導管；開始對能增加舒適度的隱形眼鏡進行早期人體試驗；也開始有人表達收購的興趣。當時離早期投資者提供融資已經五年了，董事會最終同意我們最好的選擇就是將公司賣給泰利福醫療（Teleflex Medical）。收購後，大衛和我留在泰利福，見證ＦＤＡ批准我們的導管，同時監督轉交，但我們都不想成為大型公司的長期員工。

開發新機會

自我開始學習醫療器材表面改質以來，已經八年了：在麻省理工十八個月，森普勒斯五年，泰利福十八個月。感覺自己長時間都在狹窄的技術領域工作，我決定探索其他的醫學想法，也考慮和大衛共同創立另一家公司。我也一直熱愛教學和指導學生，並尋找結合這些興趣的方法，其中一個方法是加入醫學及創新科技整合中心（Center for Integration of Medicine and Innovative Technology，ＣＩＭＩＴ），擔任創業加速器的主管。

CIMIT是個醫學保健業的聯盟，將大波士頓地區的研究中心、大學和醫療器材相關公司連結在一起，這個聯盟每年都會收到數十份新公司概念的提案，並提供導師輔導及資金。在CIMIT時，我也就科學和智慧財產權策略方面協助蘭格實驗室的新創團隊，因為和這些新創公司學生和職員的聯繫，我感覺充滿活力。

耶魯醫學院的朋友告訴我，耶魯要建立新的中心，將大學發展的生醫技術商業化，我以兼任副教授的身份成為生醫創新科技中心（Center for Biomedical Innovation and Technology）的主任，幫助學生及教職員評估各種生醫想法，包括健康資訊科技、藥物傳遞、醫學器材和診斷。我也開了一門有關健康照護創投的課程。

大衛和我離開泰利福後，我們積極研究下一家公司的想法，我們可能討論了一百種可能性，再對其中六種仔細研究。最有願景的想法來自與卡普教授的討論，他是麻省理工鮑伯・蘭格實驗室的聯合研究員，在哈佛醫學院也有自己的實驗室。卡普和蘭格一直在研究LGR5腸道幹細胞，這些細胞之所以引人注目，是因為它們可以每四到五天更換一次腸內壁，產生上皮裡所有細胞類型。卡普、蘭格和他們的團隊有了突破性的發現：他們找到控制那些細胞的途徑，辨識出可以抑制或活化這些途徑的小分子。蘭格和卡普想知道那些小分子是否也能用來活化在病患身體中休眠的幹細胞，這種過程比自外界向體內輸送幹細胞更具優勢。他們的想法是利用分子暫時「踢」醒祖細胞，讓細胞生氣，並可能恢復健康組織和功能。這是一種新的治療模式，具有很大的潛力，也有許多可能的醫學應用。我們決定研究的第一個應用是恢復聽力，第一個目標器官便是耳朵。

恢復聽力是一個未滿足的巨大醫療需求；美國有上百萬名聽損患者，他們目前唯一的選擇是助聽器或人工電子耳等醫療器材。耳朵的祖細胞樣細胞，是我們治療的目標。因為耳朵是一個獨立的器官，你可以在耳朵進行標靶藥物傳遞，其他細胞不會接觸到同樣的治療。

我們將針對的耳朵細胞是耳蝸中的ＬＧＲ５祖細胞；這些內耳細胞在哺乳動物中處於休眠狀態，我們已經利用動物研究證明這一點，研究結果顯示在腸道中能控制ＬＧＲ５細胞、「踢」醒祖細胞的小分子藥物，同樣能產生新的耳蝸毛細胞，並可以恢復自然聽力。基於這些研究及市場的大潛力，我們已經募得私人資金，建立一家名為頻率生醫的公司，總部設於麻薩諸塞州的劍橋。如果一切順利，我們的治療在不遠的將來，就能應用於臨床，造福聽力損失的患者。

關於主角

克里斯多福·盧斯是麻薩諸塞州劍橋頻率生醫公司的共同創辦人兼科技長。他擁有普林斯頓化工的工程學理學士學位，以及麻省理工的化工博士學位，也曾是赫茲的研究生。

←由克里斯·盧斯（Chris Loose，左二）、喬爾·莫斯利（Joel Moxley）、大衛·盧奇諾，麥克·亨克（Mike Hencke）和維平·古普塔（Vipin Gupta，未在照片中）組成的SteriCoat 團隊，贏得二〇〇六年麻省理工十萬美元的創業競賽。

↑二〇一七年，克里斯多福（中左），他的長期合作伙伴大衛·盧奇諾（中右），和頻率生醫的管理團隊成員聚集在麻沃本的新創總部外。除了盧斯和盧奇諾，照片上還有里克·斯特朗（Rick Strong）、傑克·赫爾曼（Jack Herman）、拉傑·曼坎達（Raj Manchanda）和邁克·吉羅塞克（Mike Jirousek）。

第五章

設立新創公司或加入Google？

王真（Z. Jane Wang）

在博士後生涯結束時，我可以選擇繼續在我參與的一家具有前景的新創公司工作，或是加入谷歌（Google）的一家新公司。這家新創是一所大學利用我協助開發的合成生物學及蛋白質工程技術所成立的公司；而谷歌的公司非常秘密，不過那是谷歌第一次嘗試進入生物科學，並承諾它將與我過去認識的生物科技不同。有大公司支持的公司優勢在於，它能讓你有能力思考大局問題，不會被迫在短時間內取得財務成果。新創環境要處理長期目標往往很困難，因為資金的限制會逼迫你專注於財務回報最高的任務。

我權衡了選擇，決定加入谷歌X生命科學部門（Google Life Sciences，後改為維爾利生命科學有限公司Verily Life Sciences），即使新創公司的朋友們已經非常成功，但我相信自己做出了正確決定。我沒有繼續博士後的專業，學習將自己所知應用到新的領域，例如奈米技術。我們的團隊有個具有挑戰性的目標——改善藥物到器官或特定細胞的傳遞。維爾利正在發展新的診斷方法，追蹤疾病的進程，它結合了傳統的谷歌方法，例如以軟體分析大數據，或是以統計打造全面的健康照護平台。我在維爾利和一些出色的人合作，並利用我在有機化學的背景對團隊做出重要貢獻。

移民和降落傘

我在夏威夷檀香山長大，到高中前上的都是公立學校，我對數學和科學很有興趣，但夏威夷的公立學校在這些領域並不出色。我的父親是夏威夷大學氣象學博士，他們鼓勵我們嘗試，也給我們發揮創意的自由。

我爸媽來自北京，在一九九〇年來到美國，是第一批中國政府允許出國研讀學位的學生，這些學生是中國數學和科學領域的佼佼者，因為文化大革命，像我父母那樣的學生年齡都比大多數美國研究生大，他們生於二十世紀五〇年代和六〇年代，成為研究生時已經三十幾歲了。語言的障礙對他們而言是個問題，所以他們的技術技能成為他們美國夢的門票。

父母的影響力和我個人對建築的興趣，讓我選擇了數學和科學。高中時，我們家搬到矽谷，那裡的同學比夏威夷的同學更重視學業，也更有積極。我的高中生活發展很均衡：游泳、打水球、喜歡做陶器，也非常喜歡文學。我以班級第一名畢業，決定就讀加州理工學院。

加州理工學既迷人又古怪，人們非常狂熱，這種態度很有感染力。所有學生都是主修數學或科學，大家都要處理同樣的課程和課程負擔，這讓學生草木皆兵——這麼大的壓力也讓大家結合在一起。我在二〇〇三年入學的時候，我們班有四分之一是女生，雖然我們是少數民族，我們都很一起努力用功，所以我從沒真正注意到自己缺少女性朋友，當我們一起奮鬥時，這種經歷似乎不分男女。

我念高年級的時候在招生委員會工作，我們想盡可能地無視性別差異。當時，加州理工學院的性別比例反映了申請者的比例，主要都是男性。背後的原因很複雜；一部分可能因為當時女性高中畢業後，都不再對數學或科學感興趣。女性通常不會因從事工程或科學而獲得獎勵，或者更準確地說，他們會因其他特質獲得獎勵。讚美傳統的女性特質，而非在工程學上的敏銳度，這都在微妙地勸阻年輕女性遠離科學，我很幸運，因為我的父母是例外；他們鼓勵我成為一名科學家，還稱讚我加入了數學隊。

分子工程學

在加州理工學院時，我被有機化學所吸引，分子工程學的概念對我來說非常強大，有機化學可以製造東西；如果電機工程能製作電路，那麼有機化學師便是化學工程師。想像一個可能有特定用途的的化學物質，然後在實驗室將它打造出來，是極其強大的能力。我和羅伯特．格拉布博士（Robert Grubbs）共事時，親身經歷了這個過程（格拉布博士在二〇〇五年因烯烴移位變化獲得諾貝爾獎）。

至於我的博士學位，我前往柏克萊，請格拉布教授之前的學生迪安．托斯特（Dean Toste）擔任我的指導教授。我從傳統有機合成研究開始，但後來轉換到更貼近實際生活的領域。我專注在金銀等鑄幣金屬的催化作用，我們建造箱子來封裝我們的金屬催化劑，然後發現產生的複合物會發揮像酵素活性部位的作用。

在柏克萊，我身邊都是很厲害的人，還有三個論文指導老師，他們各有不同的背景，這對我幫助很大，因為我的計畫和典型計畫不太一樣。迪安．托斯特是有機化學的青年科學家，非常敏銳、反應敏捷。鮑伯．伯格曼（Bob Bergman）是有機金屬化學和物理有機化學的前驅，他思慮縝密且知識淵博：他分步驟列出事物，如果這樣，那就那樣，然後接下來怎樣…等等。肯．雷蒙德（Ken Raymond）是我的第三名指導老師，他的研究範圍涵蓋核磁共振造影劑到自組裝奈米籠。有了這個多樣化的三重奏，我開始執行我的計畫：為催化劑以自行組裝方式建立金屬籠：3D酶結合，平坦分子構建組元構成的類位點結構。這個計畫現在已有六到八名研究生加入，也有許多論文發表。對這三個實驗室而言，這是一個成果非常豐碩的聯合計畫。

研究所畢業後，很難決定要做什麼，有機化學是一門比較成熟的領域，所以我想試試新鮮不同的東西。我曾經嘗試在研究所裡以有機建構組元製造類酶催化劑，所以我決定嘗試用現有的酶做新的化學——為我已知的生物學創造有機化學的新作法。我選擇回到加州理工學院跟著法蘭西斯．阿諾德（Frances Arnold）做博士後，法蘭西斯是一個精力充沛的女性，她開創了酶定向演化的領域。我非常尊敬她，她是我的導師，也是一名科學女性；她一開始進入化學工程時，克服了許多性別歧視才取得成功。她的風格是把不同背景的人聚集在一起，她的研究團隊包括植物學家、化學家、酶工程師，甚至從事斑馬魚基因研究的人。我們在她的團隊裡有很好的資源，但如何才能最好地合作，如何利用它們，決定權在我們手上。

建立新創公司

我和一群同事以我們在加州理工學院的研究建立了一家新創公司，我們所製造的酵素有明確的商業應用，我們找藥商展示我們酵素的生產過程更快、費用更低，產量也更大。不幸的是，改進製藥的生產方法並不如我們最初預估的那樣有利有圖，因為化學公司已對現有基礎設施投入大量資金。我們很快了解到，材料銷售的利潤率不足以產生商業意義，從技術上來說，我們有個很棒的想法，但用在製藥上卻是錯誤的應用。這是我第一次涉足化學的商業領域，這是很棒的經驗，但最終我決定轉換新的方向。從那以後，這家新創公司轉換了平台，接受風險資本的資助，也表現得很好。我發展的技術仍是它的核心智財，我很高興前同事為我們的技術找到合適的市場。

大約在我們決定市場及商業前景的時候，赫茲基金會組織了一趟谷歌之旅，我很好奇谷歌在做什麼，所以我加入了，並寄出一份履歷。我沒想到谷歌會對有機化學家感興趣，但幾個月後，我接到一通電話，問我想不想參加秘密的谷歌X計畫，他們不能告訴我任何細節——連研究領域也不能。我假設那和我的經驗有關，但也只能猜到這樣。即便到今天，我的老闆和我對此都覺得好笑。這個計畫是谷歌最古老的X計畫之一，現在已經公諸於眾，在二〇一六年，負責這項計畫的人從谷歌X計畫分離出來，成立我們自己的公司，維爾利生命科學有限公司。我一直在研究奈米分子的功能化，好讓它們能針對特定細胞類型發揮作用，這對診斷或治療都非常有效，但這是一個非常複雜的生物學問題。可以將我在化學和生物學的背景應用到這些問題上，是非常有趣迷人的事，我的團隊有來自實驗和電腦背景的人，每個禮拜我都能從某人身上學到一些新東西。我離開學術界的時間越長，就越不可能再回去，但誰也不知道未來會如何。我現在很滿意自己正在做的事，如果在十年內，我所做的事能幫助或改善某個人的健康狀況，我會非常興奮！

關於主角

王真是維爾利生命科學公司的技術團隊領導人，她擁有加州理工學院的化學學士學位，加州大學柏克萊分校有機化學博士學位，她也曾是赫茲的研究生。

←身為在夏威夷檀香山長大的小孩，王真被鼓勵嘗試，也擁有發揮創意的自由。

↑王真和妮可．佩克（Nicole Peck）因利用蛋白質工程和合成化學創造新的酵素，獲得二〇一三年DOW永續學生創新挑戰獎。王和她在加州理工學院的同事建立了一家新創公司，將這個技術商業化，同時加入的還有加州理工學院物理學教授哈利．阿特沃特（Harry Atwater）和雷斯尼克研究所（Resnick Institute ）所長尼爾．弗洛默（Neil Fromer）。

第六章 在麻省理工學院學到創業技巧

理查・勒辛（Richard Lethin）

在一家稱為多流（Multiflow）的新創公司待了四年後，我學到許多有關電腦的事。在一個無法先模擬就得直接建造電腦的時代，我們的電路研究經常出現問題而困難重重，我們將產品引入競爭激烈的市場時，這種工作壓力仍持續增加，儘管零件有缺陷，我們努力讓機器順利運轉，業績還是只能緩慢增加。我一週工作七天，經常加班到夜晚，四年來都沒有好好休過假。是時候重新思考我的方向和著重的事了。

科學展覽會和新數學

我生於一九六二年，在紐約巴比倫長大，那是長島南岸一座郊區小鎮，有些居民會搭通勤火車到紐約市上班，其他人則在當地的高科技業和航太業工作，仙童半導體（Fairchild）和格拉曼航太公司（Grumman）在附近都有工廠。我父親在這類公司——航空機械實驗室（Airborne Instruments Laboratory）工作，母親是幼稚園老師。爸媽都非常支持我對數學和科學的興趣，但他們也讓我自己摸索，從未強迫我往特定的方向發展。

我在當地的公立學校上學，學校有一些出色的老師，其中一位名為艾伯特・卡爾富斯（Albert Kalfus），他是綜合高中裡數學科的負責人。卡爾富斯有很強的數學、研究和教育背景，知道如何激勵、鼓勵一群壞脾氣的學生，他對我們的表現非常有野心；為了給我們機會走出學校比賽，他創建了長島數學競賽，今天這項競賽已用他的名字命名。他想辦法讓我們學校能有一台可撥接上網、計時的主機電腦，並且有充分使用的自由和時間。他還安排高年級生教七年級生使用電腦。

我的七年級競賽題目是想辦法寫出人工智慧遊戲「動物」，在這款遊戲中，人要先選擇當一種動物，電腦會詢問一連串的是非題，例如「你的動物有四條腿嗎，或是它有沒有鼻子？」然後電腦會猜出那個動物，如果猜錯了，它會詢問動物的名字，並請你提出新問題供下次學習。我用BASIC寫了這個程式，還找出儲存資料、樹形網路、檔案輸入／輸出的方法，以及一般演算法。

這個程式變得非常「聰明」，在一九七四年的數學競賽中，這款遊戲大受歡迎，我們把電傳打字機帶進咖啡廳，用一一〇鮑率數據機撥接連上PDP-10主機，再請家長及其他同學坐下來，和這台電腦「聊天」，大家都很喜歡。

七年級時，因為卡爾富斯先生對我們的野心和信心，他教導我們新數學，包括抽象代數：模組式算術、群、體和環，我們也學習了非交換環的矩陣代數和中國餘數定理（Chinese Remainder Theorem）。許多學生和家長都反對新數學，八年級時我們班又回到比較標準的數學課程。但我喜歡新數學的抽象數學思維，後來在我自己的工作也應用了這樣的概念。

高中期間，我和兩、三個朋友組成一個團隊，我們花了很多時間撥接上PDP-10，寫一些像多玩家星際迷航等遊戲，同時也學習操作系統和指令集。我也幫當地的企業家彼得．盧卡修（Peter Locascio）工作，賺了很多零用錢，他在數學競賽裡找到我，招募我進他公司，他買了只能在《位元雜誌》（Byte Magazine）上看到的新型個人電腦，那時候ＩＢＭ的電腦還沒上市，彼得買的是Altair 880一類的電腦，他想將這些電腦賣給當地的公司和醫生。我幫他寫客製化軟體，為那些企業製作解決方案。工作很忙，我和彼得一起在上班時間外到那些辦公室修復漏洞和功能，而且還得趕上彼得承諾客戶的期限。我們打造的解決方案真的很不錯：更快、更可靠、比大公司賣的商用電腦更便宜，還可以為每個客戶量身定作。

我決定要上耶魯大學，我爸曾是那裡的工科學生，我也想要去那裡。我主修電機工程，同時也修了物理學、數學和電腦科學。耶魯有選修要求，所以我還修了哲學、政治科學、心理學和藝術。爸爸告訴我，他最喜愛的課程不在工程或科學，而是法國詩歌。現在回想起來，我也非常重視那些非工科的課程，也了解它們是如何塑造了我、豐富了我。

但有一門工程課程非常重要。大三的時候，我修了由賈許．費雪（Josh Fisher）和約翰．歐唐納爾（John O'Donnell）聯合授課的計算機結構課，那是我第一門包含近代研究主題的課程，也是我第一門不以教科書教學的工程課程。費雪和他的研究團隊在推廣一種新的架構，稱為極長指令（Very Long Instruction Word，VLIW），它能平行操作，但使用編譯器排程平行性。

建造新創公司

賈許・費雪是一個有遠見的人，他的熱情很有感染力，他是名很好的學者、溝通家，也是一名好推銷員，他對電腦的結構有個遠景，包括硬體、電路結構、編譯器和執行程序的組合。他向我推銷他的願景，所以從耶魯畢業後，我加入他和約翰・歐唐納爾的新創公司——多流。

由於賈許在銷售方面的天份，他大多在外地出差，所以約翰負責在本地展示商品，並負責工程。他的風格是不斷督促工程師超越極限，快把我們逼瘋了，他眼前只有自己高遠的目標，現實是次要考量，他對員工的要求並不苛刻，也不至於絲毫沒有同理心，但是，他看到了可能性。身為一名年輕的工程師，我投身於公司，努力達到自己的極限，如果我更成熟一點，我或許不會這麼受賈許和約翰的影響，而是可以評估他們的想法，再過濾他們的請求，我或許也會看出公司並沒有走向成功。

我在多流的時候，父親從AIL離職，他為公司奉獻了自己，在那裡工作了四十年。他曾為柏林空運安裝並維護雷達，後來工作範圍擴展到世界各地的機場和美國航空母艦上。幾十年來，他設計的雷達顯示器為AIL帶來巨大的銷售額，他一路晉升，成為飛機著陸系統的工程主管。然而，儘管他忠誠且成功，公司一連串的購併活動，讓父親與控制公司的會計師產生不和，他們認為父親是成本。距退休還有幾年的時候，公司威脅裁員，爸爸同意接受一筆虛報低價的一次性付款，然後辭職。他還有孩子要讀完大學，但他後來再也沒得到工程師的工作。這種經驗讓我對「大公司工作」產生深深的不信任和懷疑。

在父親被迫退休期間，我注意到他的一名取得博士學位的主管，在重組期間拿到比父親高上許多的薪水，在我工作的多流公司，也是博士們負責管理。在多流工作四年後，我決定是時候往前進了，我申請了研究所，並被麻省理工學院錄取，我的目標是取得博士學位，並學習如何經營自己的事業。

學習研究和做生意

我在一九八九年秋天進入麻省理工學院電機工程與計算機科學系，因為小時候看的電影和科幻小說，我培養出對人工智慧的興趣，它也成了我的方向。我在人工智慧實驗室找到一位教授比爾．達利（Bill Dally），他的團隊正在打造一台專為人工智慧而設計的電腦。經過多流的密集訓練，我現在知道如何製造電腦了，我投入其中，幫助比爾打造一台能使用人工智慧的機器。

我的研究包括理解AI電腦的結構，系統在負荷不大時運作良好，但在運算量接近負荷時，就會變得滯礙低效，沒人知道原因。那真的讓我很困擾，所以我決定將它做為我的論文主題。我發現高度並行性的細粒系統需要特殊的調整，研究這個問題需要學習我以前不懂的數學，包括組合學、概率和佇列論。

我的論文委員之一湯姆．萊頓（Tom Leighton）是計算機結構領域最好的數學家之一，他督促我在寫出自己所知的事情時，必須更加嚴謹；他也督促我要用功。我開玩笑地說，萊頓害我的研究所至少多讀一年，因為我要學佇列論來解決問題，還要符合他的標準。但我極其珍惜那一年，因為跟著萊頓的正規學習在我後來的職業生涯獲得了回報。

為了準備創業，我找上最近從麻省理工史隆學院畢業的朋友，想詢問他必須上哪些課程，他推薦了產品設計和行銷，但他建議最重要的課程是瑪麗・羅伊（Mary Rowe）教授的「談判與衝突管理」。羅伊是衝突解決專家，四十多年來，她擔任麻省理工的申訴專員，協助上百人解決嚴重的問題。在她課程學習到的概念對我非常有用，特別是整合（雙贏）談判技巧。

到了畢業的時候，我有機會從正在尋找其他機會的朋友手中，收購了一家小型顧問公司，我談判出一份非常公平的「業績提成費」協議，也與新員工達成很好的交易，所以我的公司順利盈利！公司現在稱為寶庫實驗室，總部設在紐約，員工大約三十人，大多數都擁有博士學位。

我們有網路安全的研究計畫；用於情報、監視、偵察的低功率運算；百億億次級電腦的編譯器；壓縮感知，自動推理和大數據。我們也有尋求諮詢的客戶，我們為其開發編譯器技術，及新類型計算機結構的演算法。我們還為大型跨國公司和聯邦政府等客戶或潛在客戶提供運用於網路安全的網絡計算設備。

現在回想起來，我很滿意自己選擇的職業道路。相對於父親工作的公司，我的公司是以誠實和道德實踐為基礎，作為唯一的老闆，我可以讓公司從事任何我有興趣的技術研發或商業領域。當然，顧客必須對我們的產品感興趣，但我們已經做到了這一點。我和員工分享財務上的成就，我們在創新和產品品質上都得到良好的聲譽，同時又能保持正向的道德價值觀。

關於主角

理查·勒辛是寶庫實驗室的總裁，也是耶魯大學的副研究員。他的研究著重在高性能資料處理系統的軟體研發，他擁有耶魯電腦科學學士學位和麻省理工學院的博士學位，同時他也曾是赫茲的研究生。

←一九八五年耶魯電機工程大學畢業後，理查·勒辛加入一家名為多流的新創公司，從事新計算機結構的研究，工作幾年後，他決定重新思考方向和重心。

第七章

運用溝通技能協助生技新藥開發

珍妮佛・帕克（Jennifer Park）

我小心地用鑷子操作放在組織培養箱裡的小管子，在管子中放了已經培養一週的膠原蛋白，膠原蛋白中養著幹細胞。所有東西都經過仔細的消毒——管子、管件和鑷子，下一步是把這個管子插入一個小箱子裡，希望裡面由脈動幫浦產生的規律「心跳」可以誘使細胞變成循環系統的平滑肌細胞。

一週後再檢查這項實驗，我已經可以聞到失敗的味道了。生長媒介散發出淡淡的雞湯味，配件周圍開始長出黴菌，某個煞費苦心的步驟裡，細菌入侵了。我不得不重新開始，把這個失敗、昂貴的實驗清理掉，並找到出錯的環節。一再而再重複。這就是我的研究所生活。

我喜歡變化，我喜歡到新的地方旅遊，嘗試新的食物，探索各種愛好。許多不同的事物都會引起我的興趣，所以多年來，我一直難以深入鑽研某一主題。我追求變化的欲望吸引我到麻省劍橋的塞爾文塔生技公司（Selventa），這家公司利用計算技術，使用系統生物學的方法來理解疾病和藥物的反應機制。

塞爾文塔的工作和我在研究所的生活大不相同——相較於專注於單一疾病，我學到的是許多疾病。我可以看到不同疾病間的機制趨勢，理解它們的差異。我覺得塞爾文塔的工作是有效率、廣泛且直接的——我們發展的藥物在未來幾年即可用來治療病患，而不是試圖了解未來某個時候可用在治療上的細胞功能。

我也喜歡工作中的溝通，喜歡和不同的團隊合作，一起完成專案。我在塞爾文塔工作的時候，從個人貢獻者轉為研究總監，監督團隊合作和溝通。我最近加入另一個波士頓區的生技公司，在那裡我進一步進入管理層，成為業務發展總監。我在新的職位和客戶溝通，了解客戶及公司內部專案團隊的問題和目標，確保我們能滿足客戶的需求。我研究許多疾病，滿足了我對變化的渴望，我也繼續學習新的藥物、疾病和生物機制，這份工作有助於設計出真正有機會進入臨床的最佳療法。

科學和人文的早期學習

我在休士頓一個叫清湖（Clear Lake）的郊區長大，在很好的公立學校上學，父母都是太空總署的承包商，工作地點在詹森太空中心（Johnson Space Center）。父親在俄克拉荷馬州立大學取得電機工程博士，母親在費爾里．狄金生大學（Fairleigh Dickinson）攻讀英文碩士時認識了爸爸，但搬到休士頓後，她又在休士頓大學取得另一個電腦資訊系統碩士學位。

學習科學和人文知識對我們家來說，是成長的重要部分，我拿化學裝置做實驗，我爸會在我和妹妹上學途中提出數學問題，也會幫我們做科展的題目。透過我的母親，我也能接觸到藝術和音樂，她帶我們去聽古典音樂會，幫我們報名音樂和藝術課程。高中時，我參與了樂團，夢想自己能在紐約愛樂交響樂團（New York Philharmonic）演奏單簧管。

高中畢業時，兩大首選大學是柏克萊和康乃爾大學，我選了康乃爾，我想在美麗的郊區城鎮開創人生，而不是搬到已經有姐姐在那裡上大學的城市。在康乃爾，我修讀科學、工程、文學和音樂課程，我在管樂團和爵士樂隊演奏單簧管，心裡好奇當個音樂家會是什麼樣子的。我對自己的職業方向感到矛盾，但身為一個有務實教養的人，我選擇追求科學，這個選擇感覺比較穩定，也更有社會影響力。

創造人生

康乃爾有個校外實習計畫，你可以在寒假期間跟著校友一起工作。因為我考慮之後從事醫學職業，我觀察到休士頓安德森癌症中心（MD Anderson Cancer Center）有名整型外科醫生會在病患移除腫瘤後重建他們的外型。我看到了病患諮詢和手術的過程，看著他們做出困難的決定，看著他們的結果，給我留下了深刻持久的印象。等回到康乃爾，我決定不當醫生了，我要做生物工程師，創造新的器官。

我有三次機會在康乃爾從事生物工程研究。第一個研究經驗是在大二後的暑假跟著賴瑞・沃克（Larry Walker）教授，我得以進入由國家科學基金會贊助的計畫，研究如何利用纖維素酶分解纖維素，以進行廢物處理。大三後的暑假，我在喬治亞理工學院（Georgia Tech）馬克・李文斯頓（Marc Levenston）博士的生物力學實驗室找到組織工程的研究機會，我在那裡學習細胞培養技術，利用不同的細胞外基質，從軟骨細胞裡培養類軟骨組織。在大四的時候，我被馬克・薩爾茨曼（Mark Saltzman）博士聘為大學部研究助理，協助進行牙科組織工程計畫，再次研究細胞和基質，創造組織替代物。

大四時，我花了很多時間在大學爵士樂隊演奏單簧管，幫助管理樂隊，同時練習單簧管、做研究還有上課。大四的最後，我發現一個親密的樂隊朋友，同時也是我的爵士老師要在秋天搬到舊金山灣區，所以我決定申請加州大學柏克萊分校就讀生物工程博士學位，我可以繼續研究組織工程，並和朋友兼爵士樂教授一起演奏音樂。在我心中仍存在一個可能性，我考慮當個音樂家，而不是生物工程師。

柏克萊是個研究生物工程的好地方；好幾個教授都在我感興趣的領域進行研究，我加入了法蘭克・索卡（Frank Szoka）博士的藥物運輸和基因治療實驗室。但因為我不確定要專注於哪個計畫，我認為自己需要更多的指導。所以也參加了李松（Song Li）博士的實驗室，李博士利用幹細胞和奈米纖維進行組織工程研究，他是一個新進教授，在實驗室裡還會親力親為，也有時間和學生在一起。後來我選擇李博士作為我的博士論文指導老師，成為他的第二名研究生。

迷人的領域但乏味的實驗

在二〇〇一年，組織工程還是個新領域，希望能在實驗室培養出患病器官的生物替代品。幹細胞治療也是新的研究方向，它的願景是在適合的環境內，產生可以變成器官的細胞種類。我們的實驗室還紡出了由生物相容性材料組成的奈米纖維，作為細胞排列的支架，這在血管或神經的應用中非常重要。結合三個未來概念——組織工程、幹細胞和奈米纖維——我的研究論文似乎是劃時代又令人興奮的。我的博士論文聚焦於利用在機械力刺激分化幹細胞，創造血管組織，取代動脈粥樣硬化的血管。

雖然這項科學聽來很迷人，實際實驗卻很乏味，而且經常失敗。研究經驗中最棒的部分是分析資料，以及找出生物化學論文和顯微術影像的趨勢，從這項工作中，我知道自己偏好分析，而不是直接實驗。六年後，我完成了研究，發表了有關機械刺激誘發幹細胞分化成不同細胞種類的論文。

研究所畢業後，我決定進入業界，從事會發展最終產品的實用計畫，但我很難找到這樣一份工作。大多數開出的職位需要博士後或業界經驗，我最後在麻省伍斯特的生技新創公司找到工作。先進細胞科技（Advanced Cell Technology，ACT）想利用胚胎幹細胞製作血液細胞，這個領域和我在研究所的心血管專業相似。在ACT工作一年後，我發表有關從胚胎幹細胞中分化出紅血球的論文，然而，這家新創公司的財務狀況不佳，我決定離開。

更好的選擇

我在求職搜尋引擎（Monster.com）上找工作，教育程度設為博士，業界工作經驗為零到一年。在所有開放的職缺中，只有一個符合這些指標，塞爾文塔這家公司的職位看起真的很有趣——分子和計算生物學的分析工作，但不用進實驗室。這個計畫讓我可以學習多種疾病，公司從事系統生物學的開發，專注於大局，在多年辛勞的實驗室生活後，這真的很吸引我。工作地點在劍橋，那裡是麻省生技業的中心，搬到劍橋的話，想參加音樂活動或是結識志同道合的年輕人也比較容易。

不過，這份工作要利用電腦程式進行計算生物學，這兩個領域我都不熟悉。但我在面試時，對方說那些技巧都可以在就職後學習，他們需要的是有強大分子生物學背景的人，他要能讀懂生醫研究的期刊論文的人，我有他們要求的背景，也喜歡那裡的人、那份工作，所以我以科學家的身份加入塞爾文塔。

在塞爾文塔，我們為多種炎症、腫瘤和代謝疾病（如潰瘍性結腸炎、肺癌和糖尿病）創建了計算藥物模型。電腦做出統計預測後，我們會檢查機制，確保在該疾病的生物學上是合理的，然後利用已知機制、新的機制和相關文獻建立網絡。

一開始進入塞爾文塔，我感到不知所措，我從未投入這麼深入的分子生物學，身邊的人看來都聰明又博學，但我最終找到了方法，不再拿自己和同事比較，我開始領導專案和團隊，也和客戶有更多互動。我知道自己的優勢在於管理技巧，例如內部溝通及解釋專案結果、對客戶的影響等。我的專長不是想出新奇的科學創意，而是連結人與人，看到大局，利用我對科學的知識，以及對里程碑、時間表的實際理解，幫助團隊更有效率地完成目標。

在塞爾文塔工作七年後，我決定利用我在溝通、管理、大局理解的優點，尋找生技界的另一個職位。我在二〇一六年離開塞爾文塔，到另一個波士頓區生技建模公司應用生物數學公司從事業務開發工作。

在應用生物數學公司裡，我們利用數學模式，幫助製藥／生技公司更加理解他們的藥物，找出最佳特性和劑量方案。我們的分析可以在臨床試驗前模擬病患的結果，以加速藥物開發的過程，讓實驗能安排優先順序。我會見客戶，確保我們的專案團隊能符合客戶需求，並尋找新專案的機會。我還是得做一些科學研究，必須了解疾病和有效的藥物機制，但我的角色主要是溝通。在我的新工作中，我可以看到全局，學習藥物開發的各個階段，我喜歡這份工作，從協助加速新藥開發、嘉惠病患中獲得滿足感。

關於主角

珍妮佛·帕克是麻薩諸塞州林肯市應用生物數學公司的業務開發總監，她擁有康乃爾大學的生物工程學士學位，和加州大學柏克萊分校的生物工程博士學位。

↑珍妮佛·帕克曾是加州大學柏克萊分校的研究生，照片為她在二○○二年的會議上發表有關幹細胞的研究成果。

↑珍妮佛·帕克在休士頓地區長大，她的爸媽是那裡的太空總署承包商，照片為一九八九年她和父母參觀詹森太空中心。

←珍妮佛·帕克目前是麻省林肯市應用生物數學公司的業務開發總監，照片為她在二○一六年於商業會議中發表藥物動力學建模的研究成果。

第八章

在投資俱樂部實現光學儀器領域興趣

史蒂芬．范頓（Stephen D. Fantone）

二〇一五年，我獲得一項令人意外又深具意義的榮譽——羅徹斯特大學傑出學者獎。在我的獲獎感言中，我感謝在康乃狄克州西哈特福公立學校的早期教育，讓我走上了一條美好的職業生涯和智慧的道路，我特別要感謝九年級的拉丁文老師麥克沃伊先生（Mr. McEvoy），他嚴厲但鼓舞人心的指導讓我學會靠自己學習、發明、創造，還有製作產品、技術、商業及有效溝通想法的技能。

他的課程改變了我，也成為我之後在學術或商業工作的哲學架構。

地下室的望遠鏡

我在西哈特福（West Hartford）長大，是一個好學生，總是有很強的動力，我一學期修五到六門課，上暑期學校，通常會選擇最高級的課程，喜歡天文學、攝影和電子學。十五歲時，我花了很多時間組裝望遠鏡和相關的支架、驅動機和攝影機，這些活動的資金來自送報、修剪草坪和鏟雪。在我高三之前，父親換到麻省的寶麗來公司（Polaroid）工作，所以我們得搬家了，與其在高三轉學新的高中，我決定試著早點進入大學。

我很幸運被麻省理工學院的電機工程系錄取，在麻省理工裡，我還是和高中一樣，總是工作過度。在大一的春天，我選了七門課：微積分、微分方程、兩堂物理課、化學熱力學、一門人文課，還有俄語課。這份壓力實在讓我胃痛。

如果我只選修正常的負荷量，一定可以表現得更好，但我還是成功通過所有課程。我是個不成熟的十七歲大一新生，不知道怎麼做更好，然而，這個經驗是無價的，它讓我了解自己能負擔的最大工作量。同時這也是個重要的教訓，讓我知道自己的極限，如果我沒有這麼逼迫自己，就不會學到這一點。

十九歲時，我已經修滿足夠的學分，可以提早一年畢業，我還對光學感興趣，所以又選了電學和磁學課程，但這些學科過於理論化，讓我有點挫折。我很幸運在漢威輻射中心（Honeywell Radiation Center）找到實習工作，參加太空光學平台的設計，為我的學術研究奠定實踐基礎。麻省理工的第四年，我修習電機工程的高階課程，並完成一個管理學位。我對商業的興趣，來自兒時要為自己的科學活動找到資金。

研究所

麻省理工學院畢業後，我有一些不錯的選擇，幾家大學都錄取了我，但我的興趣在光學，所以我選擇羅徹斯特大學光學所。第一年，道格拉斯．辛克萊（Douglas Sinclair）教授是我的臨時導師，辛克萊是光學學會在當地分會的會長，我們變得很熟，他問我是否願意擔任協會雙月研討會的社長。這是一份乏味的工作，但對建立專業人脈來說卻是無價的。

在每次晚餐前，執行委員會和社長都會帶講者去吃晚餐，身為一名貧窮的學生，我很喜歡在不錯的餐廳裡享用免費餐點，但更重要的是，這些晚餐代表我有機會認識洛契斯特、紐約等地光學協會的領導者，還有客座講者。

在第一年，我得到赫茲獎學金，讓我可以自由選擇論文領域和導師——不再需要考慮資金。我選擇了鄧肯．摩爾（Duncan Moore）作為我的論文導師，他是一名從事漸進型折射率光纖的年輕教授。

> 對我們公司和我的職涯來說，成功的關鍵在於成為專家，研究一門在各種行業都能廣泛應用的技術。這不同於專精於特定行業，我們的客戶包括國防產業、醫學、工業和商業公司。當一個領域出現低迷，另一個領域通常會出現需求，這就為公司帶來了穩定性和成長性。

因為漸進型折射率光纖領域在當時相對沒有開發，它還有許多有趣的未解問題。漸進型折射率光纖使用不同折射率的不均勻鏡材，而鏡材是在玻璃裡添加鋰或鈉等元素製成。以漸進型光纖製作的透鏡非常密實，可以製作新的設備，例如小型桌上影印機。我研究如何校正偏差，理解透鏡參數值和設計對圖像品質的影響。

我和摩爾維持緊密的工作關係，每週都會見一到二次。因為我得到赫茲獎學金的資金，我可以維持相當大的獨立性，我的首要任務是在光學研究所盡可能地學習，完成論文，然後開始工作。這些目標與那些特定的研究小組並不相符，所以獎學金提供了緩衝和優勢，讓我可以追求自己的興趣和目標。

研究所快畢業時，我在幾個工作間做選擇，包括亞利桑那大學的教職、大學實驗室的研究職位，還有兩個業界職位，其中一家是寶麗來。為了有機會和最優秀的人一起工作，我選擇了寶麗來。加入寶麗來的一個月內，我和詹姆士・貝克博士（Dr. James Baker）一起進行專案，他是世界級的透鏡設計師，他曾和愛德恩・蘭德（Edwin Land）一起說服艾森豪總統打造U-2間諜飛機。我做了許多有趣的專案——3D電影、全息成像和光纖——也認識了許多科學家，如蘭德、比爾・普倫默爾（Bill Plummer）和貝克。

困難的決定

一九八四年，作為一名三十歲的寶麗來首席工程師，我面臨了人生中最艱難的決定。紐波特公司總裁米爾頓・張（Milton Chang）主動提供我一份工作，問我願不願意領導他們新的光學部門。這份工作能讓我的薪水加倍，還有配股和公司車——這是非常吸引人的職位。但是，幾年來，我一直在考慮自己創業，並且已經以歐帝寇斯（Optikos）為名成立了公司，我試圖決定自己的職涯方向，這件事帶來的壓力太大，每天早上都讓我身體不適！

我去找寶麗來的主管普倫默爾，給他看這份聘書，我解釋說，我不想去紐波特的公司工作，也不是要求寶麗來加薪，我真正想要的是成立自己的光學顧問公司，而寶麗來將是我的第一個客戶。普倫默爾說，他會支持我，而且他的老闆也同意了。我以為已經談定了，但後來卻有人告訴我，工程部的負責人絕對拒絕，同時，米爾頓每天都打電話來，問我願不願意接受他的工作邀請。

因為我在寶麗來的工作，我和豪伊・羅傑斯（Howie Rogers）成了朋友，他負責寶麗來的研發部門。在一次技術會議中，他感覺到我有心事，就開口詢問我，我告訴豪伊這個情況，如果沒有寶麗來的承諾，我可能無法拒絕紐波特的工作邀約。豪伊拿起電話，打給工程部負責人，告訴他：「如果你不給范頓顧問工作，我給；如果我這麼做，你想找他，他也沒空了。」等我回到辦公室，協議已經談妥，合約通過了。個人的友誼讓歐帝寇斯起步了，豪伊不是唯一幫助我的人，還有許多其他的例子，這只是我職涯中一次因友誼和人際關係創造機會和新方向的事件。而這些友誼往往是從偶然的相遇開始的。

遇見機會

我最重要的偶然相遇發生在一九八六年三月三十一日早上四點，我的妻子貝琪和我正在洛干機場排隊，等待搭乘包機去阿魯巴島潛水，除了我們倆個，每個排隊的人都盯著他們的腳，半睡半醒，不知道他們為什麼要搭這麼早的班機。我注意到隊伍前有位看來很高貴的老先生，在凌晨四點看來很有精神，手上戴著麻省理工的班級戒指，我一直很喜歡和人說話，所以我問了麻省理工校友總是會問的問題：「你是什麼課程？」他回答：「我是二號課。」意思是「我主修機械工程。」

他說他是山姆．雷蒙，一九五〇級，他在科德角有家名為底棲生物的公司，主營製造海洋儀器。他向我介紹了他公司的產品，包括投放在深海的透明球形外殼，為放置在海洋中的相機及設備提供保護和持續的浮力，還有水下相機的外殼。

我也自我介紹，我是一九七四級，也有家希臘名字的公司，主營業務是光學工程。在阿魯巴島，山姆和我一起去潛水，很快就成了好朋友。

六年後，山姆問我願不願意加入一個名為漢彌頓信託（Hamilton Trust）的團體，漢彌頓信託是美國最古老的投資俱樂部，目前有八十名會員。山姆經由麻省理工學院受人喜愛的光學工程教授哈洛德．埃哲頓博士（Harold Edgerton）贊助入會，埃哲頓博士發明了閃光燈，也是底棲生物公司的原始投資者之一。山姆是俱樂部中少數受過技術訓練的會員。藉由贊助我入會，山姆延續了光學工程的傳奇，我成為俱樂部的會員。

幾年後，山姆邀請我加入他公司的董事會，當他決定辭去董事長職務時，他邀請我擔任新的董事長。擔任董事長十年後，我們在二〇〇七年將底棲生物公司賣給泰利達因科技（Teledyne Technologies）。在洛干機場那場偶然的相遇為我在光學工程和儀器領域——我從小就喜歡的領域——帶來一連串意想不到的職涯機會，也帶來與山姆的終生友誼。

志工

從研究所開始，我一直在光學協會工作，我的志工角色責任越來越大，從技術專案負責人到財務主管，後來升為副會長。擔任那些角色讓我可以近距離接觸頂尖的光學研究者，也可以了解世界各地光學領域的最新發展。

從我在光學學會的工作中，我也學到如何管理非盈利組織，如何幫助這些組織成功。作為赫茲基金會的委員會成員、先鋒研究所的所長以及其他盈利公司、非盈利組織的委員會成員，我得以應用這些知識，我參與了在研究所時從未考慮過的活動。

做這些志工活動時，我的家人，特別是妻子貝琪的支持，幫助我應對了所有的挑戰。我非常幸運能認識我的妻子——有了她的幫助、鼓勵和愛，讓我得到支持和信心，可以從事各式各樣的活動，並在工作生活中提供了真正的平衡。她為我生活帶來的豐富，筆墨都難以形容。

關於主角

史蒂芬·范頓是歐帝寇斯公司的創辦人兼總裁，也是麻省理工學院電機系的資深講師。他擁有麻省理工學院的電機工程和管理的學士學位，以及羅徹斯特大學光學所的光學博士學位。

←一九八九年，史蒂芬·范頓因其在玩具製造和設計的光學研究，登上了《光學新聞》（Optics News）的封面。

→照片為史蒂芬（左）和他的博士論文導師摩爾教授，他們一起參加二〇一七年羅徹斯特大學的畢業典禮，當時史蒂芬獲得了大學傑出學者獎。

←一次偶然的機場相遇讓史蒂芬（右）和底棲生物公司（Benthos）創辦人山姆·雷蒙（Sam Raymond）成為朋友兼商業伙伴。史蒂芬在一九九七年到二〇〇七年擔任底棲生物的董事長，其他底棲生物董事會成員（自左到右）：泰德·穆勒根（Ted Mollegan）、約翰·庫格林（John Coughlin）、傑克·奈洛（Jack Naylor）和雷蒙。

第九章

化學家應用所學研發第一款殺菌油漆

凱西・吉賽爾（Kathy Gisser）

我能找到第一個指導老師和第一份化學工作，都要感謝一個按字母排序的好機會。我就讀的女子勞爾學校（Laurel School）允許畢業生在最後六個禮拜全職進行一項計畫，暑假結束時，我拿起一份凱斯西儲大學（Case Western University）化學系的傳單，開始翻閱教授們所做的研究，希望能找到一個符合自己興趣，想參與的研究。

我很快放棄理解充滿術語的說明，決定按字母順序連絡每個教授，一路沿著清單找人。我就是這樣來到艾爾・安德森博士（Dr. Al Anderson）的辦公室，他是清單上的第一位教授。他詢問我的數學背景，我也解釋自己曾修過三角學，可能會再修微積分，我可以免費工作六週，如果他能提供給薪的暑期打工，那麼工作時間可以更長一些。結果成功了！艾爾雇用了我——不只是那年暑假，而是好幾個暑假。

從高中第一次實習，一直到目前在夏溫威廉斯公司（Sherwin-Williams）擔任科學家職員，都是這種進取主動的精神幫助我找到工作，無論是在校和後來的職場生活，這種精神都對我大有助益，讓我可以和原本不太可能認識的導師、同事共同進行有趣的計畫。我問得越多，機會就越多，我也越有自信，這種自信會幫助我克服一路上遇到的障礙。

隨著我的學習和成長，我發現自己喜歡在跨功能的大型團隊裡工作，我的天賦可以與隊友的技能結合，處理複雜的問題。我最喜歡的挑戰是製作產品，人們想要且覺得有用的有形產品。

企業家精神

我出生於俄亥俄州的謝克海茨（Shaker Heights），離克利夫蘭還有段距離。我的父親是名藥師，在我還沒大到懂事之前，看著父母經營自己的事業，就讓我明白了什麼是創業精神。藉由幫忙做些記錄庫存、服務客人等事，我學到了商業的基礎，也學到如何發展新的生意想法，以及如何堅持地實現這些想法。

母親生下我時是中學老師，後來自學成為父親店裡的會計。她從我很小的時候，就培養我對科學的喜好，小學時，我參加了每一個科學相關的活動，早在我知道什麼是產品開發或材料研究之前，便喜歡上科學這件事。我喜歡研究有形的事物，並對材料的神秘著迷，它們單獨存在時是一種功用，混合在一起又能發揮不同的功用。

高中化學課上了兩個禮拜後，我就知道自己想成為一名化學家。我的老師達利夫人（Mrs. Daley）是我遇過最好的化學老師，她的教學清晰而有條理。老師也知道我對這門科目的興趣，所以請我幫忙為其他課程準備實驗室，自此我被迷住了。

第一次在校外從事科學工作，是十年級時到當地醫院做志工，參加同學父母主持的一項計畫。大部分時間我都在混合溶液，操作分光計，這是很基本的工作，但我喜歡那個環境，也知道我想花更多時間呆在實驗室裡。

高二升高三的暑假，我申請了凱斯西儲大學的計畫，我可以因計畫進入生物學實驗室。第一個禮拜，我犧牲了一隻兔子，接下來整個暑假我都在準備肌肉蛋白質樣本，並且盡可能不借助其他研究者的指導。我喜歡獨立作業，也認為自己的貢獻將能支持研究生的研究，但我對生物學實驗室的喜愛，並不如醫院的化學實驗室。因此，畢業專題我決定選擇化學，而非生物學。

因為安德森博士是凱斯西儲大學化學系清單上的第一位教授，我找到他的辦公室，向他自我介紹。他問我的三角學怎麼樣，我回答很好，隔年夏天還會再修微積分，他告訴我，我被錄取了。

事實證明，在安德森博士和其研究生所做的分子軌域計算（molecular orbital calculations）中，三角學是很重要的技能。他告訴我化學結構，我利用三角學找到它們的位置，將它們排列在三維空間裡。我們將我計算的位置傳至太空總署的克雷電腦裡，它可以計算出分子軌域的形狀和大小。我還不夠了解化學，無法使用這些結果，所以我會記錄下任何低能量結構，再將紀錄交給安德森博士分析。

我越來越喜歡實驗室的氛圍，我能在研究生及其他研究人員中找到自己的位置。即使我只是名高中生，但身為研究實驗室裡有貢獻的成員，我所受到的尊重和對待，對我的重要性難以言喻。因為那次的經驗，我知道如果自己願意，我適合做研究，也可以繼續攻讀至研究所。

古典和化學

申請大學時，我想找一所在人文和科學領域都有出色課程的學校，我的大學顧問建議我選擇耶魯。春天參訪時，校園裡歡快的氣氛證明我會喜歡這所學校，我很喜歡耶魯的社交生活和學術生活，在那裡念書時，我也交到了終生好友。我早就對古典文學感興趣，所以我繼續閱讀希臘時代到莎士比亞的文學。最後畢業時我拿到古典文明和化學的雙學位。

化學系的教職員對我未來成為化學家都充滿熱情，科學-技術-工程-數學和人文課程的教授都提供了很好的建議，鼓勵我不要因為一時的挑戰而放棄。大二的時候，我決定選修「給物理系學生的物理學」，因為我聽說過澤勒教授（Professor Zeller）許多好評。但是，第一次期中考我卻沒有及格，而這門課的分數只以作業、期中考和期末考為依據。我去澤勒教授的辦公室，希望能找到退選之外的方法。我會永遠記得他的建議——他說每年都有幾個學生在期中考的表現很差勁，但我應該繼續努力，因為這些人大多能找到徵結點，在期末考表現得很好。他問我是否能找到一個很好的作業小組，因為作業太難，「不適合一個人做」，並且建議我應該冒險一試，相信自己在期末考能表現良好。他說得對；我可以「找到徵結點」，並做得很好。和小組成員一起做班級作業也讓我知道團隊可以處理並解決單打獨鬥無法成功的困難問題。

進入耶魯後，我曾短暫想過研讀化學工程，但聽說該系對女性並不友善，所以我還是決定堅持化學。但在我大四的時候，我非常喜歡由化工教授指導、有關膠體穩定性的畢業生研究計畫，所以或許我在沒有收集足夠的資訊下，就做出了決定。

我在大學時只有一次真正令人沮喪的經驗。大二的時候，我的有機化學課表現不太好，學期結束時，我只拿了C^+。除了成績不好，教授還主動給我建議，認為我不應該拿化學當職業；一位也得到同樣成績的男性友人卻沒有得到同樣的建議。我討厭那個教授的態度，從和安德森博士的合作開始，我就知道自己能在化學研究領域取得成功——因為我已經成功了！

大學期間，我仍然繼續研究員的暑期工作。大一、大二的暑假，我都為安德森博士工作，大三的暑假，我參與了貝爾實驗室少數民族與女性暑期研究計畫，而且最後第一次發表了論文。上研究所前的暑假，我被耶魯大學化學系聘請到耶魯暑期學校任教。那時我失眠數夜，不知道自己是否已經具備成為一名好科學家的條件，然而回頭看看我的經歷，知道自己已經成功了。

兩個人的研究所

大學期間，我的戀愛對象仍是我的高中男友丹恩（Dan），他當時在達特茅斯學院上學。大三結束後，我們都在找化學研究所，希望能找一間可以一起去的地方。

在大三升大四的夏天，我們帶著一疊研究所的傳單到威斯康辛州朋友家的小屋過了一個禮拜，我們尋找的研究所要能提供丹恩足夠的物理化學訓練，也要提供我足夠的材料化學訓練。我們也希望這個科系大到萬一我們分手時，還能自在地待在那裡完成我們的論文。符合條件的學校有五間，威斯康辛大學錄取了我們兩個，所以我們就去了。

在威斯康辛上了一年的課程後，我選擇了阿特・伊利斯教授（Professor Art Ellis）作為我的論文指導老師。他的小組有一半的人做光電化學，另一半研究鈾鹽和其他發光材料。有一天阿特手中拿著一根金屬線來找我，叫我仔細聽，他放開金屬線，它砰的一聲落在地上，他再將它撿起來，淋了一些熱水，然後再丟到地上，這一次它的聲音像是鈴聲。

這種金屬線是種鎳鈦合金，被加熱到高於室溫時會發生結晶變化。在高溫階段，它傳播聲波的能力極佳，但阿特對聲音不感興趣，他說：「我認為如果我們能在半導體上應用這種薄膜，就能在它經歷相變時做些有趣的光化學。」

阿特鼓勵我與業界合作，鎳鈦材料具有商業應用價值，因此這將是與業界合作的良好選擇。

我盡可能閱讀了所有關於鎳鈦合金的資料，最後在《科技新時代》（Popular Science）裡一篇文章的最後，我找到三家使用這種合金的公司名單。我打電話給他們，詢問薄膜的事，最後和第三家建立了聯繫。加州奧克蘭的小型公司鈦尼合金（TiNi Alloys）剛剛購買了一套氣相沉積系統製作鎳鈦合金薄膜。

鈦尼是家非常小的公司，只有四個員工：創辦人、工程師、技師和處理公司財務的行政兼行銷經理。我與創辦人大衛．強森博士（Dr. A. David Johnson）密切合作，他成為像阿特一樣的導師，和鈦尼的合作也是我第一次體驗到製作有形產品的快樂。

和鈦尼的合作也改變了我的論文目標，雖然我原本希望為自己的光電化學實驗訂一些樣本，後來完全投入和鈦尼團隊研究沉積過程的工作裡。我們申請並獲得了國家衛生院小型商業創新研究基金，利用薄膜作為可植入的胰島素泵，但最後我們重新聚焦於製作微型閥。我們的第一片薄膜是會沉積在室溫反應物上的非晶質，然而，於適當的溫度和冷卻速率下沉積在加熱的反應物，會展現出形狀記憶相變。我們最後終於成功製作具有所需材料特性的樣本，我欣喜若狂。事實上，我到現在留著那個樣本當紀念品。

剛開始念研究所的時候，我以為自己會選擇學術生涯，我會從研究所畢業，找一個博士後的工作，最後成為一名教授。然而，在鈦尼工作的最後一個月，我的想法改變了。

加州大學聖塔巴巴拉分校本是我夢想中的博士後實驗室，在參觀那裡之後，我知道在海岸邊的鈦尼公司、那個以產品為中心的合作環境裡工作有多開心。我知道自己喜歡在多功能的團隊裡工作，我的才能可以和隊友的技能結合，處理複雜的問題。我想到自己在大學物理學的經驗，那時也是團隊合作，同學和我一起解決了其他人解決不了的問題。我最喜歡的挑戰是和製作產品有關的挑戰，發明人們想要並覺得有用的有形產品。所以我不再申請博士後，開始申請工業實驗室，在那裡我才可以成為合作團隊的一員。

產品設計

一九九二年冬天，我參觀了全國的工廠，第一份工作聘約來自紐約羅徹斯特的柯達公司，我拿到聘約的時候，丹恩和我知道工業化學家的就業市場正在萎縮，我們決定應該接受這個對我而言很棒的工作，即使我們無法確定丹恩能不能在羅徹斯特地區找到工作。在去柯達工作前，我休了個長假，同時也結婚了。丹恩和我一起在羅徹斯特完成他的論文，我們認為住在同一個城市是最重要的事，我也相信丹恩在拿到博士學位後，可以找到在羅徹斯特通勤距離內的工作。

我進入柯達時，接受了一個今日幾乎前所未聞的培訓——十八個月的訓練，包括在公司不同部門輪調。我就像是在柯達的攝影科學領域做博士後，只是學習場所不在學術課堂上。在我的訓練計畫中，我被指派了兩名導師，各有不同的管理風格。我和資深研究員建立的關係，讓我可以依靠他們在人生職涯裡獲得技術和個人建議。

到一九九〇年代，攝影業已經成熟，有成熟的產品和市場。雖然當時在材料研究方面還有職缺，我一完成訓練後，就要求專注在產品開發裡，制定出符合客戶需求的底片和流程。我和行銷人員、製造工程師及其他科學家合作，找出平衡支出、可製造性和符合我們客戶需求的方法。我協助改善新電影的拍攝流程，讓電影攝影師能拍出比想像中更暗的黑色，那部電影後來贏得了美國影藝學院的科技工程獎。我寫過新的電影拍攝流程指南，以減少用水量。同事詢問我安全照明塗料的問題時，我正帶領一個專案，重新製作它們的配方，還有發展本世紀首創的濾色片產品。每個努力都是一項大型合作開發計畫，有多達五十名的各部門專家貢獻他們的專業，並共同商定下一步行動，每項計畫大約維持二到五年，預算一年約有數百萬美元。

僅因我的工作而搬家的後果，讓丹恩很難找到合適的工作。所以丹恩決定回到學校，到羅徹斯特大學攻讀工商管理碩士學位。他後來找到一份離家比較近的工作，也是在柯達。幾年後，我們有了女兒，所以我們全家能住在同一個城市，成為更重要的事。

回到克利夫蘭

女兒四歲時，柯達裁員的速度增加，我們不希望意外的裁員逼迫我們搬家，所以我們決定自己控制時機。因為我的工作已經讓丹恩搬到羅徹斯特，我們同意下次搬家要以他為主，我們沒有打算搬回家，但丹恩找到的第一份好工作是在克利夫蘭市中心的的伊頓公司總部。

我正在進行安全照明和濾色片計畫，所以我繼續待在羅徹斯特兩個月，丹恩先搬到克利夫蘭工作。我為最後的計畫評估進行簡報，結果非常令人滿意，計畫已經準備好要發表。然後我和女兒搬到克利夫蘭，第一個月的時間都花在讓她入學，建立人際關係和尋找工作。

肯特．揚恩博士是攝影業的老手，也是油漆公司夏溫威廉斯公司的董事，在接受他的面試之後不久，我上網看到夏溫公司的一份工作，他們在找一位有微生物學訓練的化學家。雖然我沒有合適的技術背景，但我有很好的科技和管理技巧，我打給夏溫的研發人事部，詢問我是否應該申請，卻發現我的履歷已經提交給這個職位了。

在我的面試中，他們要求我簡報，所以我研究了油漆技術，發現我在柯達學到的產品配方技術可以應用在各種配方產品中：流變學、濃縮聚合物溶液和分散於溶液中的分子和添加物。另外，我還有管理「階段式」專案的技能，這是多數公司用來降低風險，促進新產品開發和商業化的標準。

夏溫威廉斯公司希望我帶領產品開發（產品現在名為「漆盾」），它將成為第一款由美國環保署核可的殺菌油漆。夏溫缺乏這計畫要求的各種技術專業，所以我開始尋找外部夥伴。我負責監督外部微生物研究，最後找到十二個外部夥伴，他們負責從測試到新展新材料的過程。我也和市場部門協調研究——例如，了解客戶需要油漆需要多快殺掉細菌，以及他們希望保護力能維持多久。產品進入商業化階段時，我則要支持產品商業化團隊和專案微生物學家。

經過多年努力和驗證測試，漆盾終於產品化，在夏溫威廉斯公司的零售店販售，醫院和牙醫診所現在都在牆壁塗上殺菌油漆，它也可以用在其他地方，例如健身房，甚至是預制軍用廁所。從這個專案開始，我也一直兼任夏溫威廉斯公司的其他技術開發專案，運用我在職業生涯中發展的技能，為市場帶來創新。在夏溫威廉斯公司裡，我找到發展自己技術和才能的地方，領導一個團隊，創造有用的東西。我對我們所做的工作無比自豪。

關於主角

凱西．吉賽爾是俄亥俄州克利夫蘭夏溫威廉斯公司的科學家職員，她擁有耶魯大學學士學位和麥迪遜威斯康辛大學博士學位，在進入夏溫威廉斯公司工作之前，她在紐約羅徹斯特的伊斯特曼柯達擔任工業化學家。

→凱西．吉賽爾和她未來的先生丹恩大學都是化學系。照片為他們參加一九八七年耶魯的畢業舞會。

↑凱西．吉賽爾和她先生丹恩於一九九九年在紐約洛契斯特的柯達工作。

←凱西．吉賽爾和她的丈夫丹恩於二○○六年搬回家鄉俄亥俄州的克利夫蘭。自二○○七年開始，她在夏溫威廉斯公司擔任科學家職員，最近，她是漆盾的專案領導人，負責美國環境保護署第一次核可的殺菌劑塗料。

第十章 MIT碩士創立機器人研發公司

丹尼爾・泰歐巴德（Daniel Theobald）

「你已經有一家成功的公司、有漂亮的老婆孩子，」我的導師說，「到底為什麼還需要念博士？」同時要撫養家裡兩個孩子、營運一家成長中的新創公司，還要在離開學校六年後，重拾學業通過麻省理工機械工程資格考試，實在讓我精疲力竭。這是任何一個人都做不到的事。

一九九九年，我和妻子黛博拉因為麻省理工學院空間系統實驗室遷至馬里蘭大學，所以也搬到了馬里蘭。她當時已經拿到碩士學位，我們從銀行帳戶裡拿出五千元，成立了VECNA。這裡給研究生幾個建議——如果你們想攻讀博士學位，最好完成資格考再休息，但更重要的是，你應該做你熱愛的事情。有些人相信，為了達到職業目標，可以忍受數年的博士生活，我則相信快樂和充實應該是你主要的職業目標之一。另一個大目標應該是看看你能在這個世界上做多少好事。

我在加州聖荷西長大，小時候曾騎著我的十段變速自行車悠遊山谷之中，當時那裡大部分都是開闊的田野，不過後來變成科技發展的中心，接著才變成如今的矽谷。我喜歡製造汽車和摩托車、解體機器人和組裝電腦，我還用在垃圾堆裡找到的零件組裝了一件蘋果二代電腦。在那裡長大給了我獨特的機會——例如，我曾在一九八八年代表加州參加勞倫斯利物浦國家實驗的超級電腦計畫。

我的家人不太關心大學的事，我甚至考慮過不申請，但有個小我一歲的朋友正在找大學，他想要去麻省理工，並向我挑釁：「你永遠進不去。」他給我看了一本小冊子，那學校看來很不錯，所以我申請了，也被錄取了，但我抵達時有點失望。我以為能找到許多一樣對工程學充滿熱情的學生，我知道這是我的人生使命，但許多學生都還在尋找他們的方向。

我就讀電機和計算機科學系。當時，麻省理工的計算機科學家都專注於編譯器和微處理器，但我不想製造一台更好的電腦；我只需要能做事的電腦。所以我轉到機械工程系，修完了所有程式和電子學課程，也學到許多和機器人有關的知識。

去哪裡讀研究所並未經過深思熟慮。導師告訴我，我可以留在麻省理工，為大學和碩士學位寫一篇論文，所以我留下來了，還加入了火星漫遊者計畫。我在麻省理工認識了黛博拉，我們於一九八六年結婚。

尋找導師

多年來，我一直沒有找到一位真正好的導師，但在我的學生時代，我記得有兩位導師。

一位是大學部的導師，羅漢・阿比亞拉特教授（Rohan Abeyaratne），是一位機械和材料專家。我也從伍迪・佛勞爾斯教授（Woodie Flowers）那裡學到很多，我參加了他的機械工程頂尖（論文）計畫。佛勞爾斯教授教導工程設計和產品開發，也是早期機器人學的先驅，我記得在設計專案課程裡，他不准我們進行任何焊接——這是麻省理工的防火規則，因為太危險了。然後他說：「因此，我們必須關上門。」接著教我們如何焊接。伍迪對材料、能源和電池有一種直覺，並把這種直覺傳給了我，他會問我們一些基本的問題，像是「你知道內燃器是怎麼運作的嗎？」

在我的獨立研究計畫中，並未使用嚴謹的數學，我在大學和研究所課程中一直為數學所苦，我對系統的直觀理解並非透過將數學填進方程式裡，而是透過實際動手嘗試、觸摸、建造，我用手寫的方式寫出描述和解決方案來思考問題，用這種方式發展系統。我的教授喜歡這種方法，它也幫助了我——直至今日，我仍如此領導團隊進行工程計畫。

開創公司

我創建過許多公司——VECNA其實是由五家公司合併而成。不像許多連續創業家，我沒有興趣、也沒有動力為賣出一家公司而創建它。VECNA擁有世界上最有天份的工程師，我們相信自己能對世界產生持久且正面的影響。

我們的公司非常注重研發，提供健康照護軟體到機器人領域的產品和服務。例如，我們是病患自助服務的領導者，提供醫院線上預約和自助資訊站的服務，類似於在航空業可以線上預約機位，然後在機場自助辦理登機手續。我們也發展出能在醫院搬運物資的移動機器人，或是能將受傷士兵搬運至安全區域的大型機器人。

VECNA有個不同尋常之處為，我們為回饋社區所投入的資源相對較高。每個員工要花費百分之十的工作時間在社區當志工。我自己大部分的錢都捐給VECNA照護，它是VECNA醫療的非營利部門，免費向發展中國家提供技術。舉例來說，當伊波拉危機最嚴重的時候，我們提供獅子山共和國機器人技術，協助那裡的醫務人員。

我在一九九六年創辦VECNA時，創辦一家公司是很難的事——很難獲得如何創辦一家公司的資訊。今天則簡單多了，網路上能找到詳盡的流程——二十分鐘就可以創辦一家公司！同時，技術人才的風險也低，如果公司不成功，以後也不難找到一份好工作。

機器人領域現在有很多新創公司，但大多數都令人失望。許多來自學術環境的人沒有接觸過需要解決的工業問題，所以他們只是發明另一個遠端監控的機器人，或是一個無用的可愛機器人。然而還有許多未被滿足的市場需求，例如吉列（Gillette）的執行長告訴我，公司生產線需要增加百分之六十的產量，這便很適合應用機器人和技術。這是需要有創造力的人解決的問題；它無法被現存技術解決。

機器人新創公司的另一個典型問題是，他們試圖重新發明每個東西，所以硬體工作就耗費太長時間。新創公司可受益於利用常見的平台和技術，如果他們能夠團結起來，購買力也可能增加。但最重要的是，他們需要與具有實際需求的業界人士建立聯繫。

基於這些理由，有些同事和我一起建立了大眾機器人孵化器（Mass Robotics Initiative Hub），這是個位於波士頓的非營利協作空間，那裡不只有許多早期的機器人公司，也有許多已成熟的公司。我們為機器人公司舉辦論壇以分享資源，為新創公司與潛在客戶建立連繫，並為想從事高級製造業的人提供培訓。

關於主角

丹尼爾．泰歐巴德是VECNA科技公司的創辦人，也是目前的創新長。他是一名連續創業家，也是機器人、軟體架構和人工智慧領域的發明家，擁有麻省理工機械工程學士和碩士學位。

↑丹尼爾．泰歐巴德和他的VECNA團隊設計戰場救援原型機器人，可以定位、搬運受傷的士兵離開危險地帶。

↑泰歐巴德夫妻在二〇一三年VECNA公司慶典時接受表揚。

↑VECNA的機器人聚集在麻省劍橋的公司總部後方。

第十一章

放棄高盛高薪職缺成為科學家

丹尼爾・古德曼（Daniel Goodman）

一九八六年二月二十一日，三・七億美元的磁融合試驗裝置（Magnetic Fusion Test Facility，MFTF-B）在勞倫斯利物浦國家實驗室（Lawrence Livermore National Laboratory，LLNL）落成。二月二十二日，一發電漿彈還沒發射出去就被關閉了。美國能源局決定將資源集中在環形系統（托克瑪克）上，因為它比線性磁鏡（如MFTF-B）更有前景。

當時，我是麻省理工的四年級研究生，也是負責操作兩面磁鏡的大型研究團隊成員。在LLNL設施關閉後不久，我們主要的實驗也失去了資金。我繼續做些基礎的電漿物理實驗，兩年後完成我的論文。但政府研究方向突變的經驗讓我對自己的職涯假設產生質疑。

我曾期望在畢業後進入政府資助的大學或國家實驗室擔任研究員，但看到我的導師和研究團隊的科學家離開麻省理工的工作去創建公司後，我認為在商業公司工作，比依賴政府資助更有吸引力，風險也較低。

我沒有選擇科學家職業，繼續以融合技術開發能源，而是應用我在電漿物理的訓練，解決商業領域的問題。我曾在規模不同的公司工作過，為航太或半導體工業研發產品，我發現商業產品開發在科技上也具有挑戰性，也有回報，正如我原本想從事的政府資助能源研究領域職涯一樣。

英雄物理學家

我在紐約北部一座名為猶提卡（Utica）的小城市長大，就讀於優秀的公立學校。我的父親是名電氣工程師，母親是全職主婦。從小到大，我是一個五育均衡發展的學生，對數學和科學有天賦，但我最喜歡的是演奏樂器。我的第一個樂器是鋼琴，後來又學了單簧管和大提琴。爸媽非常鼓勵我的音樂興趣，他們希望哥哥和我都能接受音樂訓練，並擁有他們成長過程中沒有的機會。

高中時，我最大的兩個興趣是科學和音樂，高二的時候，我上了物理學，從此愛上這門學科。我喜歡它可以根據基本的原則和方程式預測這個世界的行為。高三的時候，我繼續自學物理，並決定我要效法幫助我們贏得二次世界大戰的科學家——奧本海默、費米、愛因斯坦和他們的同事，也成為一名物理學家。我還是花許多時間練習鋼琴和大提琴，在當地的管弦樂團演奏，並經常表演這兩種樂器。

爸媽鼓勵我學習工程，這樣比較好找工作，他們的建議似乎很合理，所以我尋找一所工程系好，但物理學也很好的學校。我被普林斯頓大學錄取，主修電子工程，但也修了很多物理課程，並完成工程物理學程的要求。在普林斯頓，我還是維持自己在學習音樂和表演上的興趣，這項興趣持續終生。

一九七九年伊朗革命引起的石油危機發生在我大二的時候，原油價格成倍上漲，加油站大排長龍。石油危機引發了政府對能源研究的投資，包括對融合能源的資助大幅增加。

國內最大的融合研究中心是普林斯頓電漿物理實驗室，融合被視為一種潔淨、取之不盡的能源，在校園裡經常受到討論。我決定把融合能源作為我的職業。大四的時候，我選修電漿物理學的研究所課程，也在實驗室做研究侷限。我也申請了赫茲基金會的研究生獎學金，面試者是洛威爾．伍德（Lowell Wood），洛威爾想套我的話，他說融合能源永遠不會成為實用能源，我們展開了激烈的爭論。後來我很擔心會因為不尊重而失去獲得獎學金的機會，但這爭論或許也說服了洛威爾，我有完成研究所學業的決心，也能成為一名富有成效的科學家。

研究所兩個最好的選擇似乎是留在普林斯頓或是去麻省理工學院，我想要住在波士頓，這裡的社會環境都比普林斯頓的小鎮好得多。在大四的春天，我參觀麻省理工，了解那裡的研究計畫並尋找論文指導老師，麻省理工電漿融合中心的大多數員工都在研究環型托克瑪克實驗和理論，但還有一位名為理查．波斯特的年輕研究員帶領了新的研究小組。他召集一百名科學家和工程師，打造名為TARA的磁鏡反應堆，TARA是以藏傳佛教的一個神祇命名的。

一輩子的導師

我請波斯特當我的導師，結果證明這是很好的選擇。波斯特很有創意，當他的學生，我知道自己研究的重點在於找出哪些想法比較好，並盡快執行。在我畢業後，波斯特依然關注我的職業生涯，在我成立公司時提供建議，並邀請我加入他的兩家新創公司。

在研究所的前兩年暑假，我到田納西州的橡嶺國家研究所及LLNL實習，這些工作讓我可以體驗做個政府資助的研究科學家，也給我機會看看住在南方或加州會是什麼感覺，我記得當時心裡想著，這兩個實驗室對一個年輕的研究生是多麼友好、熱情和尊重，他們也很感激我能在當地的音樂舞台演出。第二年之後，為了專注於論文，我沒再尋找其他工作或實習。

在我的論文中，我用電磁線圈像棒球縫線那樣纏繞真空室，以此進行電漿物理實驗。這種形狀會產生更穩定的電漿，比用螺線管線圈做的磁鏡有更好的侷限性。在我第一次實驗中，我試著利用低頻電場操縱電漿，然後尋找在線性及旋轉電漿運動時預測會產生的共振。我從未看過共振效果，但學習到很多關於電漿診斷學，以及打造無線電頻率產生器和離子源的知識。我後來明白自己收集的資料可用來確定一些基本電漿特性，包括放射狀離子傳輸率，便將這個主題變成我的論文。

在研究所第三年，我接到高盛集團招聘人員的電話，這家公司正在找尋可以將定量方法應用於金融模型的科學家和工程師，並提供高額起薪，以及在金融界大有前景的機會。我告訴招募人員，我正專心完成我的博士論文，目前不想轉換領域。我哥和大學室友都接到相似的電話，並同意加入高盛集團。他們前往華爾街追求成功的事業，而我仍在成為科學家的道路上繼續前進。

我完成必修課，並通過資格考後，剩下的時間都在實驗室工作。現在回想起來，真希望自己能上些微電子學的課程，當時我並不知道，但那將是我和同事在職涯上花費最多時間的領域。

臨近畢業時，我尋找當地的工作，建造高功率無線電頻率系統的經驗可能是我的優勢。我加入一家名為科學研究實驗室（SRL）的小型外包研發公司，負責雷射和電子束的固態脈衝功率驅動器。我在那裡遇到我的第二位導師，丹．柏克斯（Dan Birx），柏克斯是個精瘦結實、體格健壯、頭髮蓬亂、無所不能的人，他可以建立新型的核桃採收機，或是新的個人飛機。他是脈衝功率領域的傳奇人物，在LLNL製造了全世界最大的感應直線加速器。

SRL將柏克斯的設計授權給一家名為賽默（Cymer）的新創公司，該公司生產用於半導體製程的準分子雷射。賽默用固態設備取代了閘流管開關，大大地提高了可靠性。在首次公開募股後，它成為該領域的主導公司。

我從柏克斯身上學到非常多——像特定類型點火鉗的所有用途之類實用的知識，以及如何設計、製造和組裝非常複雜的系統。我努力想超越柏克斯的可靠性測試，因為很不幸地，他設計的小飛機不夠可靠，它在一九九九年三月緊急降落時墜毀了，柏克斯和他的妻子因此喪生，讓世界失去了一個驚人且多產的天才。

SRL的工作以小組進行，這很適合我。我一直喜歡待在實驗室裡，建造和測試設備，我喜歡中等難度和時間長度的專案，對官僚體系沒什麼耐心。我在麻省理工研究所的研究為SRL的工作做了很好的準備——我必須在這兩種情況下，找出如何在最少的監督及有限的資源下，打造一套足夠好的系統。

開創公司

我在SRL的工作是為公司高能電子束加速器尋找新用途，其中一個有前景的領域是複合樹脂和黏著劑的硬化處理，加速器可在室溫下快速完成。它也可以用在航太業的製造上，我得到SRL的技術授權，成立易立創解公司（Electron Solutions Inc.），銷售這些設備和特殊材料，客戶對象是太空總署、波音公司和美國空軍。在過程中，我學到許多研究所沒教的事——例如銷售和合約、送貨和服務、薪資和會計，以及人事管理。

一九九九年末，我和妻子有了第一個女兒，我們決定改變家庭與工作的平衡，把更多時間花在家人身上，而少花在事業上。波斯特一直在關心我的進展，也曾提出聘請我到應用科學與技術公司（Applied Science and Technology, ASTeX）擔任產品經理或研究工作，這是一家銷售電漿加工設備給半導體業的公司，我選擇做開發新產品的研究科學家。

二〇〇一年，我加入ASTeX一年後，公司和麻省安多弗的MKS儀器公司合併，原公司多數產品都是賣給半導體資本設備製造商的小零件，讓他們整合到晶片製造設備上，唯一的例外是物理氣相沉積（PVD）濺鍍工具，它可以用在晶片製造的最後封裝步驟。ASTeX PVD系統的競爭對手是應用材料公司（Applied Materials），這家公司是MKS最大的客戶，但擁有與客戶競爭的產品線並不是一套好的商業計畫，所以在合併過程中，ASTeX PVD小組被獨立出去，成為NEXX系統公司（NEXX Systems Inc.），由波斯特擔任總裁。二〇〇四年，我加入NEXX，這一次擔任工程經理，我學習到文件製作和正式的工程流程，這又是研究所沒有教的另一門學問。

二〇〇八年，波斯特自NEXX退休，湯姆・華許（Tom Walsh）接任總裁，華許具有IBM和Novellus擔任管理人員的豐富經驗，他提升了公司的業績，因此我們的公司在二〇一二年被東京威力科創收購，二〇一八年被ASM收購。現在我的主要任務是指導新產品開發，並監管公司的智慧財產，我還是會盡量花一段時間待在實驗室，因為自研究生時期，我就很喜歡親手做研究。而我仍然喜歡學習並表演古典和民俗音樂，音樂和科學一樣，都是我一生的熱情所在。

關於主角

丹尼爾·古德曼是麻省比勒利卡ASM-NEXX的高級技術總監，他擁有普林斯頓大學的工程學位，及麻省理工的電漿物理學博士學位，也曾是赫茲的研究生。

←一九八九年，丹·古德曼在麻省理工學院為他的博士論文辯護。後來他為論文指導老師理查·波斯特創立的幾家公司工作。

↑丹恩·古德曼於二〇〇六年在麻省理工的基連廳表演鋼琴獨奏。

←丹·古德曼和赫茲基金會的研究員珍妮佛·施洛斯參加二〇一三年慶祝赫茲基金會五十週年的研討會。

第十二章 以數學專長進入夢想航太事業

汪達・奧斯汀（Wanda Austin）

在我找到夢想的工作之前，我幾乎放棄了工程學。拿到匹茲堡大學的碩士學位時，我面試了幾家公司，加州安納海母（Anaheim）的洛克威爾國際公司（Rockwell International）錄取我當工程師。不過甚至在工作還沒開始前，情況就開始變糟。被錄用後到上班前的這段時間，公司人力縮減，許多員工失去工作，員工擔心被裁員，他們也覺得一個來自東岸、擁有高等學歷的年輕黑人女性會威脅到他們。我討厭這份工作，所以我開始重新考慮自己的職涯選擇——或許選擇工程而不是應用數學是一個錯誤。

當我試著決定接下來要做什麼的時候，一個同事告訴我，不要用第一份工作評斷整個領域。我聽從他的建議，最後在航天公司（Aerospace）找到夢想中的工作，研究衛星的系統工程，這工作非常有趣，即使沒有報酬也很有趣。我在航天公司中一路晉升，最終被任命為公司總裁兼執行長。現在我已經從領導職位中退休，有更多時間可以和年輕人在一起，為他們提供指導，並傳授我學到的經驗。

家庭價值

我出生於洋基球場附近的布隆克斯（Bronx），我家住在被稱為「計畫」的極低收入戶住宅區。身為一個在一九六〇年代於市中心長大的黑人年輕女孩，從來沒人告訴我未來可以當個科學家或工程師，但我運氣很好，我的父母重視教育，知道念書和努力工作是創造人生機會的關鍵。

起初，我在當地上小學，但媽媽認為到另一區可以接受更好的教育，所以我搭公車到城鎮另一邊的白人猶太社區上小學，我在那所學校是少數幾個黑人之一。在新學校裡，除了上課外，我還學到不同的種族和文化。

我七年級的數學老師蓋瑞．科恩（Gary Cohen）知道我在數學方面有過人的天賦，他會給我額外的作業和數學解謎書。有次他發還我做完的題組，叫我到班級前面說：「你很擅長這個，千萬別讓任何人說你不行。」那些話我一直記在心裡。我很感謝科恩先生對我的信心，至今都仍與他保持聯繫。

七年級快結束的時候，我的數學和英文成績都很好，學校告訴我爸媽，有個針對資優生的特殊計畫，能將初中三年合併為兩年。所以我們一群學生跳過八年級，到九年級時，我通過入學考試，錄取布隆克斯科學學院，上高中時，我才十三歲。

嚴格的高中生活

我發現布隆克斯科學學院是個特別的地方，有聰明的學生和許多資源。學生都非常擅長數學和科學，可以解出困難的問題。這裡的設施也很棒，有先進的生物學和化學實驗室，在以前的學校從來沒見過，而且早在一般大眾知道有電腦之前，學校就有了電腦。

我在高中的生活並不總是美好的，有個老師說我永遠無法理解英國文學，還叫我乖乖坐在教室裡，不要惹麻煩。那些話讓我沮喪，但我不會因此安靜地躲到角落，把不好的成績帶回家不是我的選擇，所以我努力通過那門恐怖的英文課，以一個成績優秀、全面發展的學生畢業了。但在那段經驗後，我被數學吸引，在數學上，我的解答只有對或錯，但絕不會有個數學老師告訴我，我沒有能力解決它。

像大多數布隆克斯畢業的學生一樣，我打算上大學；唯一的問題是，哪一所。我讀了介紹手冊，發現有所大學專精於數學，名聲也不錯，還願意給我獎學金。爸媽送我到賓州蘭卡斯特（Lancaster）時，我第一次看到那座美麗的郊區校園，一座小型學院：富蘭克林．馬歇爾學院。

學院裡有兩千名學生，只有二十名是非裔美國人，任何少數民族都很難找到其他人視為理所當然的支持網絡。但從市中心來的非裔美國女性，同時又是任何人眼中的極客，我覺得在許多方面都被孤立了，我必須想辦法適應。數學成為我的避難所；數學系很小，大家都彼此認識，而且數學是一個很好的均衡器。我的數學教授向我發出挑戰，希望我能像其他人一樣表現出色。

整體而言，我認為富蘭克林．馬歇爾學院是個很好的環境，學院很小，小到我從不會在一群學生中感到迷失，教授很親切，會邀請我到他們家吃點心聊天——我們現在稱為輔導。這種輔導沒有固定時間——都是自發性的，是校園生活的一個慣例。

大一的時候，我曾翹過一次微積分課，那天下午我在咖啡店裡，喬治．羅森斯坦教授看到我，他說：「你早上沒來上課。」我當然沒有藉口，他說這種事不可再次發生。教職員那種程度的關心和重視，讓我可以在大學環境裡茁壯成長。我盡責地出席每一堂課，並非出自對這所學院的特殊待遇，只是教授們很關心校園裡的每個學生，他們期待我們每個人都是這個大學社區的一份子——是參與者，也是貢獻者。

在富蘭克林．馬歇爾學院裡，我上了第一堂女權主義課，我也常常去綠屋劇院，開始熱愛觀看莎士比亞戲劇。我沉浸在知識環境之中，這和我過去所處的環境都不一樣。

支持網絡

作為一名數學系學生，我選修了幾堂羅森斯坦教授的課，也和他的家人建立了關係。羅森斯坦邀請我到他們家：我會去拜訪、吃餅乾牛奶，還幫忙照顧他們的女兒。我開始認真談戀愛時，我也帶對方去教授家，得到他們的認可。我和羅森斯坦家的關係不只是數學或學術上的——他們給了我家人無法給予的支持，我的家人沒有大學經驗，他們不明白我需要的社會和學術支持。

大三的時候，我去英國蘭卡斯特大學讀書，我這個美國人到了外國，進入不同的環境，是另一種開闊眼界的體驗。富蘭克林．馬歇爾學院指派了一個當地的家庭照顧我，這樣我在休息的時候就有地方可以住。英國的教育系統是十週的課程，然後放假四週。我可以利用這四週出去旅遊，探索歐洲，並從不同的角度看世界。那趟探索之旅對我的教育很重要，因為我能用別人的眼光來觀看我們的國家，我知道了世界有多小，人們關心的事情有多相似，我認識的家庭跟我家人一樣，也擔心他們孩子的教育；他們也擔心自己的自由，就跟我們一樣。

大四回到富蘭克林．馬歇爾學院時，我開始考慮以數學作為職業選擇的可能，有些工作不需要額外的訓練——例如，教數學或是做精算師，但我決定繼續上研究所深造應用數學，羅森斯坦在這個決定裡大有幫助。我在歐洲讀大三時，羅森斯坦去匹茲堡大學休了一年假，等我們回到校園，他對匹茲堡大學讚不絕口，也推薦那裡的應用數學所，所以我去了那裡。我先是讀了應用數學的碩士學程，包括統計學和運籌學。

匹茲堡的第一年快結束時，我意識到自己輔導的大學部的工程系學生以後賺的錢比較多，這似乎有點不對勁。所以我研究了工程學院研究提供的學程，我在那裡認識了一個教授，他很興奮地想把我變成一名工程師。我和他一起研究運輸系統，特別是將流體力學應用到車輛交通上。我們研究匝道控制會改善或阻礙交通流量，以及高速公路上塞車狀況如何擴散，這是有趣的現實世界數學問題。在匹茲堡念了兩年書後，我拿到兩個碩士學位，一個是應用數學，另一個是系統工程學。

完成匹茲堡學業後，我開始尋找工作。我面試了幾家公司，包括辛辛那提的寶潔公司（Proctor & Gamble）和加州安納海母的洛克威爾國際公司。我在四月拜訪了洛克威爾，離開匹茲堡窗戶結冰的公寓，來到溫暖又陽光明媚的安納海母，而且我立即去了海灘。因為天氣，而不是工作內容，驅使我選擇洛克威爾，而不是寶潔公司。

可怕的第一份工作

但我在加州的第一份工作很糟糕。四月到八月期間，洛克威爾公司裁了很多我所屬部門的員工，公司還是兌現了錄取通知，叫我去上班。我負責合成孔徑雷達資料的變化偵測，寫了一套電腦程式，看看飛機每天飛過現場的時候，資料會不會有任何改變。這是很重要的現實世界問題，可以應用在許多地方；但公司內部的心態卻很消極，員工看到一個年輕人出現，學習他們的工作技能，都對此抱持懷疑，他們擔心公司雇用我是為了取代他們，好降低成本，他們擔心自己的工作，所以一點也不歡迎我。在洛克威爾的另一個困難是我在許多方面都屬於少數族群：我是在男性主導領域的非裔美國女性，是個念數學的工程師，是個突然跑來南加州的東岸人。再加上糟糕的經濟環境，這些因素讓局面變得非常困難。

在洛克威爾工作一段時間後，我認為自己選錯了職業領域。後來，我聽取建議，認為如果我找了別的工作，情況可能會好一些。我去休斯飛機公司和航天公司面試，第一選擇航天公司沒有回音，所以我接受了休斯的聘書。休斯的工作開始前一週，我聽說航天有意雇用我，所以我告訴他們，我就要加入休斯公司了，他們立即發了一封聘書，所以在最後一刻，我換了公司。

夢幻的第二份工作

我加入航天公司後，開始接觸太空事業。從系統工程的角度來看，我覺得自己中了樂透，我在森尼韋爾的美國空軍祕密測試中心「藍立方」待了一段時間，學習衛星控制的作業計劃。這很有趣——即使拿不到薪水，我也很樂意在那裡工作，我必須解決尖端科技的重要問題，例如偵測軌道上的問題，以防衛星丟失。

我在衛星控制和作業計劃方面工作了三年，然後加入會接觸客戶的專案辦公室。我和空軍一起工作，學習太空業的商業面——如何運作合約，如何建構誘因。航天公司的任務是為美國空軍提供獨立的技術顧問，雖然我的空軍同仁負責做最後決定，我還是要負很大的責任，確保我們的系統能在一個龐大的系統中正常運作。

我在專案辦公室工作兩年後，有一次參加了公司的雞尾酒會，並和公司總裁埃伯哈特．雷奇丁（Eberhart Rechtin）交談，他告訴我，如果我回學校念個博士，便會有更多工作機會，我仔細聆聽，並回覆他：「念博士真的不是我的計畫，我結婚了，還有兩個孩子，回到學校非常、非常困難。」然而，我還是遵從他的建議，雷奇丁後來成為我職業生涯中的支持者，也是一位偉大的導師。

我尋找一個比較有彈性的博士學程，因為我不能放棄我生活中的一切，成為一名全職學生。我在南加州大學找到這種學程，它是為工作中的成年人而設，課程都安排得比較晚，讓學生可以工作半天再來上課。

我和幾名教授見面討論研究想法，其中有一位很興奮地想和我一起研究系統模擬。在我的論文中，我跟隨柯斯．尼維斯教授（Khosh Nevis）研究系統動力學和人工智慧，論文目標在打造一套自然語言處理器——它可以讓電腦解析系統問題的口語描述，並為口語創建一套模擬模型。我寫了一套程式，使用者可以直接和電腦對談，電腦會精準設計並解決模擬模型。程式在南加州大學的主機電腦上運作，如此我在航天公司的辦公桌上，也可以透過網路監控它。

> 我總是長時間工作，經常需要長途旅行，特別是衛星發射時，有些時候公司需要全員參與，如果某個地方有會議，我就必須去。若是獨立的發射評估，我需要到場看看是否所有車輛已從C-130運輸機運到建築裡，並在發射前做好準備。這些事情加起來就得出差很多次，這很不幸，因為我不能彌補無法陪伴家人的時間，但我的工作又不能遠距完成，我需要和其他工程師在同一個房間裡，一起解決棘手的問題。

在航天公司中，多數工程師都擁有高等學位，大約四分之一的人有博士學位。獲得博士學位讓我證明自己是可以進行獨立研究的工程師，也展現了自己的批判性思維——工程師可以闡述和解決困難問題的能力。公司很重視這些技能，因為我們解決的是前所未有的問題；在書中找不到解決問題的正確答案。我們的工作跨越多個工程學科，包括材料、電池、感應器和導熱問題，每個問題都會影響整個系統，包括供電能力、要能安裝進整流罩，還要夠輕才可以發射。

身為系統工程師，我必須了解其中的互動——這一切要如何結合在一起。我和電學、機械等跨領域專家一起合作，做了七年高階系統工程師後，我被任命為航天公司的首席總監。擔任這個高階領導職位，我必須管理預算、專案、人員和每個人的個性。

成為賦能者

我還記得意識到自己從個人貢獻者成為賦能者的那天，我可以幫助別人解決問題了。團隊告訴我，他們遇到幾個障礙，客戶的期望不清不楚，團隊缺乏所需的專業，他們也需要額外的資金進行重要的實驗。我打了幾通電話，聯絡了那個客戶，我們重新安排了時程，還聯絡一個同事安排所需的專業。我將團隊帶到我的房間，告訴他們我可以為他們做什麼，並問他們，這樣是否足以讓他們成功完成專案。團隊成員說可以，我記得他們都樂翻了。

可是當團隊離開辦公室時，我卻感到失落。他們正在做一個偉大的計畫，有一部分的我還是想在其中貢獻我的技術，我想要跑計算程式，預測系統性能。但那不再是我的工作了——我的工作是確保團隊能擁有成功所需的一切。這是我職涯的轉捩點，我明白了自己身為領導者和賦能者的價值。領導很重要，這也是我能做而他們做不到的，我感受到回報，但這和做一名個人貢獻者的回報截然不同。從那以後，我更加適應自己的新角色了。

作為一名領導者，我還是需要利用在個人貢獻者時學到的深厚技術能力，身為航天公司的總裁，我要對每一次的衛星發射進行發射評估。發射評估是一項費力的工程活動，內含許多技術細節，如果因為某些微妙的工程細節而需要向空軍將軍建議放棄發射，我需要讓他信服我們解釋的理由，我必須可以描述問題、發射的風險，以及解決問題的選項。

為了平衡研究所學業、航天公司的工作和照顧兩個幼子，很大程度要靠我先生一起努力。無論男女，我都會告訴他們，在選擇伴侶時必須謹慎。我先生知道他下班時，我不會拿著拖鞋和雪茄在家等他，他很高興這一點，因為他知道我在做什麼，知道我多喜歡做這件事。我先生也是個工程師，他負責太空梭計畫，所以他明白我會如何被任務纏身。

我先生帶孩子非常用心。我回學校念博士時，我們制定了時間表，確保我們總是能一家人一起吃晚餐，晚餐後我就去睡覺，這樣我才能早起念書，而他則會熬夜陪伴孩子們。週末如果有生日派對或足球賽，他會帶孩子們去參加，如此我就有完整的時間做功課。對我來說，可以撫養小孩、工作又念書，很大程度要歸功於找到合適的伴侶。

後來我自航天公司的領導職位退休，工作和出差的時間減少許多，如果旅行，也是為了玩樂。我和先生一起去環遊世界，我們有四個孫子，所以我們可以去探望他們。我寫了一本關於領導學的書，以它為題演講募款，好為我們創立的科技工程數學獎學金提供資金。我仍然為國防科學委員會及太空總署諮詢委員會服務，同時我也是南加州大學的受託人和一家公司的董事，所以我還是很忙。

關於主角

汪達·奧斯汀是名系統工程師，二〇一六年自航天公司執行長兼總裁職位退休，她擁有富蘭克林·馬歇爾學院應用數學學士學位，匹茲堡大學應用數學及系統工程學碩士學位，還有南加州大學系統工程學博士學位。

↑汪達·奧斯汀於紐約市長大，一九七〇年畢業於布隆克斯科學學院。

↑汪達·奧斯汀找到了她夢想中的工作，在航天公司負責衛星控制的系統工程師。她在公司一路晉升，自二〇〇八年升任執行長，直到二〇一六年退休。

第十三章

一本鳥類圖鑑的啟發成為分子生物學家

大衛・加拉斯（David Galas）

我取得物理學博士後不久，便決定該做些改變了。我念大學時，分子生物學和遺傳學剛剛興起，雙螺旋發現還不到十年，但在我研究所畢業時，這兩門相互交織的科學每年都解答了越來越多的祕密。我一直蠻喜歡生命科學，但不知從哪裡開始，所以我盡己所能地去尋找傑出的生物學家。

我遇到了詹姆斯・華森（James Watson），他幫助發現了雙螺旋結構；華特・吉爾柏特（Walter Gilbert），由物理學家轉為生物學家，共同成立了生基無數遺傳學公司（Biogen and Myriad Genetics）；哈羅德・莫羅維茨（Harold Morowitz），耶魯的生物物理學家；以及艾伯特・布蘭斯康（Elbert Branscomb），另一個轉為生物學家的物理學家，在勞倫斯利物浦國家實驗室工作。我發現即使以我有限的生物學知識，在這些對話中，我只能深入探討兩、三個問題，然後就會遇到我們都沒有解答的問題。但我也意識到，我們現在有了回答這些問題的工具。

對我來說，無所不在的基礎問題，以及回答問題的工具，便是科學黃金時代的定義，所以我決定參與分子生物學的黃金時代，最後，我成了一名學術科學家、政府官員和企業家。我的職涯和我想像的並不相同，舉例來說，研究所攻讀物理學時，我幾乎沒想過自己最常被引用的文章，會是我在生技公司擔任首席科學家時發表的文章。我職涯的每一步都取得了最大的進步，因為我努力觀察最令人興奮的科學正走向何方，因為我學習和其他人合作，同時利用我在物理學及數學的訓練，將我的見解帶入生命科學中。

搬來搬去的童年

我於一九四四年出生於佛羅里達的聖彼得堡，父親在那裡完成了B-17轟炸機飛行員的訓練。訓練後不久，他就前往英格蘭，到德國執行作戰任務，等到戰爭結束時，他從英格蘭回來，我們這個軍人家庭開始在國內四處搬遷——搬到伊利諾州讓爸爸完成研究所學業，搬到新墨西哥、回到英格蘭，然後又搬到紐約的西點。

我父親是家族裡第一個上大學的小孩，他很喜歡飛機和飛行，加入了美國西點軍校學習工程學。戰爭結束後，我們先搬到伊利諾州的香檳郡（Champaign），他在那裡取得電子工程學碩士學位。我們住在鎮外一個農舍裡，每天早上我得餵雞和豬，還要跟著農夫哈洛德騎著他的拖拉機跑來跑去，漸漸融入農村生活。雖然父母不能算是農民，但我長大的過程中在農場待了幾年，看見了生活每日的脈動都根源自生物學。

我對生物學的興趣源自農場的成長經驗。我家住在南英格蘭的那幾年，我上了學，和一九〇五年代初期大多數英國孩子過著一樣的生活。我接觸並吸收了當時、當地的文化，許多朋友都喜歡賞鳥，喜歡在英格蘭的田野和樹籬收集鳥蛋，這種行為現在看來很奇特，但它需要極大的耐性，也需要掌握對鳥類的大量知識。

多年來，我的父親累積了非常多的技術書籍，這些書也跟著我們搬到世界各地。我有些童年記憶都是在他的圖書館裡閱讀這些幾乎看不懂的科學和工程書籍，大約九歲時，我才真正開始鑽研父親的化學、微積分和物理教科書，一開始，我只能理解一點點，但每一年我能理解的越來越多，我也逐漸沉浸其中。我在十一歲時讀完微積分，可以在不用完全理解的情況下解題。爸媽在我十歲時給我一套化學組，我差點把房間炸了，最後天花板還是留下了一個洞，但我當時決定要成為一名科學家。

我們從英格蘭搬到西點時，父親是化學系的講師，他和化學系負責教學示範的技術員成了朋友，技術員看到我對化學的著迷後，為我這名十歲的小孩安排了一個極好的機會。某天一個午後，我在化學大樓前下了校車，羅斯先生帶我去看看當時的化學教學，那天下午我看到合成尼龍、在熱水中溶化共熔合金等，我興奮極了，至今我都還記得那天看到的示範內容，也還保留著他給我的試管等小東西。

高中時，我對生物學的興趣迅速減退，雙螺旋還沒進入課程，生物學只是一種分類和解剖的練習，雖然我喜歡畫生物，但我發現自己更喜歡物理學和數學。

在一九五〇年代晚期到一九六〇年代早期，也就是人造衛星時代，美國的科學教育因為與蘇聯在科學、航空、太空及核子工程的競爭而受到國家的支持，我在俄亥俄州的代頓讀高中，那裡也大力推動核能的和平應用。我受到國家情感的刺激，也因為觀看兒童科學節目、閱讀父親的教科書而受到鼓舞，高中的興趣轉向物理學，尤其是我所理解的核子物理學，可惜代頓高中的科學教育不是很好，我大多靠自己學習物理學。我為一個科展計畫打造了一個儀器，可以顯示氫原子裡被量子化的電子能階，如果你以稀釋的氫氣加速電子，在相對於一個能階的電壓下，電流應該會下降，氫氣應該會擴散，如果能量守恆，光線頻率應該對應於電壓加速的電子，這也是我想展示的。我用一個真空管儀器加速電子，而且它真的可以用，我又以廉價的繞射光柵做了一個分光計，試著完成這個能量守恆的實驗。這實驗從一直沒成功，但我自此深受物理學的誘惑。

我在代頓一次科展裡提出這個想法、設計和設備，它拿到很好的分數，我也因此得以參加芝加哥的科展。參加那次會議的旅程以及參觀芝加哥科學工業博物館的經驗真的很鼓舞人心，那次經歷讓我完全相信自己想要研讀物理學。

混進大學

高中畢業後的夏天，我父親被派到華盛頓特區，我也和家人一起搬過去。在六月或七月的某個時候，我認為喬治城大學似乎是所不錯的學校，或許我該去那裡念書。那年夏天我和父親拜訪了喬治城大學的學院院長，我們告訴他，我想讀物理學，並且說服他讓我在秋季入學。真希望我還記得這位好心人的名字。

有些需要熱情且需要特殊創意的計畫，只有在學術界才能進行，只有在政府的支持下才能投入大量心力，而想要快速、專注和實際的團隊工作最好在新創公司的環境裡尋找。我了解從研究生到成功的科學家不只是一條路徑，從基礎研究到科技革新也不只一種方法——在每個領域，不同階段和不同方法都以令人意外且富有成果的方式相互交流。在任何時候，都要檢視問題和身邊的機會，並做出深思熟慮的判斷。

我在喬治城的第一堂物理課是一次成長經歷，我的第一位教授貝克爾博士（Dr. Beckel）思緒非常清晰，也非常擅長創造性問題，他設法激發了我獨立學習的傾向。他強調科學裡的悖論價值，要求我們在所學裡找出悖論。我成功地找到了一個悖論，它牽涉到用相對論來解釋不同速度移運的電荷間力的差異。我從未忘記那次經驗或那個問題，而且貝克爾博士很喜歡這個悖論。

在喬治城大學讀物理學是個很棒的開始，但我很快決定自己要選擇在這個學科更強的學校。我聽說念物理最好的兩個地方是普林斯頓大學和加州大學柏克萊分校，我們家無法負擔普林斯頓的學費，所以在經歷了一段有點複雜的過程後，我進入了柏克萊。

我進入柏克萊後不久就認識了愛德華．泰勒，他當時是物理教授，也是勞倫斯利物浦國家實驗室的主任，他招募我進入LLNL工作，這影響了我早期的職業生涯，也讓我賺到學費。最後在柏克萊念書時，一週有三天都在LLNL做程式設計師，三天在大學念書。

在柏克萊大四的時候，我的指導教授指出，雖然我修了很多物理學和數學的課程，但至少要修一個學期的其他課程才能畢業。我想起自己曾多喜歡鳥類，所以報名了動物學，它開課的時間剛好是我在校園的時間。教授是一位很出色的講師，我很訝異自高中後生物學已經改變了這麼多，值得注意的是，我學到雙螺旋體和現在所稱的發展生物學，這個領域也開始深入我的腦海。雖然我沒有馬上回到生物學，但它顯然和以前不一樣了，它成了一個肥沃且有趣的領域。

研究所時期的LLNL工作

升研究所時，我短暫考慮過待在柏克萊或是南下就讀加州理工學院。柏克萊的優勢在於分子物理學和山丘上的貝伐加速器（Bevatron），但我對它的興趣越來越低，雖然我非常喜歡物理系，它有傑出的教授，其中有些老師非常優秀，我也擔心自己會迷失在這麼大的科系裡。加州理工學院比較小，也有幾個我想共事的教授，但我在一九六七年造訪帕沙第納時，發現那裡的霧霾嚴重到我無法呼吸，那天過得不太好，但我也做出決定，考慮留在柏克萊。

後來又出現了第三個選擇。泰勒最近成立了應用科學系，學生在柏克萊和利偉莫的國家研究室工作，但官方則隸屬於加州大學戴維斯分校。雖然LLNL的主要任務是研發核子武器，但它也進行一些驚人的研究，現在仍是如此。我有個研究所朋友利用和模擬核子炸彈相同的電腦程式，加以修正後就能模擬恆星形成的過程。我熱衷於利偉莫研究的科學內容，也熟悉柏克萊和灣區，所以我決定留在那裡念研究所。

我的論文是和哈里．薩林（Harry Sahlin）一起研究超流體液氦的激發理論。然而，在利偉莫工作就意味著我不能像在柏克萊或加州理工那樣，頻繁地和物理學家進行交流，但某方面來說這很適合我，我很樂意埋頭解決問題，直到找出解答或是理解問題。有了赫茲的獎學金，我可以非常獨立地工作，且可以花很多時間獨自在理論物理學的不同領域內鑽研。但現在我知道如果自己多和同事互動，或是修習某些課程，我可以學得更快、解決問題能更快，也能更好地了解領域的發展。

我的第一次文章發表就是這種缺乏互動的表現。它和我的論文無關，而是我在探索時獨自解決的一道理論問題，我的指導老師除了提供一般性的鼓勵之外，沒有發揮任何作用。

我的第二篇文章也是與論文無關的小問題，我想是因為哈里想幫助自己也想幫助我。我深入鑽研他和卡爾．詹森（Carl Jensen）想做的問題，最後找到他們計算量子路徑積分的通解——所以最終我成了第一作者。這是一種不同形式的合作，我的同事提出問題和一些初步結果，而我將問題推得更遠，做了我最擅長的事。這個過程很順利，也讓我確認了合作努力的價值。

軍事研究

我在越戰期間進入研究所，我接到緩召令，所以一九七二年畢業後就去服兵役了。身為美國空軍裡的物理學博士，我很可能被分配到新墨西哥州阿布奎基（Albuquerque）的武器實驗室，但利偉莫的同事幫我安排國防部保密性專案小組的工作，這是一個專注於解決美國核子戰略部隊保護問題的顧問團體。我的任務是為主席提供技術諮詢，因此我可以保留在利偉莫的辦公室，也能有時間做自己的研究計畫，並考慮下一步該做什麼。

保密性專案小組的工作其實非常有趣。例如有個計畫是確認是否有辦法從飛機上或太空中偵測潛艇。加州大學聖地牙哥分校的海洋學家華特・芒克（Walter Munk）和我分析潛艇是否可能在海洋的熱層激發足夠的內波，並伴隨表面的風浪，改變衛星或飛機偵測的波譜，進而發現潛艇。我們的發現可能顛覆美國依賴隱形、無敵的核彈潛艇的戰略理論。

同時，我繼續自己在液氦和波（司）愛（因斯坦）二氏凝結的理論研究，但我真的想要擴展領域，所以我也尋找其他可以投注心力的有趣問題。在一九七〇年代早期，我似乎發現有兩個領域正在興起。

第一個領域是天體物理學和宇宙學。脈衝星才被發現不久，對數十億光年外的大量物體出現了許多的新想法，研究脈衝星和其他現象可以讓我們回頭探索宇宙的演化，而演算能力的進步也讓我們能在模擬中完成所有研究。但宇宙學研究需要使用大型電腦的明顯缺點，也代表這世界上只有幾個地方可以進行這項研究。

另一個可能性來自我長期對分子生物學的興趣。一九七〇年代早期，這個領域有許多有趣的問題需要解決，例如我讀到一篇乳糖操縱組的文章——這是一種對乳糖存在與否做出反應，並控制整個乳糖代謝機制的單基因開關。但還有許多懸而未決的基礎問題，例如這個開關實際上如何運作，以及是否存在其他這樣的開關。

成為生物學家

當時，我在面試赫茲基金會獎學金的申請人，因此有機會出差。我利用在波士頓的空閒時間和幾位生物學家見面，並向他們提問，例如哈佛大學的瓦利．吉伯特（Wally Gilbert）和吉姆．華森（Jim Watson），以及波士頓大學的吉恩．史丹利（Gene Stanley）。在利偉莫，我偶爾會去布蘭斯康的實驗室跟他討論，他對自己的時間和實驗用品都非常慷慨，我也在時間許可的時候做一些細菌遺傳學的實驗。

從親手實踐和錯誤中，我學到吉伯特和華森曾經告訴我的真理：分子生物學和物理學截然不同。它更混亂，資料分散又複雜，甚至理論家也需要了解實驗室在產生數據時發生的細節。為了取得進展，我不能只是坐在辦公室裡思考和梳理理論問題，很快地，我確定自己需要以更廣泛的方式深入該領域的現狀。

因此，在華森的幫助和建議下，經歷一番族繁不及備載的波折後，我在一九七七年到瑞士日內瓦大學做博士後，開始進一步努力成為一名真正的分子生物學家。

四年後，我離開日內瓦，在南加州大學的分子生物學系找到一份教職。我在轉位元的研究進行得很快、很順利，三年內我便得到了終身教職。相較於研究物理學的寂寞歲月，我意識到現在能和全世界的珍貴合作者順利共事，或許因為如此，我在一九八五年成為系主任，我發現自己作為物理學家的局外人背景也很有用。事實上，我可能是因為年輕，而且一無所知，才被認命為系主任。

系主任負責安排研究生的課程，但即使在成熟的領域，選擇課程在教師裡也是充滿爭議的。在南加州大學的分子生物學系，許多教師來自不同領域，這些教授似乎都想教授他們專長的內容，我需要協調生物化學家、遺傳學和分子生物學家，每個人對這個定義不清的新領域都有自己的基本課程清單。我唯一修過的生物學課程是柏克萊大學部的動物學，以我自己的教育為例，我得以溫和地說服教師們，他們應該接受自己正在創造一門新領域的想法，不是在複製他們自己的專長，因此必須思考用新的方式做事。

人類基因體

一九八〇年代晚期，美國能源部（ＤＯＥ）邀請我加入一個委員會，研究該部如何進行生物和環境研究。我們的報告為該計畫推薦了一些全新的方式，並且認為在將新生物學引入ＤＯＥ研究每個部分的步驟裡，應該包括人類基因體的定序，這是ＤＯＥ剛剛開始的一個計畫。ＤＯＥ非常喜歡我們的報告，因此他們邀請我到華盛頓，負責生物學和環境研究。拒絕幾次後，我終於意識到這是一個非常難得的機會，畢竟，率先為人類基因體定序的機會只有一次——所以我在一九九〇年同意從南加州大學休假前往華盛頓。

在二〇〇〇年代中期，基因體定序已經很常見，但在一九九〇年代，這種計畫沒有大量政府投資就根本不可能完成。我在能源部的工作中，每年的研究預算約為五億美元，我開始和華森合作，他負責國立衛生研究所的計畫，直到一九九二年他因為與主任的意見分歧而離開。那是段令人興奮的時光，未來有機會再書寫。

花了三年多的時間，我們的基因體計畫才能順利運作、規劃和組織。我離開時，計畫已經上了軌道，但實際的基因定序尚未真正開始。還有一個重要的開放問題：這個計畫最終會對醫療產生何種影響。我已經看到技術和商業的可能性，生技公司或許能搜尋可能被定序或已經被定序的基因，開發它們的生物學作用，並希望能對特定的醫療需求產生影響。我和幾個科學家及企業家共同創立了達爾文分子公司（Darwin Molecular Corporation），尋找這樣的基因及其影響，最終我在這家公司工作了五年多。

我對達爾文公司在人類基因研究早期所做的工作感到非常自豪，我們發現早發性阿茲海默症的第一個基因變異，即使這個變異最後不具商業價值，未能發展出任何產品，但它對醫學卻產生長遠的影響。描述這個基因的論文是我最常被引用的論文之一，此外還有許多重大發現。這項針對醫學應用的研究產生了重大的科學影響，並對免疫學、骨形成生物學及神經退化性病疾都產生了根本性的影響。

從那以後，我活躍於學術界和商業界——共同創建了克雷爾蒙的凱克研究所，致力於教導生物科學和商業活動的相互交流及影響，在系統生物學研究所和巴特爾紀念研究所工作，幫助成立了五家生技公司。無論是領導小型的研究團體，在學術界擔任管理者，或是作為一名企業家，我從未喪失自己對科學的熱愛，以及努力對世界產生影響的熱愛。

關於主角

大衛．加拉斯是西北太平洋國家實驗室的首席科學家，也是方尼和約翰．赫茲基金會的董事會主席。他擁有加州大學柏克萊分校的物理學學士學位，加州大學戴維斯分校物理學碩士及博士學位，曾在勞倫斯利物浦國家實驗室工作，也曾是赫茲的研究生。

↑大衛．加拉斯（左）和艾伯特．布蘭斯康、米隆．古德曼（Myron Goodman）在一九七〇年代晚期合作進行蛋白質和DNA的研究。

↑大衛．加拉斯（左）於一九八〇年代早期和傑夫．米勒（Jeff Miller）合作進行多項DAN研究問題，包括乳糖抑制物的研究。

第十四章

森林學家發揮管理技能帶領工程團隊

諾曼・奧古斯丁（Norman Augustine）

我在決定職業的時候，做了一個選擇，我決定研究系統，而不是某項技術的細節。在一九五〇年代晚期，我在道格拉斯飛行器公司擔任航天工程師，研究複雜的技術系統，當時我們建造奈克宙斯（Nike Zeus）彈道攔截飛彈，可以八・五馬赫的超音速飛行，加速度高達二十G，它的速度和壓力都打破紀錄，遠遠超過之前的任何嘗試。這是個巨大的計畫，我們每個禮拜的試飛都會遭遇失敗。我帶領一隊人，負責分析失敗，為了理解失敗飛行，並建議設計變更，我們需要理解整個系統。那表示我們要理解衝擊、熱力、振動和空氣動力結構、電子設備和控制裝置的相互作用的強度。

選擇學習系統是一條單行道——一旦你做出選擇，就很難回頭。美國參議員比爾・弗里斯特（Bill Frist, R-TN）在成為參議員之前，是心臟和肺臟移植的外科醫生，我曾經詢問他是否能回到醫療事業。他笑著說不，他已經做出改變一生的決定。

學習系統來自我想理解事物如何運作的欲望，也是我從小就在做的事。小時候，我喜歡把機械玩具和鐘錶拆開，再將它們組合回去。我是個獨生子，在科羅拉多州的山區長大，一直都很喜歡數學和科學。我的爸媽很好，他們知道教育的重要，也一直努力激勵我，但過去我的家族都沒有人有機會上大學。

我就讀東丹佛高中，那是一所大型公立學校。高二快結束的時候，一個從未教過我的老師賈斯汀．布賴爾利（Justin Brierly）把我叫進他的辦公室，問我高中畢業後打算做什麼。我說我想當個護林員，因為我喜歡戶外。他罵我沒有足夠的野心，又拿了兩張申請表叫我填，然後把我趕出他的辦公室。我覺得生氣，但還是照做了。其中一張申請表是威廉學院，其一張是普林斯頓大學。我對科羅拉多州以東的世界止於堪薩斯州的威契托（Wichita），我的叔叔在那裡有個農場。我聽說過普林斯頓，知道它在威契托東邊，但僅此而已。

我遇到一些上普林斯頓大學的朋友，他們說服我，說我會想去那裡念書。最後威廉學院和普林斯頓都錄取了我，但威廉學院的通知先到，接受錄取通知書的截止日後七日，我才收到普林斯頓大學的通知。當時有個大問題，因為威廉學院要交五十元不能退款的押金，那可是一大筆錢，我拒絕寄錢，爸媽嚇呆了，但還好我被普林斯頓大學錄取了。

從森林學到工程學

在初步面試中，當地的普林斯頓校友問我想學習哪個領域，我回答森林學，他笑了，然後說普林斯頓沒有教森林學這個學科，他說地質工程學是最接近森林學的專業。所以抵達普林斯頓後，我學習了地質工程。但是我不喜歡它，因為我喜歡更明確的主題。

大一結束時，我去紐約市赴約，再回到普林斯頓時，我認出同樣就讀普林斯頓的高中學長。他喝得很醉，差點就跌下火車，我把他拉到安全地帶，然後聊了一會兒天。他告訴我，他讀的是航空工程學，航空學是很棒的領域，我也應該讀一讀。因為一個醉酒同學的建議，我換了主修的專業。從大二開始，我就開始學習航空工程，課程主要著重在次音速空氣動力學。

火車上的相遇讓我轉換專業，這是幸運的事，而這運氣也持續下去。一九五七年拿到航空工程學位後不久，第一顆史潑尼克號人造衛星被送入了軌道。史潑尼克號開啟了美國和蘇聯的太空競賽，產生了對航空工程師的巨大需求。

我繼續在普林斯頓大學攻讀碩士學位，我和海森的研究主題是垂直起降飛機的雙縫襟翼的空氣動力學。再次幸運的是，我的論文在幾年後就派上用場，就在我離開洛克希德・馬丁公司（Lockheed Martin）後，美國空軍正考慮取消「魚鷹垂直起降計畫」，所以問我能否參加負責調查該計畫的委員會。雖然這個概念和我的論文大相逕庭，但我很熟悉垂直起降及其相關的控制問題。我們的小組建議重新設計引擎，而不是取消整個計畫。

完成碩士學位後，我的錢已經花光了，也厭倦了學習，我更想要建造些什麼，而不是做研究。我想要從事和飛機有關的工作，所以應徵了包括道格拉斯飛行器公司在內的幾家公司。經歷一連串我永遠沒搞懂的狀況後，我被錄用了道格拉斯飛彈及太空小組的工作。在道格拉斯工作一年後，我收到一封普林斯頓大學轉來的信，內容是道格拉斯飛機部門的工作聘書。我告訴飛機部門，我過去曾應徵他們的部門，但現在正在飛彈及太空部門工作，我很喜歡這個工作，想要繼續下去。這是另一個運氣如何改變我職涯的例子。

在道格拉斯飛行器公司，我被分配到理論空氣動力學的研究小組，因為它和我的碩士論文研究有關。我喜歡這個工作，但更喜歡應用領域。大約一年後，奈克宙斯飛彈計畫（Nike Zeus missile program）的工程師開始詢問我有關空氣動力學和飛行失敗原因的建議。

帶領團隊

我被要求領導一個失敗分析團隊時，立即抓住了這個機會。團隊裡約有十二位工程師，我們的經驗都不是非常豐富，我們當然沒有八．五馬赫的飛行經驗，但問題不在我們的年輕——事實上，沒有一個工程師曾經歷過那種超音波極速的狀態。在發展計畫時，通常每兩個月會進行一次試飛，我們有幸每週可以試飛三次，這樣可以得到大量的分析資料。

若要給選擇領域的學生建議，我會說是機運：如果你的興趣和新興領域相符，那麼你的情況已經比其他人好。但你很難發現它們，我剛開始的時候也很困難。今日基因組學和網路安全是很好的領域，先進材料、資訊學和先進半導體也不錯。如果你進入一個剛剛起飛的領域，你不會有導師，但你也不必和擁有二十年經驗的人競爭。我對人與機器之間的互動很有興趣，人工智慧的領域最終可以讓我們跟電腦對話時，就像與真人對話一般，你的電腦伙伴可以理解你，但那需要比今日更好的語音辨識。無人駕駛汽車和機器人也是剛剛起步的出色領域，而且比我們大多數人意識到、或是做好準備的都早得多。

和失敗分析團隊一起合作，或許是我這輩子最有趣的工作——工程學結合偵探工作。資料型式包括遙測術、影像和自白沙飛彈試驗場回收的飛彈零件，我們利用資料反推，試圖找出可能導致失敗的原因，只要我們知道如何修正問題，便會付出巨大的努力來改進，並重新投入飛行。有一次，衝擊波從彈頭反射回來，接著到達尾翼，又回到彈頭，衝擊波轉換成聚集的熱量，把飛彈側邊熔出一個洞，看來好像有個人用噴燈燒出來的。我們花了很長的時間才弄清楚這是怎麼發生的，我們做了風洞測試和模擬，但當時的電腦模型非常原始，你必須真正了解物理學，才能解釋資料。

帶領失敗分析小組兩年後，我轉到撰寫計畫書的小組裡。我覺得寫計畫書非常令人沮喪，我們可能寫出一個自認非常好的計畫書，卻失敗了，然後寫出一個不那麼自豪的，卻贏了。我決定如果自己要繼續待在航太領域，最好要知道好壞計畫書的差異，而最好的方法就是閱讀其他人撰寫的計畫書。

我在華盛頓有些朋友，我告訴他們如果有機會，我會考慮到政府工作。那時候，羅伯特·麥克納馬拉（Robert McNamara）剛加入甘迺迪政府，他要尋找充滿活力的年輕人加入國防部，他們希望我到國防部長辦公室的工程部門工作。這次變動代表大幅減薪，但這是個絕妙的機會，我負責八到十個計畫，我對資金和方向的影響遠遠超出我的年齡和經驗，那是一次了不起的學習經歷，而且非常有益。

國防部長辦公室分成兩部分，一是戰術系統，二是戰略系統。戰術辦公室的重心在如何進行小型戰爭，而戰略系統辦公室則是處理我們與蘇聯的衝突。我的背景在於彈道飛彈和太空，所以我最初在戰略系統辦公室工作。

導師和領導者

我在五角大廈時有幾個重要的導師，其中一人是負責戰略和太空系統的副總監丹尼爾．芬克（Daniel Fink），他也是我的大老闆，我經常會見他，向他簡報計畫。

隨著國防部長辦公室越來越支持越戰，戰術小組開始擴編。他們問我是否有興趣轉到他們小組，我的職位會因此晉升。為了我和大組織的最佳利益，丹尼爾建議我應該接受這個工作，即使失去我的貢獻會對他的團隊造成負面影響。

另一位在我的職涯中幫助我的導師是梅爾文．萊爾德（Melvin Laird），他是我在五角大廈工作時的國防部長。二十年後，馬丁．馬瑞塔公司（Martin Marietta）正在尋找新的執行長時，他是董事會成員，我以為我當時的主管會出任這個職位，還有很多人也符合資格，都有二十到三十年的經驗，而我只到這家公司幾年。但因為萊爾德對我的支持，我被選為執行長。

我職涯中大多數的工作都要求我成為一名優秀的工程師，同時又要兼具良好的管理技能。我從未參加管理課程，但我希望自己有，我從未想過離開工程師職位，成為一名管理者。一開始我在道格拉斯飛行器公司工作，很快地手下有十四個人。在洛克希德．馬丁擔任執行長時，公司有十八萬兩千名工程師和科學家。在我整個職業生涯中，我一直在學習技術課程，且非常努力地維持我的工程技能，所以我還是會稱自己為工程師。

像芬克和萊爾德一樣，大多數優秀的領導者都專注於他們的使命，而不是自己。諾曼地的英國軍官公墓上有塊墓碑上面刻著我最喜歡的領導定義：領導是智慧、勇氣和無私。除了這三個特質外，我還要增加一個特色。

我有幸與一些著名的領導者共事，例如奧馬爾．布里德利將軍（General Omar Bradley）和航空先驅吉米．杜立德（Jimmy Doolittle），此外還有一些較不知名的人。這些領導者各有不同的風格，有些是鼓舞人心的演說家，有些人則很安靜，像是芬克。芬克有時會出其不意，他也會喃喃自語。雖然他們的「包裝」不同，但他們都有一些共通的特質，他們都能激勵為他們工作的人，讓他們發揮全部的潛力。用體育類比可以更清楚地說明這一點：NFL教練湯姆．蘭德里（Tom Landry）和文斯．倫巴第（Vince Lombardi）是風格迥異的偉大領袖，但他們都具有智慧，勇氣，性格和無私的特質。

獨立的疑難排解員

退休之後，我有幸和世界上各種領域最傑出的科學家和工程師共事，我因為第二份在道格拉斯飛行器公司的工作經常排除疑難雜症而富有聲譽。如果出現問題，常常會找上我解決，當要做出重大決定時，政府通常希望找獨立小組進行審查，所以我也常被要求擔任委員會的主席，每個委員會的任期從數月到數年不等。

有些委員會涉及航空主題，例如載人太空飛行的未來；其他委員會則關注美國在教育、科學和技術的領導地位。許多委員會的主題不在我的專業領域內，但對主題的一知半解也是一個優勢，我會問許多問題，我不害怕問出愚蠢的問題。我曾經主持一個十分困難的分子物理學委員會，但委員會的同事包括諾貝爾得主的物理學家，有機會和他們共事是非常棒的經驗。最近，我在一個審查馬里蘭稅法的委員會工作，也是研究國家州際公路系統的委員，這個主題自一九五六年獲得授權以來首次進行研究。

關於主角

諾曼·奧古斯丁是航太業的主管，在工業界、政府和學術界擔任多種角色。一九九七年，他自洛克希德·馬丁的執行長職位上退休，他曾主持許多政府委員會，主題自航空學到美國技術領導和經濟競爭力。最近，他擔任美國人類太空飛行計畫審查委員會的主席。奧古斯丁擁有普林斯頓大學航空工程學的工程理學士學位和工程碩士學位。

←諾曼·奧古斯丁（左）在普林斯頓大學攻讀航空工程學，並於一九五七年畢業。

↑諾曼·奧古斯丁（中）在一九七四年擔任陸軍助理部長時，參觀一家製造直升機的國防承包商。

←一九五九年，諾曼·奧古斯丁取得航空工程學碩士學位後，加入了道格拉斯飛行器公司的飛彈和太空小組。

第十五章

創業成功的物理學博士

理查・波斯特（Richard S. Post）

我有幸在矽谷長大，那裡的新創公司如雨後春筍，也有些公司能發展達到一定規模，社區的工程師願意回答我的問題，或是幫助我完成計畫，像是從業餘火箭到打造范德格拉夫加速器。

我在史丹福大學的環境裡成長，那時二次世界大戰已經結束，教授弗里德里克・特曼教授（Professor Frederick Terman，被認為是矽谷創始人之一）鼓勵他的學生創業，我開始相信人一輩子要做的就是取得博士、教學、學習很好的技術，然後創業。可是…要如何開始？

我相信學習商業最好的方法就是開始創業——沒有一種課程可以教會你所有需要了解的知識。

我與人共同創立的第一家公司是應用科學科技有限公司（Applied Science and Technology, Inc.），它的簡稱ASTeX比較有名。另外三個共同創辦者來自威斯康辛大學麥迪遜分校或麻省理工學院電漿融合中心，我們一起從威斯康辛州搬過來，為我們的電磁鐵尋找更多電力，並且也逃離了公立大學的採購部門。

大型的大學實驗

從一九八〇年起，我們在電漿融合中心用了十年的時間建造和運行磁鏡機，以探索在線性幾何中的電漿圍束。在計畫的尾聲，我們有一組人開始思考創業，過去在大型實驗中所做的事能為我們未來的商業冒險做好準備。麻省理工的融合計畫大約有四十名員工，組裝機器的巔峰時期加上合作學生共有一百人。龐大的計畫規模需要業務經理處理與美國能源局報告、規劃和預算事宜，融合中心找來一位希望能將重心放在商業議題，而非工程學上的工程師，後來那個人在我們的公司成立時成為財務長。為了幫助我們建構實驗並進行實驗，還有處理大量的員工，業務經理和我開始參加有關計畫管理和人事管理的短期課程。舉例來說，我們第一次進行「破真空」後——打開真空系統以進行診斷和維修——發現要重新運行需要花費的時間太長，足足要六個禮拜。我們開始利用新的專案管理概念，準備下一次的破真空，將工作負荷平均分配。我們要求所有科學家擬出任務清單，以及他們安裝設備時需要的幫助。當我們輸入所有資料，我們發現所有的工作都是由資深的技師完成，其他人幾乎沒做什麼事，這也是第一次破真空耗時這麼長的原因。所以我們開始檢視工作及其負責人，調配任務，再讓員工看看重組的內容。

> 就我記憶所及，我便對科學和技術感興趣。高中時，動手做的學習效果最好，而非透過觀看。高三時，我每天工作五小時，學習三小時，我會操作設備，建立自己的實驗，這種實際動手的方法是學習當個科學家的最佳方式。

第二個大挑戰是預算、會計和控制。麻省理工給我們六個帳戶，而錢都花出去幾個月後，才會拿到資料。業務經理注意到，每個帳戶都有空白欄位，所以我們便設定了子帳戶，每個專案都給每個科學家和工程師一個帳戶。帳戶上扣除了薪資，所以他們看到的數字就是他們可以花費的金額。為了避免超支，我們也以請購制度建立自己的會計系統。我們有個快要退休的工程師願意當守門員，他也了解專案和請購的事，每個人都要將請購單送給他，他負責核可請購；沒有他的簽名就不能買東西。不過麻省理工在當時是一個很無拘無束的地方，學生可以隨意走進機械工廠就開始花錢。

我們的預算每年大約五百萬到一千萬美元之間，所以我們能得到許多執行小型研究無法獲得的經驗。想辦法管理這樣的預算和員工，是一個很棒的學習經歷。從頭開始規劃專案，包括準備一個可以容納實驗的建築，讓我們有機會和打造殊特設備的公司合作。此外，我們必須進行大量招聘。幾年來，面試雇用這麼多人所學到的雇用經驗，在往後的業務中都有幫助。雖然履歷很有幫助，我們還是會面試應徵者，因為了解他們過去工作的細節是最重要的。我還注意到，最挑剔的人最適合當新員工的面試官，比較隨和的面試者可能會把資質普通的應徵者誤判為足夠優秀。

我們要購買訂制的零件和大型真空室、電磁鐵等，這吸引了想參與融化反應器建造的大型公司。但是，我們很快就知道，擁有建造噴射飛機設備的大型公司不能以我們的預算有效地完成我們的專案，符合我們需求、專精某個領域的小型公司才能和我們合作。我們設計收集資料的模組，打造原型，然後找到一家小型公司將設計商業化，賣五十組給我們，製作手冊，然後再將模組賣給其他融合實驗室。在微波電源方面，我們希望使用開關電源設計，所以尋找渴望與我們合作的公司，藉由和那些公司的緊密合作，我們更加了解這些小公司，並視他們為專案的一部分，把他們當作員工來管理。我們和小公司之間的關係是開放、自由和基於信任的。

在我們完成研究計畫之前，融合預算達到最高點，其後開始下降。線性鏡計畫被環磁機（托卡瑪克）取代，我知道我們就快謝幕了。有些同事和我在計畫尾聲時非正式地談過創業，但在一九八六年，我們決定該認真面對這件事。我們聽說電漿將是一個上億美元的市場，而我們了解電漿物理學和相關的工程學，所以我們五個——四個來自麻省理工，一個畢業於威斯康辛大學——開始在每個週六早上討論要創什麼業。威斯康辛的同事開發了一種新的離子植入法，稱為PSII，一間地方的半導體公司諮詢我們的首席技術人員有關氧離子源的問題，他很快了解到，問題不在離子源，而是設計作為工業加熱用的電源，它的波紋太大，以致於調變了端電壓。他利用晚上和週末，設計第一個專為驅動電漿過程設計的開關電源供應器，它的波紋較低，調節較佳。同時，美國國家科學院發表一篇報告，比較美國和日本的半導體微波電漿處理發展狀況，文中說明已有多種微波電漿處理技術整合至日本的生產工具中，而美國幾乎沒有，美國也沒有零件供應商。此時，人們非常擔心日本會取代美國在半導體業的地位，因此我們組建了半導體製造技術聯盟（SEMATECH），並且因為這個幸運的時機，我們意識到我們擁有半導體產業需要的技術。

隨著我們在麻省理工研究計畫的結束已成定局，是時候開始創業了。為了做好準備，我們參加了麻省理工論壇，那是每週一次的會議，新創公司對評審小組發表他們的商業計畫，而小組通常是由風險投資家、會計師、成功的新創公司創始人及觀眾組成。業務經理和我上了幾次開設公司、撰寫商業計畫一類的短期課程，在這過程中，最珍貴的收獲是「認識你的銀行家」：你不會希望在身陷麻煩時才不得不做這種事。商業關係是基於信任，這需要時間和互動才能發展，這種關係將在日後發揮作用。我們開始訪問律師、銀行家和會計師，以了解他們的期望，也了解我們想和誰合作。

設備供應商

我們想開創什麼樣的公司？這個嘛，可能像我們在麻省理工供應商那樣的小型公司：我們想製造設備出售。我們決定用自己的錢創業，我們以不超過二比一的變異數劃分股票，每個人都買了股票，籌集了十五萬美金，而後我們都同意五年的授予期限，因為我們希望能對建立公司做出承諾。仔細研究過去威斯康辛計畫聚焦的金屬離子植入後，我們發現這個領域的公司都表現不佳。雖然結論看來不錯，但正在開發的市場是針對髖關節植入物，打孔器等的金屬耐磨性，而這領域的公司發展並不快，即使有的話也已經失敗了，像是Zymet。所以我們協議要對這個過程進行兩年的評估，如果我們選擇不繼續製作這項產品，公司有權買回未授予的股份。

我們花了一些時間想公司名稱，最後想出「應用科學科技有限公司」，名稱一確定，代表我們已經完成研究，現在要將我們的知識應用於產品上。我們的業務經理為公司想出一個很好的暱稱：ASTeX，TeX來自麻省理工很受歡迎的排版程式，它也讓我們的商標具有獨特的外觀，很吸引大眾的目光。有次我打電話到一家公司釐清發票內容，那個管理人員說：「喔，你是名稱裡有個小寫E的公司。」事實證明，這樣的小事也是良好行銷的一部分，對創造品牌至關重要。

我們的技術人員將他的電源設計貢獻給我們的第一款產品。接下來的問題是：我們的產品要賣多少錢？我們不想和微波加熱電源公司競爭，所以我們可以定出更高的價格。我們的技術人員在為當地的公司擔任顧問時，已經賣過兩種供應器。我們知道電子業的經驗法則是定價必須是材料清單價格的四倍，才能涵蓋原料成本、研發、製造、間接費用和利潤。當時的材料清單價格是兩千五百元，因此每台建議售價是一萬美元。

> 在大學領導團體和在公司領導團隊的主要區別在於，對方如何接受建議和批評。在大學裡，想法彼此競爭，對於想法的評論在某種程度上和對個人價值的暗示是分開的；公司員工不一定能看到其中的區別。我曾看過員工認為我的評論是針對他個人，並將我對想法的評論解讀為我對員工的喜好。和業界的團隊共事教會我要更加謹慎地說話，更注意到某些評論可能帶來的影響。

我的鄰居在對街開了家公司，販賣醫療器材市場的複製鏡，我們經常聊天，他會根據經驗給我建議。他說，有家製作衛星透鏡的光學公司開發了市面上最好的鏡片，而行銷人員問工程師要怎麼賣，他們定了一個有利潤的價格，但他說，他們的定價可以再提高兩倍，如果這麼做了，他們的公司就會好上加好。

他告訴我：「千萬別讓工程師為你的產品定價。」所以，根據這一個建議，我建議每個供應器定價兩萬美元，然而，我們卻收到客訴，客戶打開盒子，認為我們在騙人。因此，我們花了幾個禮拜討論價格，最終將價格定在每個一萬七千六百美元。仍然有些客戶會抱怨價格，但他們還是買了。等他們拿到電源供應器後便不再抱怨，他們希望獲得系統設計方面的協助，我們也很樂意提供服務，因為這樣我們就能了解客戶的工作。

感動最初的客戶

業務經理讓我們在《電子設計》（Electronics Design）上刊登一則免費的廣告，宣傳我們提供第一個專為電漿過程設計的微波電源供應器。我們馬上獲得了兩個關鍵客戶，一是賓州大學的訪問科學家，他正在開發化學氣相沈積（CVD）金剛石反應器；另一位則是加拿大貝爾北方電信的研究科學家，他想打造電子迴旋加速器共振（ECR）CVD系統，用以處理遠程通訊雷射二極體。我們邀請這些客戶來麻省理工，再帶他們參觀我們的實驗，如此他們可以看到我們知道如何打造硬體。正如一位客戶所說：「好的，我相信你們可以建造任何東西。」然後，再到我們在校園外分租的六百平方英尺的公司，了解客戶的需求。因為我們第一個客戶是研發科學家，我們彼此了解對方的思維模式，因為我們知道如何製作電漿，我們的客戶了解半導體和材料加工，這都是對方不熟悉的領域，所以能發揮加成作用。這種關係讓我們能在學習與客戶合作的同時，也發展自己的業務。然而，業務進入代工生產（OEM）市場之後，我們得到一個教訓。

賓州大學的客戶希望用少量的甲烷製作氫電漿，以培養合成的金剛石，他問我們的能源可不可以在氫中運作，那天晚上我們做了測試，並獲得建造CVD反應器的第一筆訂單。它立即開始生產高品質的金剛石，我們的名聲也在大學中傳開。客戶要求提供新的功能，增加之後可以產生新產品，和一組擴充的微波元件。同樣的，電信業者正在發展光纖線路時，我們的第一個ECR電源在貝爾公司也投入營運，用來製造雷射二極體。這種合作成為我們的標準模式：讓客戶說出除了電源供應器以外的需求，如果客戶是高品質的「主要」客戶，他使用我們的產品會影響其他人，我們便會開發和電源供應器搭配的其他產品。

為了擴展原始客戶以外的生意，我們需要擴大銷售範圍，所以開始考慮雇用製造商的業務代表。我們遇到一個地方的業務代表，他希望能代理我們在美國全境的銷售，我們去拜訪了他的公司，與所有業務人員一樣，他的演說很棒，雖然他沒有遍布全國的銷售代表，但他認識最好的人選，也會雇用他們。在回家的路上，我們討論是否要接受他的提議，我們三個合夥人都想要同意，但我對他沒有好感，也拒絕這個提議，我會負責銷售，因為如果我們有這個的業務代表當窗口，就無法了解客戶。這是個好決定；從客戶身上我學到很多，我也享受彼此之間的互動。然而，我們還是在美國各地和英國雇用了當地的業務代表，以及在歐洲各地設有分公司的德國代表，但我們發現直接銷售是最有效的方法，特別是和代工生產廠的業務。

在尋找律師時，我們遇到了一家專精於新創企業的小型律師行，他們會與企業一起成長，他們的經驗和建議在我們每個開發階段都發揮至關重要的幫助。我們首先會見了律師行的創始人，他介紹了我們可能面對的問題，以及律師行可以提供的服務。他又向我們介紹未來會和我們合作的夥伴，並且根據他的經驗給我們一些建議：「你的公司發展時，會出現所有權問題，有些人會拆夥，不得不拆分股份，或是想出去尋找流動資金，這也會導致緊張。許多創辦人會陷入激烈的鬥爭，因而影響公司。如果發生這種事，不要吵架，進行交易，放棄所需的權益，然後繼續走下去，讓公司成功之後，你的股票價值也會隨之增加。要專注在公司的成功上。」我們和他的律師行合作，草擬了公司文件，包括我們的個人合約。

和律師合作花費了幾個月的時間，我們已經投入資金，針對幾個關鍵技術申請專利，其中兩個創辦人也開始產生磨擦。不幸的是，合約尚未就緒，但我們很快就很明白，如果兩位創辦人都留下，公司便不會成功，我們需要請一個人離開——宣告的工作落到我頭上，我告訴他，我們希望買回他的股份。但他擁有一個關鍵專利，他不願意像雇佣協議所要求的那樣讓渡給公司。我們的錢不多，不想要花在律師身上，但我們與訴訟律師達成一個很好的協議，以固定費用解決這個問題。這個問題讓我們五個人開了會，與律師協調這筆交易。我們同意在未來兩年內向這位創辦人支付六萬美元，如此我們可以在支付之前有所成長。我們聽取律師的建議握手言合——除了被我們要求離開公司的那個人。讓每個人都達成協議並不容易，尤其是涉及金錢時。

募集資金

解決了這個難題，公司也開始成長後，我們很快又面臨更多現金的需求。第一年結束時，我們的盈收是四十三萬兩千美元，稍有盈餘，但我們成長得太快，無法產生營運所需的現金。我們拜訪了新英格蘭銀行，他們有一群專門服務新創事業的小組，討論了結果和現金需求後，他們通知我們，如果我們所有人都想抵押自己的房子，銀行將會給我們一個信用額度。一個合夥人告訴行員：「我們相信我們公司，但如果失敗了，我們希望保留自己的房子。」我們得到一些很棒的建議：「你們是高科技公司，去籌集一些股本再回來。」「多少？」「三十五萬美元。」所以下個問題便是如何籌集股本。我們決定找「朋友和家人」，因為已經有人告訴我們，需要一名商人來經營公司。我們將進入人生的下個階段，我們不想別人告訴我們要做什麼。我們判斷如果公司開始盈利，就可以贏得為公司融資的信譽。財務長和我擬定一套商業計畫，這不只是募集資金的工具，也是公司要遵循的計畫。它總結了我們正在做的事，以及我們對產品銷售方式的規劃，但它的範圍並未超過我們一定能做的事。

我們不知道該怎麼好好擬定一份商業計畫，但其中的目標包括於第二年達到兩百五十萬美元盈收，稅前利潤要百分之十。為此，我們決定籌集三十五萬美元，以三百萬美元的公司估值，超額配售十五萬美元。我們都聯繫了朋友，也得到很好的回應，我們和律師及會計師討論募款，詢問如果有足夠的需求進行超額配售，應該要怎麼做。他們提出堅決的建議：「做吧。」我們接受了。我的姐夫是倫敦一位投資者，他將我們介紹給日內瓦一家歐洲投資公司日內投資（Genevest）。日內投資的三位負責人來審查業務，三個人都用自己的帳戶買了一單元。一九八九年，一單元的售價是兩萬五千美元，這是我們認為朋友願意冒險的「甜蜜點」，也是典型的投資。現在，有了背後的投資，銀行給我們三十五萬美元的信用額度，其中有應收帳款和十萬美元的設備額度。

公司持續快速成長，我們與日內投資的合作帶來一百萬的股本，該公司的負責人加入了董事會，合作會計事務所的退休合夥人也加入了董事會。董事會為我們的財務長提供財務上的建議，我們也繼續通過日內投資了解更多籌募資金的資訊。第一輪融資後，我開始好奇投資者如何決定對我們進行投資。雖然我們成長快速，但我懷疑光是那樣不足以說服他們。所以在第二輪融資中，我詢問日內投資的負責人為何在第一輪決定投資，他們提出兩個重要因素，我們的熱情和我們的客戶清單。我們的客戶包括AT&T貝爾實驗室、IBM、貝爾北方電信、賓州大學和夫朗和斐研究所（Fraunhofer Institute）——這些組織我們投資者都認識。他們還說，雖然他們無法評估我們的技術，但他們假設如果那些組織願意向我們這種小型新創公司購買，那麼這技術一定是好的。他們的決策還考慮很多因素，但這是他們最堅持的關鍵。

在歐洲新創公司數量不如今日的情況下賣股票給歐洲，我們得到很高的價格。我們繼續發展與其他歐洲銀行的關係，姐夫將我介紹給倫敦以外的美國證券公司（American

Equities），我們可以透過他們吸引另一批投資者。正如了解你的銀行家一樣，你應該在真正需要他的時候，認識你的投資銀行家。

經營公司

在最初的新創階段，我只是兼職在公司做事，主要負責財務和合約，因為我必須結束麻省理工的計畫。ASTeX從麻省理工的員工裡雇用了約十五人，也幫助將其他員工安置在麻省理工別的研究計畫或當地的公司裡，所以後來我就能全職為ASTeX工作。我的全職投入產生了一些我不了解的緊張氣氛，已經成立的小組可能對自己完成的事有強烈的歸屬感，不想放棄任何事情。事實上，他們現在對公司每日營運的了解已經比我還多，我還有許多需要學習。我們不再做研究了，現在營運管理才是成功的關鍵，但我們了解的並不多。我們建立了生產線，雇用了很好的組裝員，由來自麻省理工的首席技術人員管理。我們還聘了採購經理，負責我們在麻省理工的本地採購辦公室，他的效率很高，人很務實，他的知識也為公司帶來成長。

在第三年，我們發展出一組產品，包括氧下游去光阻劑（灰化劑），用於ECR蝕刻和沉積的產品，用於CVD金剛石的產品，以及所有讓客戶可以一站式購買的零件。我們現在已經從客戶、短期課程和閱讀中學習到足夠的程序知識，我們都同意是時候看看我們能不能將產品賣給半導體市場。我打給應用材料公司在當地的辦公室，他們是最大的半導體資本設備公司。對方的資深技術經理是來自貝爾實驗室的博士，和他們見面時，他們了解我們不同電漿源的物理學，所以他們給了我一個工程師的名字，說他需要建造一個微波下游灰化器，叫我去看看自己能否幫得上忙。我和他見了面，但那場會議沒有結果，因為他已經有自己的計畫，我的銷售經驗也不足以說服他。然而，有個AT&T貝爾實驗室的客戶告訴我，伊奇公司（Etch Division）的副總裁應該會過來看看ASTeX在做什麼。他真的來了，每款產品都買了一件，還聘請我們貝爾實驗室的一位客戶領導他的開發工作。不幸的是，那沒有馬上為我們帶來業務。

我們很焦慮，但我們知道將新技術整合進公司需要時間，我們也需要整合我們貝爾實驗室的客戶。幾個月後，我們聯絡並討論了灰化器（Asher）計畫，我們的客戶和工程師合作，將我們的電漿生產產品放到貝爾實驗室的晶片處理模組上。他通知我們，它符合公司的性能要求，然而，他要求進行一些更改，讓產品能符合貝爾實驗室的工具，包括延長電線，好讓電源供應器可以放在無塵室外。這些更改佔用了我們所有的工程資源。

這時候，我們已經搬到麻省理工附近一棟一萬一千平方英尺的建築中，有一個很好的五年租約，其中有一項條款是房東必須提供成長時所需的所有空間，否則我們可以退租。房東告訴我，他已經和他的律師評估過這些條款，律師告訴他，所有的新創公司都會將這項條款放進租約中，但他們成長的速度從來不會太快，所以可放心接受。第三年年底，我們的盈收達四千三百萬元，空間快不夠用了。房東讓我們退租，因為他無法提供我們所需的兩萬平方英尺的空間，所以我們搬到一二八號公路，接手曾是DEC電腦公司遠端維護設施的空間，大小為三萬平方英尺。

現在有了新工廠，我們的固定成本增加，每年達到五百六十萬美元，我們還是繼續和OEM客戶合作。但這也減少了我們為傳統研究客戶支持新工作的能力，並導致成長減緩。我們的OEM客戶花了約一年的時間完成灰化器開發，並和他的客戶開始對晶片的處理進行驗證。我們不知道這個驗證過程需要多久的時間，因此緊張情緒開始增長。開發負責人質疑我們的行為，還瞪大了眼睛說：「他們最好買很多！」風險並非總是讓人愉快。

最後，我們的客戶打來協商合約，我們的採購經理（現在已經是業務部負責人）負責出面。我們有部分的微波零件很容易被複製，所以他帶著我們的產品專利文件過去。因為我們沒有提起訴訟的資金，控告客戶也不是什麼良好的商業手段，所以在合約中列出客戶可以生產這部分的產品，但必須在合約中承認專利。幾年後，我們知道這個客戶在新產品中抄襲了零件，我們向客戶的採購經理出示合約和證據，然後客戶支付了授權費用。

裁員求生

我們緊張地等待新合約的訂單時，麻煩又出現了！柏林圍牆倒塌，德國重建，IBM也是。電信市場景氣趨緩，貝爾北方電信的新系統計畫要延後，各佔我們營業額百分之十的IBM和德國研究機構都停止購買。德國人往東邊尋找合作對象，我們在IBM的客戶過去可以購買任何他們想要的東西，現在也沒有資金了。我們曾稱IBM為「十萬美元的衝動購物」，但現在也結束了，再也不會重現。我們看著第一季的損失，不知道訂單什麼時候會恢復，我們需要更多錢，也需要減少開支。

> 領導大團隊和大公司實際上是跟各種性格的人打交道，公司裡的每個部門——業務、行銷、工程——都有自己的個性，反映出受該學科吸引的人的類型。保持公司平穩營運的許多挑戰是確保不同的群體能妥善合作。如果不同團體不能合作，就會有問題產生。這些團體試圖在公司授權的通路外達成協議，偶爾讓這些團體混合在一起很重要，例如當我指派會計師到某個業務部門時，他們可以與團隊直接互動，更加了解他們自己在公司裡的角色。

我和財務長見了面，我們都知道該做什麼，因此列了張裁減清單，包括裁員百分之二十的員工。我們和經理們討論了情況，以進行裁減措施，因為裁減的需求顯而易見，所以沒有遇到什麼阻力，裁員和降薪都宣布了，我們也提供新的認股權好留住剩下的員工。然而，即使採取了這些措施，我們的現金還是用完了，和銀行的合約就快無法執行。我們的財務長打給會計經理，解釋這個情況，他告訴會計經理，我們將籌集新的股本，業績低迷是市場因素，所以我們會恢復的。因為我們在景氣下滑前就已經建立了銀行的信心，銀行同意我們繼續利用我們的信貸額度，讓我們可以繼續進行融資。

我過去已和另一家歐洲的投資銀行「美國證券」建立關係，在倫敦和總經理見了面，邀請他過來參觀公司。我們已經協議好募集兩百五十萬美元，但尚未確定日期，基於我們面對的情況，我打給總經理，說我們現在就需要募資。夏天來臨，因為假期的關係，他建議我們等到秋天再見面，我說我們需要現在就見面，否則我會和另一家銀行合作（雖然沒有另一家銀行），所以他同意了。我們去了歐洲的倫敦、日內瓦和巴黎和投資者吃飯，也和美國證券及日內投資的客戶討論，投資者很緊張，要求我說明收入預測。我的簡報裡增加了幾張新投影片，說明客戶的名字、產品、價格和購買日期，那份清單讓他們安心，但他們還是質疑——我們怎麼知道？在這個階段，市場和客戶都已經明朗；我們更加了解我們的客戶，包括OEM廠商，知道他們何時會下訂單，但這對投資人意義不大，他們希望更具體的事才能建立他們的信心。

我們回到家後不久，首席銀行家打電話來，說他不確定自己是否能完成這份工作，他有一些指標，但不足以關閉買賣。然後日內投資打來，說CERN退休基金將購買一百萬美元。有了CERN的加入，所有投資者都投入資金，交易完成。讓投資銀行成為董事會成員的好處在於，這個人知道公司管理的狀況，知道客戶的問題，也更能看清未來，效果比任何募股書都好。儘早了解你的銀行家——你不會希望在身陷麻煩時才去了解他們。

另一種學習來自裁員。隨著業務恢復，聘請更多員工的壓力增加，我詢問每個管理者是否要聘回被裁的員工，每十個裁員中，只有一個被建議重新雇用。我意識到這是怎麼回事：高生產力的員工將他們認為可以交給別人做的事，由其他被雇用的員工負責，所以他們雇用了較低階的助手。經理們說他們不會回聘那些員工的同時，也承認自己犯了錯。有了這個理解，我們採取一項政策：「雇用新員工必須提高平均值。」如果我們要擊敗規模更大、資金更雄厚的公司，我們的員工必須比他們的更聰明。每個人都知道這一點，但他們雇用員工時會使用什麼標準？如過去所見，經理們並未雇用高於平均的人，唯一的辦法便是雇用比他們更聰明、更有經驗、效率更好的人。每個人都很難做到這一點，很難招到一個被招聘團隊所有人認為比自己更強的工程師。不過一旦公司接受了這個概念，公司裡每個決定都要全力以赴的同儕壓力便會佔得上風。

我們的灰化器OEM產品最終被半導體生產的客戶接受，訂單開始湧入。從首次銷售到獲得生產訂單大約用了兩年時間，客戶用了六個月才開始執行計畫，接著是一年的整合和鑒定，工廠再花六個月的時間驗證，同時半導體客戶也對新工具生產的晶片進行鑒定。結果都非常好，無論是對我們的客戶、客戶的客戶和ASTeX而言都是。我們的營運經理拜訪客戶的採購部門時，他們對他說：「既然你們灰化器做得很好，來看看臭氧的製造，我們遇到一個嚴重的問題。」這句話導致我們下一個非常成功的產品，即半導體品質的臭氧發生器。

新的公司

我們的公司包括銷售、營運和工程等等，但和不斷發展的產品相反，要製作一個全新的產品變得很困難，因為現有的客戶會驅使我們滿足他們的需求。業務很難影響工程師去完成每個客戶對產品的需求。我們的盈收約一千萬美元，但我們的員工人數也在增長，超過四十人之後，公司開始改變。對一些元老員工而言，公司已不是他們知道的老ASTeX，有些部門會將ASTeX分成「他們和我們」，套句馬克斯．韋伯的話：「所有社會組織如果任其發展，都會尋求自己能從中得利。」部門與客戶離得越遠（但客戶不會放過他們），這個部門就越可能看不到自己存在的原因。

為了解決這些問題，我們依產品線組織公司：OEM，顧客研究和CVD金剛石、業務／行銷、營運和一個新團隊，先進科技，主要專注於新產品開發，不必關注日常客戶問題。員工分配到不同的團隊，在這次改變中，工程人員的問題最大，因為他們在創始技術專家領導下，是很有凝聚力的團隊，所以有些人打算離開公司。但會計師們感覺到新的歸屬感——他們不再只是負擔，而是生產團隊的一分子，也會聽到客戶的報告。舊有的ASTeX消失了，新的ASTeX出現了。

產品團隊現在由負責該產品線的產品經理帶領，產品經理、銷售人員和工程師要保持步調一致，資深的工程師現在也要接聽業務電話，雖然這似乎浪費了他的時間，但這也節省了時間，因為他最清楚客戶的需求。以前業務員帶著客訴回來找工程師時，他們會覺得是個人批評，現在他直接聽到客戶的抱怨，他的行為也會像業務人員一般：他要對客戶做出反應，並積極進行所要求的調整。工程師現在也是客戶的夥伴。我詢問內部的業務人員對新公司的看法，她說：「太好了，現在我知道有產品問題時該問誰了。」

既然產品經理是關鍵人物，有個富有野心的工程師認為想提高自己的職涯，就是成為一名產品經理。我告訴他，他已經是名出色的工程經理，但如果有了產品經理的經驗，就可以成為更好的工程經理。最後他成為OEM的產品經理。後來我問他，他一開始不喜歡重組的公司，現在又是什麼想法。他說，他絕不會回到舊的組織風格。

我們開始跟美國投資銀行家討論上市事宜。我們的平均複合增長率為百分之五十，隨著OEM生意的到來，我們需要增加資本，而且要比我們能從歐洲投資者身上獲得的還要多。在一九九三年時，許多公司在盈收兩千萬時便已上市，我們希望籌集足夠的金錢，如此才不必頻繁募資，因為若分出大量心力募資，業績也會隨之下降。後來一家小型華爾街公司來找我們，它已經成功拿下其他當地的高科技公司。我們的董事會想要上市，所以我們在募得九百萬美元的隔年，就制定了下一年度要募眾一千三百萬的計畫。我們的估值為四千五百萬美元，最終募得一千五百萬美元。我們的財務情況適合公司發展，在我們需要更多資金前，盈收已成長到八千萬美元。

營運經理現在要負責OEM團隊，所以我們找了新的營運經理，他曾有過寶麗來工廠營運的經驗。現在是時候引入更多技術人才了，我們一年的營運費用約一千萬美元，我們也希望OEM的製造紀錄可以做得更好。半導體製造技術聯盟提供一套「整體品質管理」的課程，我們都去上了。有個業務經理上完課回來說：「我們以為自己搞砸了，但你應該聽聽其他公司的情況！」教育我們的員工不只是讓他們學習特定技術——也要幫助他們透過其他公司的對手，更加了解做生意的方式。應用材料的供應商幫了大忙，因為他們找來講者教導供應商如何可以更有效率地運作。應用材料每年都需要降低成本，幫助它的供應商更有效率，便可以進一步改善其自身的供應基礎。

對我們影響最大的演講是詹姆斯・沃馬克（James P. Womack）有關精實製造的演講，他是《豐田汽車，改變世界的機器》（Toyota, the Machine That Changed the World）及《精實生產》（Lean Thinking）的作者。那是我第一次看到公司未來必須變成什麼樣，組織行為及個人的管理訓練都很重要，才能更好地了解管理動力，和它對組織、組織成員的影響。我們的財務長是個自學的會計師，所以會計師委員會成員推薦他可以修習哈佛商學院管理人員教育中有關財務和控制的課程。基於財務長上完這門課的正向經驗，以及我知道相較於生產及販售商品，自己其實不知道該怎麼營運一家公司，我也選修了哈佛商學院為期九週的企業主／總裁管理學程。學習如何營運，透過個案研究方法處理問題，對管理成長中的高科技公司是絕對必要的準備。

先進科技團隊開發了世界最好的半導體臭氧發生器，可用在半導體製程中二氧化矽薄膜的TEOS／臭氧沉積，產生的臭氧雜質含量低，而且非常穩定。我們向應用材料公司展示這款發生器，他們告訴我們為時已晚，但他們還是會仔細研究。我們將第一套設備運過去，幾天後，應用材料公司訂了三台。我們就要取得十億美元關鍵零件產品線的生意，我們正好重新組織，新的營運經理也開始為我們的第一個無塵室生產做準備。

產品經理回報合約協商結果，客戶只想支付比材料成本多百分之二十的費用，但訂購量很大，比我們的灰化器大得多。我們決定接受這筆生意，並計畫減少成本。我們找來組裝人員和工程師等人，一起組成跨職能團隊，找出可以降低材料成本的方法。第一步將是從團隊裡撤離工程師，因為他們一直想重新設計產品，我們讓他們轉為顧問，負責核可變更。我們一年生產數百台，再加上和供應商討論如何能降低他們的成本，兩年後材料成本已經減半，使我們的利潤達到我們所需的程度。成效最好的成員是我們裝卸區的經理，當公司裡的每個人都參與其中，對團隊做出重要的貢獻，你將從員工那裡獲得驚人的收益。

我們自然必須擴展我們的顧客群，並且努力發展新的半導體OEM。灰化器產品的客戶一直在零件方面遇到問題，供應商的好壞在於產品品質，所以在這種情況下，問題是否為顧客的組裝員造成並不重要。我們每週都會提供一次技術服務，因為顧客快速成長，以致於我們培訓完一組組裝員，馬上就會有新的一組取代原有的組裝員，因此發現故障的時候，新組裝員不知道零件是什麼，也找不到說明手冊。我們在當地設立了辦事處，以支持我們的業務，但我們希望客戶可以更容易安裝我們的產品，並消除生產線問題。由於這一行的趨勢是讓供應商提供更多產品作為子系統，以流入他們的精實製作產線，因此我們構思了「頂蓋解決方案」。

所有零件都整合進一個箱子裡，可以直接安裝在顧客的生產室裡，因為機器將安裝在無塵室，所以有個模組狀態燈可用來辨識子系統是否正常運作，從而透過更換模組進行現場維修。我們的工程師更換所有模組時，都需要和我們的客戶一樣穿上無塵衣和手套。我們向美國兩大資本設備供應商展示這個概念，一個是我們現有的客戶，一個是客戶的競爭者。我們的客戶說它可以保持原樣，這樣價格較低，但他們從未考慮製造成本。潛在新客戶的行銷小組想購買零件盒，但它的工程部負責人只允許自己的解決方案。我和行銷經理合作調查了客戶對灰化器產品的偏好，關鍵客戶告訴新客戶，如果新客戶不提供我們的產品，他們就很難購買新客戶的產品。新客戶的行銷團隊拿著評估報告，和工程師開了一場攤牌會議，行銷團隊獲勝，我們取得一千一百萬美元的合約。

和客戶的法律爭議

真是個好消息，對吧，但我們大客戶的生產團隊聲稱我們「偷走」了它的技術。這個客戶長期和我們合作，我們的產品已深深嵌入它的工具中，而從未參加過初期開發的工程師，很可能會有這種想法。雖然這不全是真的，客戶的產品團隊說新的三百公釐工具組將選用新的供應商，它甚至花了更多錢採用日本的電源供應器，才能符合這個客戶從ASTeX得到授權的電漿源。客戶的競爭對手開始贏得市場佔有率，產品團隊裡有些人怪罪我們，而部門負責人相信他們。他因失去市場佔有率而失去聲望，但這是我們避免成為一次性OEM廠商所必須付出的代價。我們向產品團隊表示，我們已先向目前的客戶提供這項產品的報價，但已經被拒絕。那個方法無法解決任何事，怪罪廠商於事無補。後來我們要求部門負責人評估產品團隊的發明主張，我們把所有文件和專利寄給客戶的法律部門，該部門審查人員說，客戶的主張沒有證據，但關係已經受到嚴重破壞。我們從沒想過會有這種問題，也不知道該如何有效處理，但或許這是無法避免的事。我們知道許多可能發生的情況，但還是不知道如何處理。

雖然公司繼續以每年百分之五十的速度成長，我們的盈利仍未達到全部股份估值所需要的程度。我們花了很多成本研發產品，而減少這些工作似乎是提高盈利的唯一方法，然而，問題仍然存在：我們如何在公司推動這次削減？我們的會計長對每條生產線都做了非常詳盡的季度損益表，所以我們不只設定了盈收成長的目標，產品團隊現在也有責任一起提升盈利。我們明白必須對所有主要經理、業務人員和工程師進行培訓，讓他們知道如何操作損益表。訓練計劃大約有五十人，先從基本會計開始，我們雇用一個老師，花了幾天時間講解基本知識，然後會計長再教導損益系統的細節。產品團隊開始參與製造，了解他們的成本，並立刻找到方法降低產品成本。公司現在有新的淨利率目標，員工也有認股權可以激勵士氣，因為股票價值會隨著獲利而增加。

員工的訓練計畫做了幾件事，我們強調開發，並賦與他們執行的權力。他們開始了解自己和投資者的關係，以及獲得認可所需的條件。我們後來又加入兩週的一般業務課程，雇用了哈佛商管碩士、現已退休的行銷經理講解行銷，並提供「大人的建議」給所有管理者。他曾和哈佛教授工作過，所以他知道如何規劃涵蓋所有標準商管碩士主題的課程。課程很棒，員工也很喜歡，公司從產品開發公司轉型為商業公司。利潤也在上升，股票價格上漲。

半導體設備空間的管理問題是業務定期會遇到的事。設備公司和工廠有很多，在我們的行業中被稱為晶圓廠（fabs），當微軟推出新的作業系統，或是英特爾推出新的製程時，將需要製造新的晶片，此時所有晶圓廠要立即購買材料，否則就會失去市場佔有率。通常晶圓廠在兩年內會達到滿負荷生產，而且供應過剩，OEM會利用服務備品、退貨工具等來節省現金，所以供應商的基礎業務比我客戶的業務更具週期性。我們對下降趨勢非常敏感，並依此快速削減成本。

市場多樣化

由於半導體業的週期性，我們為磁振造影和半導體市場買了兩家公司，一家是雷射電源供應器，另一家是無線電頻率電源供應器。在一九九八年景氣下滑時，業務下降了四個季度，每一季都在進一步削減管理費用。最低迷時，有半數的業務來自雷射和醫療產品，我們很慶幸產品實現了多樣化。後來訂單來了，下一季訂單額與收款額之比率為一點七，這表示需求很高，我們必須再次開始生產。等生意回溫，便需要訓練新員工以回復品質，同時，品質也會出問題。如果你的公司在半導體業的外包率只有三成，那麼你的公司業績下降百分之五十，代表製造商的業績只下降百分之十五。

公司從低迷中恢復過來，二〇〇〇年結束時營業額為一億三千九百萬，創下每股一點零九美元的紀錄。有人提出要收購我們的公司，創業十三年後，創始的管理者想要走向下一步，週期性影響了情緒。儘管最大客戶的管理人員帶來一些困難，那位客戶帶來的業績仍持續增長，現在已經佔我們業績的百分之五十五。雖然我們在最強大半導體公司中的領導地位令人印象深刻，但如此依賴單一客戶仍讓投資者緊張不已。我們的零件無法輕易被競爭產品取代，但投資者害怕我們會失去新產品的定價能力。如果我們被併購，大客戶的業績在合併業務後將下降到百分之三十，並且將減少支持亞洲晶圓廠的成本，因為新企業將大部分轉移至亞洲。賣掉公司可以解決許多問題，所以我們這麼做了。ASTeX的品牌仍然沿用，並成為

MKS儀器公司中一個成功的部門。

ASTeX不僅成長了，它的員工也成長了。離開公司的創始人也成功再次創立了自己的公司，我們的業務經理是個博而不精的人，她不再覺得ASTeX是個有趣的地方，因為她的工作焦點變得更狹窄、更專業，所以她離職成立了自己的公司，後來又賣掉，再開了新公司。因為她在我們創立公司過程中的學習，讓她得以創業，她將之歸功給我們。我們頭兩個營運經理都開展了自己的事業，一位成為我們的資訊技術主管，但自她了解營運後，她開發了所有業務會計管理軟體，這套軟體由ASTeX員工成立的幾家公司共享，對大家都有助益。另一個創始人離開創建了自己的公司，同樣也被MKS儀器收購。他後來離開那家公司，再成立了另一家。我後來到了NEXX系統公司製作整套生產工具，目標是手機半導體封裝的需求。我們發展了一套新的工具，等待手機製造商將電腦放進電話裡——最後iPhone做到了，然後NEXX成功了。

但讓我最自豪的是員工的福利。我們支付了大學學費，讓幾個技術人員能完成他們的工程學位，有個組裝人員在越南出生，他的家人在戰後被迫遣返中國，而後決定搬到美國。她進入香港後被捕，被關在改造營兩年，後來她得到貴格會贊助來到美國。她在夜校上電子學課程，白天則在製衣廠工作。我們一開始徵求兼職組裝人員時聘請了她，她接受的條件是要我們準備一台微波爐，這樣她才能加熱午餐。我從鄰居的車庫中救出一台微波爐，修好了它，所以她開始工作。我們需要她立刻全職工作，所以她辭掉另一份工作加入我們，並得到第一次的認股權。我不確定一家只有六個人的小公司雇用新人容不容易，所以我問她為何接受這份工作，她說：「我需要工具的時候，你們會買來給我，另一家公司生產工具，卻不會買其他東西。」既然員工是我們最大的成本，能讓他們提高效率的一切都可視為免費。在十週年慶時，我們邀請兩個以股票認購權買了新家的員工上台，一位是我們第一批組裝員，一年後，那位員工仍繼續為MKS工作，她女兒獲得哈佛大學的全額獎學金。只有在美國，這一切才有可能。

關於主角

理查・波斯特是一名已退休的連續創業家及科學家，最近成為一名認真的業餘天文學家。他擁有加州大學柏克萊分校物理學學士學位，和哥倫比亞大學物理學博士學位。

←一九六六年，理查・波斯特身為加州大學柏克萊分校的大四生，他用多餘或殘舊的零件打造了小型的靜電加速器。

↑理查・波斯特於一九八三年於麻省理工學院，站在部分完成的TARA串聯鏡電漿圍束實驗旁。

↑理查・波斯特和麻省理工的同事唐納德・史密斯（Donald Smith ）和約翰・塔爾（John Tarrh ）於一九八七年共同成立了應用科學科技有限公司（ASTeX）。ASTeX現在是MKS儀器的子公司，生產半導體製程的反應性氣體產品。

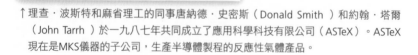

Part 2

投身學術研究的學者

第十六章 對自然充滿興趣而當上藥理學家

潔西卡・西利格（Jessica Seeliger）

在史丹福大學史蒂夫・巴克瑟（Steve Boxer）的生物物理化學實驗室做了六年的研究生後，我感到筋疲力盡，考慮要離開學術職涯。我到工業界和管理顧問公司應徵了幾個工作，但我見到商業顧問時，會一直將他們與史蒂夫這樣的教授進行比較，他們沒那麼聰明，對他們的工作也沒那麼充滿熱情。我也想念對科學至關重要的開放批判氛圍，同時發現自己和商業界遇到的人有著不同的價值觀。這些因素讓我明白，對我來說最好的方向就是留在學術界裡，繼續規劃好的道路，成為一名教授。

我現在是石溪大學醫學院藥理學系的助理教授，我先生馬庫斯（Markus）也是這個系的教授。我工作的環境對我來說非常重要，在多年的科學訓練中，我經歷過不同的工作環境：從研究者晝夜不停工作，氣氛競爭激烈、毫無歡樂的地方，到能給予支持、培養部屬的領導者所帶領的友善、愉悅的實驗室。

在石溪的研究室裡，我努力創造一個積極的學習環境，將過去擁有的最佳經驗融入其中，我希望自己的實驗室的重要價值在於尊重同事，並允許工作和生活達到良好的平衡。我希望實驗室裡的研究生和博士後都能感到他們可以、也應該在研究工作外，仍擁有其他的生活。

對自然的興趣

我在俄亥俄州的奧柏林（Oberlin）長大，那是一個靠近克利夫蘭的小鎮，鎮上有奧伯林學院。爸媽都是來自台灣、完成醫學訓練的醫生。國小和國中時，我表現出數學和科學的才能，也著迷於自然界貝殼、樹木和樹葉等結構。

我高中時愛上了生物學和化學。高二的化學老師卡頓女士很鼓舞人心，她注意到我的興趣和能力，有天卡頓女士生病了，便要求我幫她代課。我真的很享受第一次的教學經驗，雖然有些學生可能無法接受同學變成老師。高二時，我想多學些化學，但我們是小學校，沒有提供高階的課程。所以我自己研讀資料，並加入歐柏林學院的熱力學課程，跟著諾曼・克雷格教授（Norman Craig）學習。

高三的春天，我問克雷格教授暑假能不能在他的實驗室當實習生，我在他的課堂上表現良好，所以他同意了。克雷格教授相信我一個高中生可以獨立在他的實驗室工作，甚至週末也可以獨自留在實驗室。為了協助他在鹵化小分子光譜學的研究，我學習操作並維護高真空系統，使用各種分析儀器進行測量，以及自行解釋數據。那段初次接觸研究的經驗非常美好，對我來說也是段影響重大的學習經驗。

之後，我進入哈佛大學，主修化學。在克雷格教授實驗室的工作讓我專注於物理化學，而不是生物化學。我想進入哈佛一部分是因為我的哥哥姐姐都去了那裡——申請大學之前，我已經去看過他們很多次。

> 每次我換實驗室時，都會更換研究領域——從蛋白折疊到反應中心的光譜學，再換到結核病。為了決定研究的主題，我主要依靠自己的直覺，而不是認真分析，而且它總是成功。

我不喜歡哈佛的環境，在那裡遇到了我不想效仿的研究人員，實驗室的伙伴相互競爭，有些研究者似乎只為自己著想。使用儀器的時間經常發生爭吵，有時候又缺乏對適當安全實驗的尊重。我們的實驗室是熱門研究領域的先鋒，完成了大量出色的科學研究，但我也看到明知不能再複製的結果卻發表了，這讓我感到幻滅。雖然我的導師很細心，也很會鼓舞人心，但哈佛的整體研究經驗讓我質疑以學術研究作為職涯是否適合自己。

在哈佛期間，我還當家教。我喜歡幫助學生理解我認為有趣的科目。基於我對教學的喜愛，我決定自己仍將繼續從事研究教授的學術職涯。然而，我找不到任何榜樣，沒有人的工作生活選擇可以讓我想要效法。

曾經有段時間，我是哈佛大學科學女性組織（Women in Science organization）的負責人之一，為組織工作的時候，我訪問了瑪塞塔·達倫斯堡（Marcetta Darensbourg），她是來自德州A&M的客座化學教授。我告訴她我對學術職涯的興趣，但我不喜歡自己觀察到的哈佛教授平衡工作與生活的方式，我還有其他興趣，例如演奏小提琴，我也不確定自己是否想要這種要求專心致心的職業。

轉往生物學

雖然我在大學主修化學，我一直對化學和生物學都很有興趣。研究所時，我決定研究生物物理化學這個跨學科領域中的生物系統。我申請了史丹佛，錄取了它的博士學程，但我推遲一年入學，以便先取得劍橋大學的生物學碩士學位。我在劍橋跟著傑出化學家艾倫．費雪特進行研究，他曾經完成蛋白折疊的基礎研究。我真的很喜歡在英國的時光，這是一個出國留學的機會，可以學到很多生物學知識，也可以體驗積極的工作環境。

費雪特的研究實驗室位於英國醫學研究委員會資助的學術中心，除了研究生和博士後之外，這個中心也聘請全職的研究人員。員工通常比博士後年紀大，經驗較豐富，也非常樂於助人。每當我提出詢問，這些員工都會停下工作，花一整天的時間訓練我使用某個設備，或是教我新的規程。如此積極又友好的環境和我在哈佛的經驗相比，似乎是一種啟示。我也對英國的「茶文化」印象深刻，不像哈佛研究員日以繼夜的工作，費雪特實驗室的科學家都是朝九晚五的工作，他們會在上午和下午喝茶休息，雖然劍橋的科學家工作時數比美國同行少，但他們透過細心規劃、善用時間完成了實驗。

我在英國的另一個重大事件是遇見我未來的丈夫。馬庫斯和我都在做蛋白折疊的研究，所以我們非常了解彼此的工作，當我回到美國就讀研究所，馬庫斯仍留在劍橋完成他的博士論文。我們談了十八個月的遠距戀愛，直到馬庫斯在柏克萊找到博士後的工作。

在史丹福大學開始讀研究所時，我打算加入一個光譜學實驗室，但後來決定加入由史蒂芬·巴克瑟教授（Steven Boxer）帶領的團隊。相較於我曾工作過的實驗室研究者，巴克瑟的團隊對生物學和研究生物系統的物理方法都有深入的了解，我選擇巴克瑟的實驗室是因為我可以在團隊中接受訓練，而非因為對特定主題的濃厚興趣。

我在巴克瑟實驗室期間，學到了很多研究領域的知識，獲得更多實踐經驗，超過我專注於單一主題的收獲。

我喜歡的蛋白質

我的論文涉及多個主題，都是在研究我最喜歡的蛋白質，紫色光合細菌產生的反應中心。我的主題是利用超快光譜法了解蛋白質中光誘導的電子傳遞；第二個相關主題是用光譜探針標記蛋白質，藉由在蛋白質的特定位置植入報告基因，我可以測量局部電場，以便更好地了解電子傳遞的過程。我也曾短暫地研究過第三個主題——支撐式脂雙層作為生物膜及在這些膜中擴散行為的模型。

我愛光合作用反應中心，它在將光子轉變成電子運動的效率幾乎達到百分之百，比任何人類創造的太陽能電池更有效地從光中產生能量。有些研究者試圖利用相似乎這些蛋白質的吸光染料重建反應中心，模仿大自然製作有效率的太陽能電池。但這些努力還是不及自然界光合作用的最佳成績。

我的博士學位花了六年才完成，到最後，我感到有點精疲力竭，我不確定自己是否想留在學術界，我探索了業界和管理顧問工作，並應徵博士後的職位。去顧問公司面試時，我發現自己的興趣主要在於管理顧問中問題解決方面，而不是財務和其他方面。最後，在商業界尋找工作的過程讓我了解自己還是想留在學術界。我不確定自己是否能成為像巴克瑟那樣的教授，但我決定嘗試。我選擇在柏克萊做博士後有兩個理由——它可以幫助我做好學術工作的準備，還有馬庫斯也在那裡做博士後。

就像我在攻讀博士學位那樣，博士後的實驗室選擇也是重視環境勝過研究主題。我應徵卡羅琳．貝爾托西（Carolyn Bertozzi）的實驗室時，與我交談的每個人都充滿活力，而且對科學、對他們所做的事、對在實驗室工作都充滿熱情。能和這樣的同事學習的機會和我可以從事研究的主題一樣吸引人。我加入後，發現許多實驗室成員都對學術生涯感興趣，他們給予高度的支持和參與，也會參加實踐講座，閱讀研究計畫書，並提供有見解的回饋。從科學或社會的角度來看，這都是支持我職業目標所需的環境。

至於博士後研究主題，我選擇會導致結核病的微生物。我在柏克萊貝爾托西實驗室的博士後經驗再次證明了自己留在學術界的興趣，貝爾托西對我產生了正面的影響。儘管巴克瑟堅定的嚴謹磨練了我的批判性科學敏銳性，但巴爾托西的鼓勵方式正是我研究所畢業後所需要的。

二〇〇八年時，馬庫斯已經是一位研究成果良好的博士後，準備要應徵教職。那時候，我的博士後只做了一年，還沒準備好做一樣的事，他應徵了幾個研究所，包括石溪大學，他知道那些地方都會主動招募學術夫妻。我能在石溪大學找到工作的可能性是馬庫斯放棄其他聘約，選擇接受那個職位的重要理由，這是經過計算的風險，最後得到了回報。

我在二〇〇九年應徵石溪的教職，也得到了聘約。馬庫斯和我現在於同一部門擔任相同的終身職體系職位，我們非常幸運，我是朋友中少數解決了「二體問題」的人，也就是夫妻兩人能在同一城市從事學術工作。要做到這一點需要一些計畫，但主要是運氣很好。

平衡學術和家庭

我目前的研究是結核菌的基本過程——細胞壁和細胞膜如何形成。我想知道脂質移動到細菌外部的物理過程，脂質在細菌外部具有結構和生物學作用，這些作用也與細菌如何致使人生病有關聯。

作為助理教授，我最終會升到終身職，不過沒有嚴格的時間規定。最近的資金環境一直很艱難，而那是有利於終身職的條件之一。我一直有小型補助款的支持，但目前沒有傳統上認為教授升職所需要的大型經費。馬庫斯有終身職，在我們生下第一個孩子之前，有一個人能跨越那道門檻是件好事，這表示家庭少了一半的壓力。

我的兒子卡爾今年一歲，我選擇等了很長時間才生孩子，因為我一直對生孩子抱有矛盾，我知道作為一名學者同時還要養家的挑戰。從工作一開始，便一直在考慮家庭問題，隨著年齡的增長，我得到結論，不是現在生，就是永遠不生。我想要等自己做好準備，但又明白自己永遠不會覺得完全做好準備了。事實證明，調適比我想像得容易多了。原因之一是馬庫斯和我住在校園附近，而且我們可以分擔許多育兒職責——我很感激他的協助，以及我們工作的靈活性。

我本來不打算成為一個生完孩子後就馬上回到工作的超級女性榜樣，但生了卡爾後一個禮拜，我覺得自己已經恢復到可以參加小組會議了。繼續工作能幫助我維持作為科學家的自我意識；我害怕母親的角色可能會掩蓋我創造的一切。我很高興能保留科學家和母親的雙重角色。

有些人因宏大的問題而驅動，我的動力則來自於對科學的熱情。我一直不限於處理任何問題，我對使用的方法或是由探索特定問題而開展的不同觀點或途徑都感到興奮。我的動力並非來自遠大抱負，而是我可能學習到的東西。我的職涯有點像是在科學領域裡隨興散步。這樣很有趣，我學到很多，我的運氣一直很好，可以被出色的實驗室錄用，並向該領域的專家學習。

但是，我低估了卡爾對我的生產力的影響，尤其是在前六個月。但養育一個孩子也幫助我安排任務的優先順序，我知道有些事不是必須完成，或至少不必馬上完成，舉例來說，我不再像以前一樣馬上回覆電子郵件，然後發現這樣天也不會塌下來。還沒塌。

養育孩子非常令人愉悅，和我的工作形成可喜的對比。我本來擔心，放棄我在實驗室和教學的時間去養育一個孩子是很困難的事，成為母親會讓我失去重心。同時，我從未真正花過很多時間在小孩身上，所以我不確定自己能不能照顧幼兒。但是，孩子們真的讓我們重新了解玩樂的概念，這是在我們變成大人的過程中被淘汰的想法。所以能以簡單的愉悅重新認識自己，是件很好的事，卡爾可以無緣無故地開心——他因為存在而開心。這提醒了我，人生也可以如此。

關於主角

潔西卡·西利格是石溪大學藥理學系的助理教授，其實驗室的研究重點在細菌致病機制的細胞膜生物合成、結構和行為。她擁有哈佛大學化學學士學位，劍橋大學邱吉爾獎學金的化學碩士學位，以及史丹福大學的生物物理化學博士學位，並曾是赫茲的研究生。

←歐柏林學院的諾曼·克雷格教授相信潔西卡·西利格可以在他的實驗室裡獨立研究，當時潔西卡只是名高中生。那段早期研究經驗使她成為一名實驗科學家。

↑二〇〇六年，潔西卡·西利格（左四）在史蒂夫·巴克瑟教授（最右）的實驗室完成研究生學業。她在巴克瑟教授的實驗室裡獨立工作，接觸到許多研究主題，但她覺得，比起鑽研單一定義明確的主題，這樣的研究效率更低。

←潔西卡·西利格和她的丈夫馬庫斯等到二〇一七年都在學術界任職才生了孩子。她發現撫養一個孩子能帶來令人意外的快樂，和她的工作也形成了令人喜悅的對比。

第十七章
從實驗物理學家轉換為理論物理學家

史蒂芬・亞歷山大（Stephon Alexander）

我的工作一直是設法在兩個世界穿梭的挑戰——我從未符合理論物理學家或爵士音樂家的刻板印象。我在倫敦的第一個博士後期間，爵士樂開始活躍於我的物理學裡。倫敦帝國學院是歐洲弦理論的中心，我在那裡讀書，試圖理解時空的結構，希望能探索早期宇宙的宇宙學新知識。有時候我帶著物理學報告帶到爵士俱樂部，有時候帶上的是我的薩克斯風。有一陣子，我一直將兩個世界分開，但後來我開始看見音樂和物理學之間的連結，音樂分析開始活躍於我的研究之中。

現在我是布朗大學的物理學教授，指導宇宙學介面、分子物理學和量子重力學的研究小組。我也為那些在歷史上被忽視的科學群體發聲，包括像我一樣，經濟背景不佳，又是家裡第一個上大學的群體。我很自豪是個物理學家兼爵士樂手，歡迎來到羅德島普洛維登斯的遊客光顧我和朋友表演即興爵士樂的餐館。

紐約市的移民

我出生於千里達（Trinidad），八歲時，全家搬到紐約市。我在布隆克斯的公立學校念書，小時候只是一名表現普通的學生。看看我的鄰居，我覺得不管在學校表現多好，前途都會受到限制。我的人生無可避免地會走向淒涼，因為有些年輕朋友大多入獄，或是有不好的下場。我的父母重視教育，但從我的角度來看，成績的好壞似乎並不重要。

我上了約翰・菲利普・蘇沙中學（John Philip Sousa Junior High School），喜歡打籃球、看漫畫、演奏薩克斯風。八年級的某一天，我們的集會上來了一個特殊的客人。那是個穿著橘色連身褲的老人，他拿了一個手提音響上台，自我介紹是非裔美國太空人弗里德里克・格雷戈里（Fredrick Gregory）。我們欣賞音樂後，太空人解釋他為什麼來到這裡，他說雖然擁有收音機、聆聽節拍是件很了不起的事，但真正強大的是製造收音機的能力，那種知識幫助他成為太空人。格雷戈里學習科學、上了大學、取得工程學位，他的演說引人入勝，那一天是我第一次考慮學習科學。

八年級結束時，音樂老師告訴我，我是他教過最好的音樂學生，他想幫助我進入表演藝術高中。那是個極好的機會，但我還有其他想法，比起音樂，我對科學更有興趣，所以我選擇就讀德威特・柯林頓高中（DeWitt Clinton High School），一所正規的公立高中，也是紐約市第二大的高中。

榜樣

我在高二遇到一位老師，他成為我的榜樣，為我的人生帶來巨大的改變。我的高中物理老師丹尼爾·卡普蘭（Daniel Kaplan），由於對教育的熱情而成為老師。他擁有普林斯頓的物理學博士，曾研究韓戰時的雷達，他也是個出色的音樂家。他的職業選擇很多，但他真正想做的是教導高中生。

有一天，卡普蘭先生在課堂上從口袋拿出一顆網球，往上拋再接住，他問學生這顆球回到手中的速度是多少，學生一片靜默，但卡普蘭注意到我在看他，我告訴他，球下墜時，速度和球拋出時相同。卡普蘭先生露出燦爛的笑容，告訴我們一項稱為能量守恆的自然原理。

在那門物理課後，我開始用不同的方式看待世界。因為在布隆克斯長大，我不是現實的忠實擁護者，卡普蘭的教導讓我明白，現實不一定像看起來那樣，物理學成為我揭開現實背後秘密的大門；時間和空間不是它們看起來的樣子，物理學成了我逃脫的方法。人生中出現了一條我可能取得成就的道路。

我的數學老師丹尼爾·費德（Daniel Feder）也對我產生重要的影響。高中四年，他都是我的數學老師，他在教高中數學時，也進行數論研究，他每天都走路到學校，無論颳風下雨。卡普蘭和費德都是我的榜樣，讓我知道何為一名敬業的老師。

我沒考慮過上大學的可能性，我長大的社區有很多移民，我們不了解大學。卡普蘭建議我可以上大學時，我告訴他，我家負擔不起學費，他說有獎學金提供給像我這種有才華的學生，他會寫推薦信。我想這是個不錯的主意，我家人也很興奮——他們不知道我可能有資格獲得獎學金。

一旦證明了可以拿獎學金上大學，我就成了家人和社區的榜樣。畢業後幾年，我的弟弟和鄰居的小孩也開始拿獎學金上大學。

對物理學的熱情

高中結束時，我對物理學充滿了熱情，會閱讀任何能取得的物理學雜誌或書籍。申請大學時，招生人員清楚地知道了這一點，我知道自己想去一所排名較高、競爭激烈的大學，於是申請了十四所大學。就我在六千名學生的大型高中經驗，我知道自己比較想在一所規模較小、較能獲得個性化注意和輔導的學校念書。

在大學申請過程中，我遇到一位名叫蘇珊・沙林（Susan Sharin）的女士，他父親也就讀德威特・柯林頓高中，有個大學獎學金以他為名。蘇珊將我納入麾下生，擔任我的大學顧問。她建議哈弗福德學院可能適合我，並帶領我們一群人在週末從德威特・柯林頓前往哈弗福德學院參觀。過程中，我見到傑瑞・古魯布教授（Jerry Gollub），他是個有名的物理學家，後來也成為我另一名重要的指導老師。古魯布教授打斷我們的週六之旅，問我們有多少人想要主修物理學，他帶了兩個感興趣的學生到他的實驗室，向我們展示流體動力學中的混沌實驗。週六有一位世界知名的科學家來到校園，和我見面，讓我看他的實驗室，這讓我確信自己想去哈弗福德。

哈弗福德在學業上比高中更具挑戰性。高中我名列前茅，但在哈弗福德，其他學生似乎都遙不可及。不能成為班上的好學生挑戰了我的信心，但有個非常體貼的好教授幫助了我。另一個適應的方法是運動，雖然我高中從未參加過任何運動，但在哈弗福德我參加了田徑隊和越野賽隊，這有助於我集中精神及安排時間。

> 首批弦宇宙學的論文中，有一篇出自我手，主題是研究兩個發展相對完善的領域之間的聯繫。這讓我有機會提出新的想法，也為我打開了大門。那就是新發現會發生的地方。就職業而言，尤其對想從事學術生涯的學生來說，無論是研究新領域，或研究現有領域，各會帶來不同的研究機會。

我是個充滿熱情的大學生，但我的成績不是非常好，特別是在大一和大二的時候。大三時，變化發生了，我的成績進步了。那年夏天，我有了一場關鍵的經驗：到卡內基．梅隆大學做研究。我跟著馬克．克里德教授（Mark Kryder）做研究，利用高功率低脈衝雷射研究磁光硬碟裡的磁域運動。我們利用磁場驅動磁域，測量它們的磁滯現象，對磁域進行實時成像。我看到不同於課堂上的研究，自此，我決定想要從事有報酬的研究工作，這表示我需要讀研究所。

除了在哈弗福德修讀物理學外，我還修了很多社會學課程。學習社會學是了解形塑社會力量的方式，也能了解我自己的處境——這世界裡有色人種的年輕男性。除了黑格爾、涂爾幹和韋伯的經典著作，我也閱讀艾拉・里德（Ira Reed）的著作，他是哈弗福德第一名黑人教授，也是一位著名的社會學家。透過社會學，我學到新的語言，接觸到關於我這族群的社會真實文獻和研究。哈弗福德是所通藝學科的大學，所以我認真對待這個標籤；學習社會學這門開明的藝術也是一種解放自我的方式。

我的物理學教授萊爾・魯洛夫（Lyle Roelofs）相信我，鼓勵我上研究所。他是個計算理論家，大一和大二的時候我都在他的實驗室做研究。他看到我的研究天賦——即使我在班上的成績不是最好，他仍相信我可以成為一名優秀的研究科學家。魯洛夫教授聯絡了布朗大學物理系，成功地推薦我被該系錄取。

成為理論家

我在布朗大學一開始打算成為一名實驗物理學家，因此加入一間研究雷射實驗的實驗室，但教授在我犯錯時嚴厲地責備我，我在實驗室的表現並不出色，我還是比較適合當個理論家。我被方程式的力量和秩序吸引，舉例來說，我喜歡用馬克士威方程式就能解釋各種各樣的現象。只要四個方程式，就能解釋在太陽、在遙遠的銀行或在樓下的實驗室裡發生的現象，這讓我覺得自己像個巫師——用我的筆就能操縱這些方程式，也好像操縱了物理世界。研究方程式的感覺讓我想到高中去布隆克斯第一次發現物理學，那種能逃離現實的感覺。我也明白在布朗大學，還有許多我們不了解的物理學，我有可能寫出自己的方程式，預測新的現象。即使成功機率很低，我決定這是值得追求、值得冒險的遊戲。

我與布朗大學的三位教授一起研究。第一位指導教授是著名的物理學家萊昂・庫珀（Leon Cooper），於一九七二年因解釋超導性的量子力學基礎而獲得諾貝爾獎。庫珀喜歡研究有趣且看似無法解決的問題，不管是哪個學科，我加入他的團隊時，他正試著以神經網絡和量子力學模型建構一種記憶理論。我在庫珀實驗室裡的工作是研究所謂非監督式神經網絡，它可以自我訓練學習新的記憶。藉由利用神經科學中的量子力學類比，我看到應用其他領域模式的價值與美好。

我的第二位指導教授是麥克・科斯特里茨（Mike Kosterlitz），他也是位有名的物理學家，在二〇一六年因固態相變和拓樸絕緣體贏得諾貝爾獎。我和羅伯特・勃蘭登堡（Robert Brandenburger）一起完成弦宇宙學這個新領域的論文。

我的論文主題是研究弦論和宇宙學的聯繫。

首批弦宇宙學的論文中，有一篇出自我手，主題是研究兩個發展相對完善的領域之間的聯繫。勃蘭登堡和我想知道自然常數，例如精細結構常數和光速，是否可能隨時間變化。我證明了弦論預測自然常數實確會隨時間變化。這個結果出人意料，吸引了相當多的關注。

布朗大學畢業後，我在倫敦帝國學院和史丹福大學擔任博士後。在帝國大學，我繼續弦學結合宇宙學的研究，談論早期宇宙。我想知道銀河、恆星和行星如何從混沌、無特徵的早期宇宙中誕生，以及弦論是否可對這些結構做出解釋。

博士後的主題選擇並非為了未來的職涯發展，或是想要以此獲得教職，我的研究計畫都是自己有興趣的主題，不受其他人可能感興趣的主題影響。我沒考慮領域裡的競爭；後來我才注意到其他研究者有多競爭，他們爭先恐後的爭取聲望和信譽，以便考慮就業機會。

我走的路其實很危險，因為我處理的是棘手的問題，可能會陷入困境，得不到任何成果，那麼我就不能再找到另一個工作。但我很幸運，我能夠撰寫一篇幫助建立新的子領域的論文，我可以提供宇宙膨脹的弦論第一個模型。

我做研究的方式是評估各種想法，然後不帶偏見或歧視地嘗試，不管它們是否正確。除了從方程式開始，我試著在腦中繪出心理圖像來表現物理學。我會想像某個我已經理解的事物，然後類推延伸到未知的地方，我喜歡使用音樂類比，因為我對音樂非常熟悉。

身為一名弦論學家，要將音樂這麼不尋常的類比物帶到物理學，是具有挑戰性的。從社會學角度來說，這在理論物理學界是非典型的，我很猶豫是否要走一條對我的認知有更大貢獻的道路。

在史丹福國家加速器實驗室做博士後時，我從弦論轉移到粒子宇宙學，也就是探討高能粒子和宇宙學之間的關係。物理學的這兩個領域都試圖解決一些問題，例如宇宙的物質為何多於反物質，即使你期望兩者數量應該相等。

暑假期間，我在美國弦論學家吉姆．蓋茨（Jim Gates）主持的計畫裡擔任教學志工，我喜歡教學，因為這能幫助我重新溫習我需要更加理解的領域。經過兩個博士後，以及我的教學經驗，我決定成為一名教授。在兩年的時間裡，我應徵了許多工作，也面試了很多次，但都沒有成功。我心想，我或許碰到了無形的障礙，尋找教職對我來說是不可行的。

困難的選擇

然後，我收到賓州大學的聘書，它們的物理系很出色。我真的很想待在灣區，也深愛那裡的某個人，但為了第一份教職，我做出犧牲。這表示我失戀了，實在難過極了。事後看來，我選擇遵循熱情，成為一名物理學家，而非人生中其他重要部分。當時我搬離美麗的舊金山山丘，來到賓州中部擔任教職，我真的質疑自己是否做出了正確的選擇。

在賓州大學，尋找資金的壓力很大。當教授和我的想像差異很大；除了研究和教學外還有許多職責，我很幸運能獲得其他教職員的支持，特別是引力物理所（Gravitational Physics Institute）所長阿貝．阿希提卡（Abhay Ashtekar）。至於我的研究主題，我開始探索更傳統的領域，但也會花時間研究瘋狂的想法。藉由研究這兩種領域，等申請終身職時，我才可以提出自己進行傳統研究和危險想法的能力。

舉例來說，我在賓州大學花時間和我同一層樓的宇宙理論學家，以及樓下的凝聚體物理學理論學家討論，那時候凝聚體物理學和宇宙學之間的聯繫還不明顯。十年後，兩方合作產生的論文已經成為熱門話題。人們注意到凝聚體物理學的工具能用在宇宙學上——例如用以了解暗物理。我很自豪自己曾撰寫有關這些領域的初期論文。

我的方法一直都像個局外人，它和社會學、和我的成長背景、我在社會的地位有關。這讓我想起格魯喬·馬克思（Groucho Marx）的問題：「我為什麼要進入一個接受我成為會員的俱樂部？」對我來說，加入俱樂部可以增強成功的想法是不正確的。我的立場不是因為叛逆，而是因為意識到當你融入時，你或許必須擔心能否繼續留在俱樂部裡，到其他地方可能會受到懲罰，因為其他俱樂部成員會感到威脅。我最終還是喜歡當個局外人，既然我一直不是局內人，我可以自在當個宇宙學家，冒險和凝聚體物理學理論學家討論；我不必擔心同事會嘲笑我那些可能性不高的觀點，而且很多時候，那種觀點確實帶來新的理解。對我來而，當個局外人、不融入其中才是真正的優勢。

關於主角

史蒂芬·亞歷山大是布朗大學物理學教授，也是布朗大學總統學者計畫主任，該計畫提供科學、科技、工程及數學等領域家庭背景不利的傑出學生獎學金及輔導。他擁有哈弗福德大學的物理學學士學位，及布朗大學的物理學博士學位。

第十八章

在商場長期打滾，最後實現目標成為教授

凱瑟琳・費雪（Kathleen Fisher）

大學二年級的一個特殊日子對我的人生產生了重大影響：它讓我有了職業發展的方向，而且同一天，我認識了我的第一任丈夫史帝夫。

我正在上計算機科學課程，在課後討論時，講師告訴我該領域有個稱為「停機問題」的重要結論。艾倫・圖靈（Alan Turing）在一九三六年解決了這個問題，證明你無法編寫程式來確定任意程式是否會陷入無限循環，或最終停機。結論很艱深，但證明很簡單，一旦理解了，拿張餐巾紙花五分鐘就能寫下來。

看到停機問題後，我迷上了計算機科學——在那堂課結束後，我開始和這位講師約會。三年後我上了研究所，史帝夫和我也結婚了。一年後，我們有了一個女兒，伊蓮恩（Elaine）。

學到停機問題那天讓我走了二十五年的彎路，才實現了長期目標：成為計算機科學教授，並研究程式語言、機器學習及網路安全等重要應用的研究問題。

選擇方向

我出生在聖馬利諾，位於南加州帕沙第納附近的市郊小社區。我爸是投資銀行家，母親主修歷史，還接受過工程學的訓練，她當過幾年工程師，是我的榜樣，讓我看見女性也可以從事數學、科學或其他我們想做的事。那也是我父母的態度，他們支持我想做的每一件事。

聖馬利諾高中是一所功能強大的公立學校，有許多進階先修課程和榮譽班。我的表現很好，但沒有朝著任何特定的方向發展，我不確定自己到了大學要主修科學或人文。作為一九八〇年代中期的高中生，我真的不知道計算機科學是什麼樣的領域，我只知道有個學長到大學主修這個領域，那似乎是個奇怪的選擇。

> 每個職業都有一個大概念。醫生治療人們；學者教導學生或探索新知。每一行都有其平凡日常的經驗，就是這種日常經驗影響你是否喜歡它，如果你不喜歡這種經驗，那大概念是什麼也不重要了。從一開始，我選擇做自己喜歡的事——程式，然後是程式語言。大概念的想法不必和我一直想做的事完成一致，因為我喜歡自己每一階段做的事情。

大學申請過程充滿壓力，因為不確定自己要選擇哪個方向，我透過各種途徑尋找學校。我被耶魯大學的寄宿學院系統吸引，所以我申請提前錄取。申請通過後，其他學校我只申請了史丹福大學，因為那是我爸媽的母校。

我參觀這兩所學校時，比較喜歡史丹福大學，或許是因為我來自西岸，比較融入當地的文化，而且學校也比較友善、友好。我知道史丹福將是學習計算機科學、寫作，或是從事任何我感興趣的主題的好地方。

計算機科學家

史丹福大學的社會支持和文化對我來說至關重要。其他大學的朋友給我的印象是，如果他們沒有時時刻刻保持努力，就會被視為懈怠。但在史丹福大學，和朋友們出去玩、放鬆和進行戶外活動似乎都和做學問一樣重要。

史丹福有個社會環境讓我感到不自在，多數學生或是專注於科學、科技、工程或數學領域的「科技迷」，或是專注於人文學科的「人文迷」。我一直對這兩個領域有強烈的興趣，因此我無法自在地融入任何一組。我發現技術問題簡單但沒有收穫，而寫作有收穫但創造起來並不有趣，我最喜歡的課程是新的知識，在高中沒有教授的學問：例如地質學、宗教史、心理學和計算機科學。

大一的春天，我選修計算機科學課，我很喜歡這門課，我不只閱讀了問題集，也對如何叫電腦做我想做的事而感到興奮。寫程式很有趣，就像玩遊戲一樣。我可以坐在電腦前六小時以上，積極地沉浸其中。

隔年秋天第二次的計算機科學課，我認識了史帝夫，他向我介紹了停機問題。電腦程式失敗的可能方式之一就是陷入無限循環，不再接受指令，那顯然不是你想要的結果，所以如果能有個工具告訴你這個程式保證會「當機」，或是它有沒有可能跑個不停，將會非常有用。但事實證明沒有這種工具——不是因為沒人發明它，不是因為你需要更大、更快的電腦，而是因為它是不可能的事。史帝夫讓我看了證據之後，我馬上就知道自己想當個計算機科學家。不久後，我也知道我想成為一名計算機科學教授。

在史丹福大學裡，有些完成入門程式課程的學生有機會重返課堂擔任小隊長，幫助教導課程。我也申請小隊長職務，通過後我要接受如何教導十到二十名學生隊伍的訓練。小隊長每週要參加與講師的會議，討論講師當週教導的內容，以及他們希望隊長負責什麼內容。大三時，我和史帝夫及他的室友住在一起，他們都是計算機科學的講師。

透過擔任小隊長、和史帝夫和他的室友討論，以及與烏爾曼教授共事的經歷，我對學術界有清楚的認識，我決定那就是我想去的地方。

選擇去哪裡上研究所是件複雜的事。史帝夫和我已經結婚，他當時在附近的蘋果公司工作。所以就經濟考量，繼續留在史丹福很合理，但只申請一所一流的研究所很冒險，史丹福有個學程可以讓你在系裡讀到第五年，然後直接取得碩士學位。我申請了博士學程，但也做好後備計劃：如果我沒有錄取，就進入碩士學程，然後隔年再申請其他學校。但我被錄取了，我繼續在史丹福計算機科學系攻讀博士學位。

不同的世界

即使我大學畢業後沒有換學校，史丹福對博士生來說仍感覺像個完全不同的世界。我作為大學生的生活都由朋友和功課組成，上研究所後，生活重心都在計算機科學系做研究，第一年我很想去上課，而不是專心執行一個研究計畫，我當時的做法仍像大學生一樣。

第二年多虧了一個不一樣的鼓勵——一個孩子，我改變了。我的指導老師約翰·米契爾（John Mitchell）在得知我懷孕後不久，就開始招募我成為他的學生，我認為這是個好兆頭。伊蓮恩出生後，約翰還是非常支持我，他尊重我的時間限制，他的妻子也借給我一些舊的孕婦裝。我每個禮拜有四十五個小時的托兒服務，在這期間必須塞進所有課程、研究和教學，這表示我得每天早上九點開始工作，三個小時是我自己的工作時間，接著其他小組成員就會出現。

研究所最困難的部分就是自我定義的轉變，過去是由課堂、成績和同儕的定期回饋中定義自己，現在則是透過困難、棘手的研究問題來定義自己。我們研究的問題都沒有人知道答案，因為無法定期得到好成績或好成就，有些同事開始對存在產生焦慮，質疑他們的研究和自己的價值。不過因為我的女兒，我有更多的籌碼。照顧她經常是壓力來源，所以上班是一種解脫。

延遲學術夢想

在約翰的領導下，我研究類型系統的基礎理論，這些形式系統區分形式完善和保證失敗的程式。程式失敗的一種方式是，它們產生某種類型的值（整數、字串，代表人的資料類型），而程式將這類型的值視為不同種類的資料。發生這種情況時，你就無法保證程式的運作，並使程式產生漏洞。我的論文證明C++程式語言的特定類型系統是「型式安全」的：任何能通過類型核對器的程式都可以執行，而不會在執行時出錯。

我希望成為一名計算機科學教授，所以我花很多時間在學術界的非研究性事務上累積經驗：約翰在英國休假時，我代表他教導有一百二十名學生的計算機科學課程，我也曾在教師招聘和行政委員會任職。研究所最後一年，我和指導教授坐下來討論學術界最好的計算機科學工作清單。

然而，當時出現即便現今就業市場也會覺得奇怪的現象，計算機科學教授的需求不高，尤其是我這類擁有抽象和理論專長的人。同時還有另一項限制，史帝夫和我都在找工作，所以我們必須在同一個地點找兩份工作。一個AT&T的朋友打來叫我應徵他的公司（基本上使用申請學術工作一樣的履歷表），史帝夫和我都投件了。

那年秋天，我在AT&T引起了轟動，我在一場演講中聲稱C++的創建者忽略了該語言結構的根本缺陷。當時，後面有個人站起來說：「你說謊！」」我堅持立場，改變了說法，說設計者犯了錯，而不只是忽略了缺陷。後來有人告訴我，打斷演講的那個人是C++的創建者之一比雅尼・史特勞斯楚普（Bjarne Stroustrup）。

下一次比雅尼跟我說話，是為了聘請我加入新成立的AT&T實驗室，提供我一個程式語言研究小組的工作。當時加入實驗室是個奇怪的時機，因為AT&T正在拆分成幾個部門，其中一個仍保留AT&T這個名字，而一個將更名為朗訊科技。著名的貝爾實驗室也拆分了，加入AT&T的部門成為AT&T實驗室，而留在朗訊科技的部門則保留貝爾實驗室這個名字。在我收到聘約和前往新澤西之間，我即將加入的團隊決定留在貝爾實驗室。所以我開始在AT&T的工作，沒有人想要我在那裡——這可說是一個相當困難的工作環境。

在AT&T的前幾年很困難，我的研究領域從理論程式語言，轉移到與AT&T相關的特定領域語言。我幫助創建一種專門管理大量串流資料的語言，好讓公司的統計人員可以偵測到電話詐欺。另一則是經過微調的語言，可以分析公司許多系統可能持續產出的臨時數據，以便快速提取有用的資訊。

我先生史帝夫從未完全適應新澤西的生活，我們離婚了，兩個人都分別再婚，讓我們的小家庭成長到五個人，有三份收入——全都來自AT&T實驗室。到了一九九〇年代晚期，AT&T表現不佳，所以谷歌的獵頭找上門時，我覺得這是個分散家庭收入的好機會，我告訴谷歌願意接受面試，不過他們要同時考慮我先生鮑伯，和前夫史帝夫。

鮑伯最後得到谷歌的工作，而史帝夫去了賽福時（Salesforce）。拿到谷歌的聘約時，我告訴AT&T我要搬到加州，他們可以讓我遠端工作，或是放我去谷歌。AT&T和我都希望我能遠端工作，所以我在加州工作了六年，直到伊蓮恩高中畢業。

回到學術界

女兒上大學後，先生和我可以自由選擇居住地了。我知道如果我想成為教授，現在就是時候——如果我等得太久，大學不會有興趣雇用我，因為我離退休也不遠了。

我在谷歌設有工程辦公室的鄰近地區學校提出申請，這樣鮑伯也可以去那裡工作。波士頓地區的塔夫茨大學聘用我擔任全職教授。如果曾被錄用為終身職教授，塔夫茨大學可以加速終身職的聘用流程，但對來自業界的我來說，終身職的審核花了六個月的時間。

在這個過程中，我留在AT&T，以防塔夫茨的審核失敗。在這個不確定的期間，國防高等研究計畫署（DARPA）的辦公室主任彼得・李（Peter Lee）與我聯繫（後來主任換成雷吉娜・杜根），邀請我負責改善DARPA與學術計算機科學界的聯繫。彼得在尋找可以「講學術語言」的專案經理，才能和學術界及產業界共同合作。這個職位為期三年，在此期間，DARPA將向塔夫茨支付我的服務費用。

我擔心塔夫茨大學不希望我還沒開始當教授就休假三年，但我問了主任後，她很喜歡這個主意。她說我在DARPA的工作能增加學校的研究履歷。她也說，一個知名的教授很難擔任這樣的職位，因為它會拖延博士生的課業和補助的申請時間。

我發現DARPA是個了不起的組織，非常有效率，且有效地專注於達到它的使命。

我在那裡負責兩個計畫，第一個是使用所謂的形式方法建構軟體——高可信軍事網路系統（HACMS）——讓運輸工具更難以入侵。在計畫開始時，我們的「紅隊」可以駭進無人四旋翼直升機，並且長時間飛行，但「藍隊」開發HACMS十六個月後，紅隊再也無法入侵，因此我在DARPA的同事稱四旋翼直升機為「地球上最安全的無人飛機」。這個計畫非常成功，也非常有趣。我帶領的第二個計畫是撰寫程式語言，簡化機器學習應用程式的編寫，這個計畫也很成功又有趣。

在DARPA工作三年後，我回到塔夫茨，終於成為教授。自二〇一三年開始，我一直在教授大學生（還有其他職責），希望能鼓舞他們，就像我在那些年被鼓舞一樣。

關於主角

凱瑟琳·費雪是塔夫茨大學計算機科學系教授兼系主任。她以前是AT&T實驗室研究的主要技術人員，也曾是史丹福大學計算機科學系的顧問。她擁有史丹福大學數學及電腦的學士學位，以及計算機科學的博士學位，同時也曾是赫茲的研究生。

←凱瑟琳·費雪於一九九六年獲得史丹福大學博士學位，她的研究是物件導向語言的類型系統。

↑凱瑟琳·費雪的女兒伊蓮恩於二〇一〇年高中畢業後，凱瑟琳認為是時候從業界回到學術界當個教授。左起是凱瑟琳的丈夫鮑伯·格魯伯、凱瑟琳、伊蓮恩、伊蓮恩的繼母蘇·費雪和伊蓮恩的父親史帝夫·費雪。

↑凱瑟琳·費雪目前是塔夫茨大學計算機科學系系主任。

第十九章

排斥醫院環境卻成為醫學博士

塔瑪拉・杜林（Tamara Doering）

作為加州大學柏克萊分校蘭迪・謝克曼（Randy Schekman）實驗室的博士後，我過得並不好——我的實驗失敗了。我當時在做酵母模型系統的基礎研究。在研究所時，我曾研究蛋白質膜上醣脂結構的生物合成，而我的博士後則是研究這種變體如何影響細胞內的蛋白質運輸。博士的研究非常成功，相較之下，現在就有點困頓——有時間壓力，且沒有明確完成實驗的道路。同時，我的未婚夫一直問我什麼時候可以搬回東岸和他同住，我告訴他，為了申請學術職位，我需要更多實驗結果，所以我繼續努力，長時間地在實驗室工作。最後我得到可以發表在優秀期刊的結果，並決定我的研究成果已經足以申請教職。

為了申請教職，我需要提出研究領域和實驗計畫。應徵者通常會提出和博士後相關的研究，自己的實驗室就能有個良好的開端。問題是我不想繼續做過去模型酵母的基礎研究，我想要研究直接導致疾病的有機體。病原微生物既提供引人入勝的基礎研究問題，也與人類健康直接相關，這個組合令人難以抗拒，但我不知道要研究哪個有機體。

在會議上與同事聊天時，我突然靈光一閃，我可以回到研究所的主題「醣脂錨定物」，不過是針對酵母，尤其是會導致疾病的酵母，我記得自己在醫學院曾經聽說過。所以這幾乎構成了全新的職業方向：我要研究致病真菌。會議結束後，我前往柏克萊的圖書館，閱讀有關致病酵母的評論，然後選擇了我一直研究至今的有機體。

二十多年後，由於種種錯誤原因，我仍在研究從圖書館的書中挑選出來的有機體。當時，我認為我們可以操縱酵母，讓它表現得像我曾經研究的模型酵母。我心想：「很簡單，我做得到。」但事實證明並不簡單——當時基因工具和菌株尚不存在。但我可以很高興地說，我最終找到正確的理由研究這個有機體，而這個研究自此之後一直佔據我的心神。

學術家庭

我在馬里蘭巴爾的摩的學術家庭裡長大，父親在約翰・霍普金斯大學教化學，母親是學術界和政府的社會學家。我有一個姐姐和一個弟弟，我們的晚餐對話通常和科學有關。我在保護下成長，總是以為自己大學後會取得更高的學位，然後成為一名研究科學家；我的家庭都假設孩子們會遵循這個計算，我的兄弟姐妹和我都遵循科學和醫學的職業道路。

我的中學是一所優秀的私人學校，那所學校很進步，有開放的教室和個性化的學習，老師也很優秀，我最喜歡的兩門科目是文學和歷史。雖然學校的導向是文科，我也選修了科學課程，包括生物學、物理學和化學，同時還有包含微積分的數學。我記得生物學教得特別好，雖然我真的很喜歡文科，但我從未考慮過那個方向的職業。在我成長的過程中，我的榜樣是科學家，所以我也決定成為一名科學家。

麥可和我做了一個決定，即先努力工作才生孩子。許多學生問我成家的最好時機，我告訴他們養育孩子是件很美好的事，沒有合適的時機，只是各有優缺點。有些科學家在研究所或博士後時就生了孩子，如果我也這麼做，就不一定能成為現在的專業人士，有幾年的時間對我在這個領域的發展很關鍵，如果我在努力進行研究之餘，又要擔負做母親的額外工作，我不知道自己能不能成功。

晚一點才生孩子的缺點是我們的年紀都大了。年輕的父母可以陪孩子更久，和他們分享更多生活。此外，我們的爸媽也老了，他們不能與孫子積極地互動。但它卻發生另一種影響——我們的孩子也讓我們保持年輕與活力。最後，家庭比職業更重要，如果有人認為是時候生孩子了，我絕不會提出其他建議。我認為你總是能想辦法做到的。

高中畢業前幾個月，我已經十六歲了，但還沒準備好離開家。當時我父親在約翰·霍普金斯大學教書，我考慮它就在附近，所以沒有申請其他大學。我喜歡麥可·愛迪丁教授（Michael Edidin）的演化生物學課程，在學期末我把自己的主修換成生物學，並要求暑假跟著他打工。那時候，他的團隊有幾個高年級生正要完成他們的博士論文研究，我幫助他們做研究，他們也教導我如何在實驗室工作。從那年暑假開始，建立了我和生物學實驗室的關係，並且一直維持到現在。

職業印記

大二之後，我再次向愛迪丁申請暑假打工，但他休假了，所以我走到走廊盡頭的下一間實驗室，問教授能不能給我工作。那位教授是糖生物學研究碳水化合物的前驅索爾・羅斯曼（Saul Roseman）。羅斯曼給我一份工作，我在他的實驗室裡得到很棒的經驗，大學時我在他的實驗室連續工作三年，畢業後又工作了一年。

羅斯曼實驗室是一個國際研究人員聚集的地方，我在那裡的四年，曾和數名研究生及博士後一起工作，其中有兩位成為我的導師。從蘇格蘭來的博士後威爾夫・米契爾（Wilf Mitchell）教我做嚴謹的生物化學檢定，也教會我玩英式橄欖球。我也和戴維・薩芬一起工作，他是第一個將分子生物學方法引進羅斯曼實驗室的學生，這方法在生物化學早就廣為人知。戴維和我一起定序DNA，那時候定序過程還沒有自動化，我們只能對幾百個鹼基對定序，不像今日可以自動定序幾百萬個鹼基對。

我喜歡和羅斯曼教授互動，他是位出色的生物化學家，也是個嚴謹的指導教授。我在教師家庭中成長，所以我不害怕專制的教授，這也有些幫助。羅斯曼喜歡我有話直說的風格，也喜歡我努力用功，他確實鼓勵了我，幫助了我的事業。同時，身為一名大學生，我有個優勢——我可以學習生物學，可以享受實驗的樂趣，又不用承受學位的要求及壓力。

研究所或醫學院？

許多霍普金斯的朋友都是醫學預科生，我經常聽說他們對醫學院的計畫。大一時，我也考慮過大學後申請醫學博士學位學程，但遭到一位老師的勸阻，他認為我的成績不夠好，所以我一直沒再考慮這個想法。大四時，我又重拾這個念頭，並且去找了霍普金斯醫學博士學位學程的負責人保羅・塔拉萊（Paul Talalay）。他非常鼓勵我，我也認為這是正確的職業方向。畢業後那一年我在羅斯曼實驗室工作，同時選修剩下的先修課程。我申請了幾個學程，但最後決定留在霍普金斯大學。

醫學課程的第一年，暑假需要選一個研究生實驗室輪班，我已經讀過保羅・恩格隆德（Paul Englund）的研究，他研究會導致非洲人昏睡病的寄生蟲，這研究聽來很迷人。保羅告訴我，他要在伍茲霍爾（Woods Hole）舉辦為期十週、有關寄生蟲生物學的暑期課程，並邀請我申請。這門課結合實驗室和課堂作業，對寄生蟲學做精彩且深入的介紹，同時介紹這個領域的傑出科學家。因為那個暑假，我決定加入保羅的實驗室。

完成醫學院前兩年的課程後（包括課程和幾次醫院輪班），我開始在保羅的實驗室和傑洛德・哈特帶領的實驗室工作。這兩組人合作研究將蛋白質定錨到生物膜的分子合成過程，這種定錨分子才剛被發現，它主要由碳水化合物組成，大量出現於錐蟲寄生蟲中，保羅的實驗室對寄生蟲曾進行研究，而碳水化合物研究是哈特實驗室的專長，我們一起釐清了寄生蟲如何組成這種半脂半糖的不尋常結構。計畫很有趣，在備受矚目的領域中也是極其成功的研究，所以我們的研究工作得到大量關注。我得以在會議中發表我們的成果，甚至主持會議，研究生通常無法得到這種程度的認可。

保羅是位出色的導師，現在仍對我的科學研究具最大的影響力。他教會我清楚的思考和溝通方式——如何將報告發表簡化到重點，以及如何呈現資料。我在寫論文或回覆評審意見時，仍會使用他的方法。保羅對科學也充滿熱情，而且是具有傳染力的熱情。我和保羅一起做研究的那段時間，分子生物學家有時會在暗房裡使用照相化學品製作X光底片收集資料，如果學生想要吸引保羅的注意力，可以拿著還在滴水的底片衝出暗房，保羅看到新資料一定會放下一切，忘記所有行程安排和會議，就為了討論新的結果。

當醫生，還是當研究員？

完成論文後，我還得完成醫學院訓練。雖然喜歡和病患互動，我知道自己的職涯想要繼續從事基礎研究。我的選擇部分和我在實驗室工作發生的醫療保健環境變化有關，一九九〇年，我回到醫院值班，巴爾的摩有許多病患都是HIV陽性，這在當時幾乎是死刑。我感覺到這種情況改變了醫院的氣氛，以及醫療人員與病患互動的方式。健康照護的成本變成更大的問題，也進一步改變了臨床決策。最後，我對約翰．霍普金斯醫院的嚴格階級制度及性別偏見感到困擾，那是個保守、男性主導的地方，我注意到這些問題時，就明白自己也想念對科學的熱情和在實驗室裡的發現。所以即使我喜歡看病人，也覺得醫藥引人入勝，但這不是我想長期置身其中的環境。在完成要求的醫院輪班後，我開始尋找可能的博士後導師。我詢問校園裡的科學家，閱讀生物醫學期刊尋找想法，參觀不同領域的實驗室，最終選擇柏克萊蘭迪．謝克曼的實驗室。

謝克曼的實驗室研究酵母的細胞內運輸，也就是蛋白質合成後，如何在細胞內隔室及細胞內外移動。最初的計畫並未成功，後來我開發一個和糖酯定錨相關的研究，我在研究所曾經做過，這次目的在研究這些定錨如何影響酵母細胞裡的蛋白質運輸。實驗室裡有出色的人員和資源，但我的計畫並非團隊的主流研究問題，我也沒有太多酵母細胞內運輸的背景。我很努力研究，但我的實驗沒有進展，我有點沮喪。那時候，我和一家有意招聘我的公司談話，也和其他人討論博士生的其他職業選擇，例如管理顧問。我從未積極地追求那些方向，但是我真的擔心我要如何在科學上取得成功。

同時，我未來的先生麥可人在東岸，他想知道我什麼時候會回去和他在一起。我們十幾歲就認識，一度失去聯絡，但後來他搬到巴爾的摩，在約翰．霍普金斯大學任教時，我們又在一起了。他很擔心，因為他以為我只會在加州做兩年的博士後，但兩年過去了，我還沒開始應徵任何工作，我還告訴他，除非我的計畫能有進度，否則我不會去找工作。那時候，謝克曼的實驗室有十四個博士後，我看著比我早一、兩年進來的人都在找工作了。他們正在找教職，而我能看見這過程充滿多少挑戰和壓力。在那之前，我沒有真正考慮找個教職，尤其是找個能和麥可待在一起的教職，也沒想過我要做什麼，當然，要做任何一件事，都必須提出一個研究領域。

即使有了真心的好伴侶，工作與家庭的平衡對女性來說都更加困難。學術界對男女還是有兩套標準，對兩種性別都有些無意識的偏見，如果女性離開會議去接孩子，人們會認為她的工作不夠努力；但如果男生因為同樣的理由離開會議，人們會認為他是個好爸爸，女性還在為了職業發展和薪資爭取公平待遇。所以對科學界裡有家庭的女性來說，存在很多的掙扎和平衡，但我不會放棄任何一個角色。

我清楚記得自己往後職涯要做什麼的那一天（至少到目前為止），我坐在會議室後方和同事聊天，突然我得到一個靈感，我應該研究會導致疾病的酵母，如此便能完美結合研究所致病微生物的經驗和研究酵母的新技能。原本我的壓力很大，也對研究方向感到非常絕望，而這個想法出現了，它拯救了我。會議結束後回家，我去了柏克萊的圖書館，閱讀有關致病酵母的評論，如果想進行我在謝克曼實驗室裡學到的基因研究，找出一個可被誘導進行基因重組，以產生子代的有機體，而不只是單純分裂，完整複製的有機體，會是很大的優勢。我選擇隱球菌，因為我認為上述條件可以變得非常簡單，我可以將酵母遺傳學的力量應用到這種有機體蛋白質糖酯定錨研究上。但事實證明，這些想法都不實際，至少在那時候不行，但我最後還是繼續研究這個有機體的有趣問題，並一直持續至今。舉例來說，隱球菌有個會引起疾病的大多醣類莢膜，它如何形成莢膜？它如何因應特定環境條件（例如在哺乳動物上）調節莢膜的大小和性質？真菌細胞如何與宿主細胞互動，它如何進入大腦，導致致病的疾病？這些驚人的生物學都無法使用模型酵母（而非致病性酵母）進行研究，也是我的小組過去二十年來一直在研究的問題。

為了研究致病酵母糖酯錨定這一個想法，我將從大學開始每個訓練經驗得到的思路都融合在一起，並以非常符合邏輯的方式合而為一，雖然那時候覺得是個憑空出現的想法。今日都很難說服贊助者資助擁有這種想法的年輕研究者，而我當時只是一名博士後，說著要改變領域，開設一個實驗室，研究以前從未接觸過的有機體，康乃爾醫學院竟然相信這個說法，並願意基於研究所成績就聘請我。而巴洛茲．魏爾康基金會（Burroughs Welcome Fund）也因信任而頒發事業獎給我。這兩件事讓我可以繼續這條道路，成為一名學術研究科學家。

我和麥可於一九九六年下半年訂婚，就在我完成博士後搬回東岸之前。我將乃迺爾醫學院的教職推遲到第二年夏天，在這個過渡期，我在一個研究隱球菌的實驗室擔任客座科學家。麥可從霍普金斯大學休假，這樣我們就能一起住在紐約，我們後來進行一次大規模的求職，好讓我們可以在同一個城市都找到好工作。那次找工作的壓力非常大，因為我們不能保證各自都能找到好工作。但我們很幸運，最後都有兩、三所一流大學可以選擇，我們苦苦思索對作為夫妻的我們來說，什麼才是最好的選擇——如果我們獨自生活，選擇可能截然不同。隔年夏天，我們搬到聖路易斯，開始我們在華盛頓大學的實驗室，自此就一直在那裡。那是個很棒的選擇——那個城市、科學、和人們都超越我們的期望，我們在這裡非常開心。

關於主角

塔瑪拉·杜林是密蘇里州聖路易斯華盛頓大學醫學院分子微生物學的校友獎教授。她擁有約翰·霍普金斯大學生物學的學士學位和約翰·霍普金斯醫學院的醫學博士學位。

←塔瑪拉·杜林就讀約翰·霍普金斯大學的大學部和研究所。照片為她於一九九一年，開車載研究所指導老師泰瑞·夏皮羅（Terry Shapiro）的孩子麥特和瑞秋。

↑一九九六年，塔瑪拉·杜林在加州大學柏克萊分校蘭迪·謝克曼教授的實驗室擔任博士後研究員。

↑塔瑪拉·杜林（右）和她的研究小組於二〇〇一年進入華盛頓大學醫學院的新實驗室。

第二十章
從物理研究所轉換領域為軍事政策分析家

麥可・歐漢隆（Michael O’ Hanlon）

這是每個老師為之奮鬥的時刻。十個高中生敲了我的門：「可以請您教我們嗎？我們很需要一位教授，沒有其他人可以！」

過去一直過著可預測的生活，我決定加入和平工作團（Peace Corps）。後來我到了非洲中部的薩伊共和國（Zaire），以為自己可以改變那裡劣勢學生的人生，他們拚命地想學習，好找到改善生活的關鍵。然而，即使他們渴望學習，我也渴望教書，但在每天通勤跨越一條住著河馬的河川時，我突然意識到自己的無能為力。薩伊是冷戰鬥爭中的棋子，被獨裁者蒙博托・塞塞・塞科（Mobutu Sese Seko）統治，那裡沒有基礎建設，沒有機會，全球大國關心的是地緣戰略的結盟，而非善治。

當我坐在中非雨林的小屋時，心裡想著回到自己熟悉的地方似乎很吸引人。我大學在普林斯頓主修物理學，他們很樂意讓我回去。我成為機械和航空工程的環境及能源學程的博士生。幾年後，我取得政策博士學位，並擔任政策分析師。

我們寫簡歷時會列出自己的職業生涯，就好像它們是命中注定的一樣，有著卓越而清晰的目標。有時候我覺得自己在寫另一份麥可．歐漢隆的履歷，上面列了許多我一直在奮鬥且仍然堅持的事，上面會強調我有兩次差點沒讀完研究所，還有我和研究物理學家羅伯特．迪克（Robert Dicke）一起做的畢業論文，那次合作經驗非常好，我們研究太陽震盪，試圖反證愛因斯坦的相對論。我想像在另一份履歷上放著：「結果愛因斯坦是對的，我們錯了。」

學習並教授物理學

我的實際和想像的履歷都是從紐約卡南代瓜（Canandaigua）開始的，那是紐約州北部芬格湖群芬格湖群的一個農業小鎮，我在那裡長大，祖父曾在RCA工作（早期太空計畫的無線電和雷達系統），他於一九七七年去世，當年我十六歲，由於他留給我的啟發，讓我成為家庭中向物理科學發展的主要成員。

爸爸有知識分子的氣質，但他也很謙遜。他是個醫師，但他從未把他的學問描述得過於複雜或科學。後來，等我開始在數學及科學表現出色，並提出想上醫學院時，爸爸說：「啊，別把你的腦袋浪費在醫學上。」他對純學術的尊重提升了我的眼界，他的描述讓它看來在社會上和政治上都是可接受的，甚至是值得稱讚的。話雖如此，我認為他對醫學的想法是錯誤的，我對父親及跟隨父親腳步的姐姐都感到無比驕傲。

我的暑假都是在一位科學老師的農場上照顧牲畜和野生動物。他是一位天生的自然科學家，負責學校的生態社，諷刺的是，因為我在生態社的土壤和機械工作，我才第一次接觸到物理。一九七六年夏天，我參加菲利普斯學院（Phillips Academy，又稱安多弗）關於天文學的高級學程，並立即迷上了它。

我在漢彌爾頓學院上學兩年，那是所位於紐約上州的文科學校，離我家鄉不遠。漢彌爾頓很好，但老實說，去那裡是因為我申請的其他學校都不會接受我。我高中只讀了三年就畢業，所以雖然我的SAT分數很好，也完成了一些先修課程，但我沒有完成許多一流學校要求的必修課程。我申請了長春藤盟校的達特茅斯學院（Dartmouth College），但是被拒絕了；我申請菲利普斯學院的研究所，我曾在那裡修暑期學程，但同樣遭受拒絕。有些卡南代瓜的朋友去了漢彌爾頓，而漢彌爾頓也錄取了我。

漢彌爾頓有許多出色的物理學教授，雖然教職員人很少，那裡的教授——特別是吉姆．林格（Jim Ring）和菲爾．珀爾（Phil Pearl）——教會我物理學、天文學、天體物理學和宇宙創造的美麗和簡單性。但到了第二年結束時，我已經耗盡漢彌爾頓在物理學上能教給我的，也找不到對這門科學抱持和我一樣熱情的同儕。所以我轉到普林斯頓。但即使在普林斯頓，教學情況也一直沒有好轉。

我讀大學的時候有點誇張，在漢彌爾頓修了很多物理學課程，到了普林斯頓又修了大量物理學和數學課。到了大四，我已經厭倦物理學，但還沒準備好上研究所，我對歷史和全球事務的興趣，以及想對不幸的人做點事的情感和道德要求，讓我加入了和平工作團，在薩伊共和國的基克威特（Kikwit）教授大學物理學。還好普林斯頓的語言要求迫使我學習法語，程度足以讓我進行真正的交流。除了教學外，我也參加當地的計畫，和一位天主教神父一起改善當地地下泉水，成為潔淨的飲用水。

我還是很高興自己進入和平工作團，努力提供幫助，但那時其實沒有多少人可以幫助薩伊共和國，至少在廣義上沒有。我決定回到美國，繼續在一個結合科學和公共事務的領域中研究學習。我選擇普林斯頓機械和航空工程系的能源與環境計畫。

研究所轉換領域

回到普林斯頓後，我掙扎了。當時是雷根時代，我和法蘭克．馮．希佩爾一起為蘇聯防空和彈道導彈建模，但我系裡的導師和委員會裡的老師不認為這個主題足夠複雜到當成博士論文。他們是對的，——因為我們沒有任何蘇聯防空設備可以測試！而且其中的物理學只有大學程度。老師叫我放棄那個論文主題，重新來過。那是我第一次差點被研究所退學。

我不想浪費一年的研究，所以建模成為我的碩士論文。馮．希佩爾和我一樣，都對公共事務感興趣，普林斯頓伍德羅．威爾遜公共及國際事務學院任用了他，在他的支持下，我轉到他的學院讀博士學程。我觀察到社會科學家和物理科學家有極為明顯的差異，物理學家試圖盡可能地簡化，而社會學科學家似乎為了複雜而複雜。

政策分析很困難，因為你必須結合不同領域的不同種類資訊，才能得到特定問題分析的牽引力。問題可能和馬基維利半個世紀前的著作有關，或是有關科技和近代武器系統，或是二十一世紀中國領導人的動機來源有關。這些研究很重要，而且和純科學一樣困難。但身為一個對此領域持懷疑態度的研究生而言，我最終未能通過政治學的大考，我需要被「改造」，我苦苦掙扎，最後在迪克·烏爾曼教授和哈爾·費維森教授等人的幫助下設法通過了考試。那是我第二次差點被研究所退學。

我的論文指導老師是賈許·埃匹斯坦（Josh Epstein）和亞倫·弗里德伯格（Aaron Friedberg），論文融合了一些科學，以及大量的政策分析及軍事分析，內容是在冷戰結束時國家對國防政策的新思維方式，後來我在美國國會預算局（Congressional Budget Office，ＣＢＯ）擔任分析師時，仍持續研究這個議題，並延續至今。

軍事政策分析師

在完成博士學位之後，我在軍事智囊團國防分析研究所擔任暑期實習生。後來，我在一九八九年秋天到ＣＢＯ，在那裡思考有關軍防國防政策的新想法。那五年的成果豐碩，是一段充滿新想法的美好時期。冷戰剛剛結束。從技術上講，我是核武器分析師，到能源部國家實驗室工作，負責釐清我們進入無核武測試的時代後，該如何維持核武的可靠性，我們努力為後冷戰世界發展小型核武設施。

我也做了一些有關中東安全的研究，沙漠風暴行動（Operation Desert Storm）剛好在我去ＣＢＯ工作的時候進行，但美國政府在行動前先詢問我們這場戰爭可能會花多少錢，我們的預估是五百億到一千五百億之間，實際數字最後是一千億。但事實上，我們從未試圖為衝突精準估算出價格，如果有人要求我們更加精準，我們會說我們沒有水晶球，所以精準估計也可能出錯。我們還會說，如果估計結果正確，很可能是靠運氣。在戰爭的歷史上，在衝突之前預測衝突的性質是非常不尋常的，也是不明智的。

一九九四年，我離開CBO，加入布魯金斯學會（Brookings Institution）。我們將CBO使用的敏感性用在二〇〇三年的伊拉克戰爭，我預測了這場衝突的性質，對入侵伊拉克的最低及最高傷亡人數估計值之間，預測大約有十倍的差距。結果我差不多說對了，美國的傷亡人數略高於我的上限，但至少我提出一個看似合理的範圍。

布魯金斯學會一直是我夢寐以求的工作，我在研究所就讀過它們的文獻。我認為那個地方是國內進行最多政策相關的嚴肅研究的地方，而那正是我關心的議題。麻省理工和約翰・霍普金斯的優秀人才不少，其他智囊團也是，但在一九八〇年代，布魯金斯很傑出，它有六到八名出色的學者，包括我的博士指導老師埃匹斯坦，他住在華盛頓特區，和我一樣擔任兼任教授，通勤到普林斯頓教課。埃匹斯坦對我產生了巨大的影響——包括我的研究所生活或我在華盛頓的經驗，他幫我申請CBO和布魯金斯的工作，教我該如何清楚論述，他是我這輩子最重要的榜樣。

在埃匹斯坦之後，另一個至關重要的影響力是亞倫・弗里德伯格教授。他是個完美的論文指導教授，不像某些教授，他從不想把我的論文變成一趟七年的冒險，他的目標是在計畫早期就要確定方向，後來弗里德伯格和我討論了幾次，確定我在正確的軌道上，並在此過程中給我一些想法。他在短時間內讀完我整份論文草稿，然後寫了五頁的筆記，說明第二版草稿應該改進的事項。我聽隨他的建議，我們就完成了！我想論文的品質也不錯，但這過程真的太棒了。

教科書和專欄

在布魯金斯學會期間，我寫了幾本書，包括軍事政策的教科書，我也在普林斯頓大學教授這些科目。約有四分之一的軍事政策書籍都涉及技術主題——進行預算計算，模擬戰爭，研究戰爭中的科學議題，例如導彈防禦。這些主題將我在普林斯頓所學的科學和政策背景聯繫在一起。

我工作的另外四分之一是關注美國主流國防策略和預算，我在區域安全議題上寫了很多文章，這方面我通常和中東或東亞的專家合作。我試著著眼較廣泛的問題，這樣書籍的時效性可以維持較長的時間，不過也會討論當時的政策爭議。我寫過伊拉克戰爭和阿富汗戰爭，也寫過東亞的聯盟和挑戰。

二〇一四年，我和吉姆．斯坦伯格（Jim Steinberg）撰寫了《策略保證與解析》（Strategic Reassurance and Resolve），書中談論的是美中關係。斯坦柏格是雪城大學（Syracuse University）麥斯威爾學院（Maxwell School）的院長，在歐巴馬執政第一年，他擔任了希拉蕊．柯林頓的副國務卿。二〇一五年，我寫了《陸戰的未來》（The Future of Land Warfare），這是本有關國防政策的概念書，它不只是討論直接的國防辯論，還涉及衝突的發展方向，美國需要做哪些準備。我也做了很多短期的寫作，包括有關敘利亞、烏克蘭和阿富汗危機的專欄。

科學和軍事分析

研究自然科學會影響大腦面對你想探索的主題時所採取的工作方式，對於我身為國防和安全工作學者所做的事，這一點非常重要。我不能做「埃德・維藤類」的量子物理學，但我熟悉計算和數學，這對我的工作很重要。預算和軍事建模的數字工作對我來說很容易，因為我的科學背景，我從不覺得誇大工作的嚴謹性或複雜性有什麼不對，我的工作會直接影響到決策者，並因此產生更大的影響。

軍事分析大多和技術有關，國防分析主要包括三個方面：軍事歷史和廣泛的策略歷史、軍事勤務、和我最初的切入方式，科學。第三種方式也是核彈設計者進入軍備控制領域的方式，理想上，無論你採用哪種方式，你都希望同時了解其他兩種方式。

一旦透過任何一種方法進入國防領域，你會將餘生都用來增強自己的力量，並獲得另外兩種方式的知識和專業。我也花了很多時間觀察士兵和飛行員、水手和海軍陸戰隊，我到戰區和訓練場拜訪他們，也花時間在華盛頓和他們交談，還花了大量時間閱讀軍事史。

自從在研究所決定將方向自科學轉向政策以來，我從未後悔。無論好壞，政策都是帶來戰爭或和平的原因，這個領域需要能將許多思考聯繫在一起的人，許多科學家不擅長此道，但有些人可以，他們就是被需要的人。

關於主角

麥可・歐漢隆是華盛頓特區布魯金斯學會的研究主任，他是軍事及策略政策及國際關係的學者和作家，作品十分豐富。歐漢隆擁有普林斯頓大學的物理學學士學位，機械和航空工程碩士學位，以及公共及國際事務的博士學位。

←麥可・歐漢隆於一九八二年自普林斯頓大學畢業，他決定加和平工作團。他在薩伊共和國教了一年書，那裡的學生很渴望學習物理學。

→麥可・歐漢隆在薩伊每天通勤上課，途中還得渡河，有時候會遇到正在洗澡的河馬。

←從他在中非雨林的小屋看來，麥可・歐漢隆似乎想回到他熟悉的美國繼續研究所學業。他回到普林斯頓，取得工程學碩士學位，然後轉換領域，取得公共及國際事務博士學位。

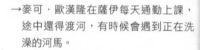

第二十一章 從天體物理學家成為NASA顧問委員

大衛・斯伯格（David Spergel）

在學生時代，我曾想過以後可能會從事科學之外的職業。在我讀高中時，我活躍於撰寫校刊和參加學生會活動。而到了大學，我對傳播和政策仍十分有興趣。在大學的最後一年，我申請到研究所和法學院就讀。在就讀研究所時，我寫了一篇政策報告專門評論星際大戰中的策略。我想若那時攻讀哈佛大學博士學位花比較久的時間，或是未如此順利，那麼我的職業生涯發展可能大有不同。

我的研究進展十分順利，也迅速開啟我的科學家職業生涯。當時，我投入兩年的時間完成論文，經過兩年博士後研究，我成為普林斯頓大學天文物理學系教授。

能在兩年的時間內在哈佛大學完成博士學位幾乎是前所未聞。我能這麼快完成學位的原因有很多，其中之一是我曾在普林斯頓大學和牛津大學進行研究，因此我熟悉研究過程。我也已經完成學業課程，所以我可以專注在研究上。另外，身為一名理論學家，我能夠運用其他人已經生成的數據，而不必從頭開始。我還有別人沒有的優勢，那就是身為普林斯頓大學的大學生，我有幸能接觸新型的超大天線陣列無線電望遠鏡，獲得第一手數據，而身為哈佛大學的博士生，我研究暗物質探測領域，當時還是一個嶄新領域，我能站在與其他研究者截然不同的角度來思考問題。

在博士後研究期間，我的指導教授約翰·巴考爾（John Bahcall）告訴我物理學家漢斯·貝特（Hans Bethe）曾說過，人們應該全力投入他們具有不公平優勢的領域。意思是說若要深入在某一領域取得成功，需要具備別人沒有的優勢。就如同我曾在普林斯頓大學和哈佛大學就讀，我具備這樣的優勢。

不公平的優勢有很多不同的形式，可能包含處理問題的新技術。舉例來說，嶄新的數學方法。更常見的是新科技的問世，例如：新型探測器或測量方法。優勢也可能是來自另一派科學分支的理論見解，就我的情況而言，我的優勢是我能將粒子或凝聚態物理學的新概念應用於宇宙學。在職業生涯中，我能將所擁有的優勢應用到有趣的科學問題上，何其有幸！

家庭榜樣

我從小在紐約長島的杭亭頓長大。我就讀杭亭頓的公立學校，在數學和科學領域尤為出色。高中時我有很多優秀的老師，其中最熟的是新聞學老師。我是校刊編輯，也撰寫過多篇校刊文章。我在高中時期學會如何寫一手好文章，我所學到的溝通技巧在未來的職業生涯中也非常重要。

我的父親是紐約市立大學的物理系教授，母親則是一名高中家政課老師。我的家庭很鼓勵孩子投入科學領域，但這並不代表我父親督促我朝科學領域發展，他其實沒有強迫我或我的手足踏入科學領域。事實上，我是家中唯一在物理學界發展的孩子。身為物理系教授的父親確實是我的榜樣。紐約市立大學的教授以教學為主，研究為輔。我父親是很成功的老師，作育英才無數，他教過的學生很多都是家族中第一個上大學的孩子。

高中畢業後，我被普林斯頓大學錄取，但那時還不確定我要讀什麼。我考慮主修數學和物理學，也曾想到威爾遜公共與國際事務學院學習政府和政策。我發現普林斯頓大學大一課程非常有挑戰性。我修習數學系的入門課程，這才意識到雖然高中時是數學頂尖的學生，但我似乎不具備成為數學家的天分。另外我還發現我在實驗室缺乏協調能力，也不適合成為實驗學家。

從大三開始，我發現我對做研究很感興趣。大三第一學期我與牛津大學的客座教授詹姆斯・班尼（James Binney）進行軌道動力學的理論研究，在第二學期與吉莉安・納普（Gillian Knapp）教授運用無線電觀測星際介質。大四時我繼續與納普教授一起工作。

大四接近尾聲時，我又面臨不確定該朝哪個方向走的困境。我向四所設有天體物理學、法律和政府課程研究所的學校提出申請。我的前兩大志願是哈佛大學和加州理工學院。在參訪哈佛大學期間，我遇到比爾・普雷斯（Bill Press）教授，我和普雷斯教授一見如故，我們討論了各種技術問題。因此，我決定選擇哈佛大學就讀，我希望未來能成為普雷斯教授的指導學生。就算未如預期，在這麼一個師資優秀的學系，我總能找到一個誨人不倦的指導教授。另外，我認為哈佛大學的所在地劍橋市比加州理工學院有更豐富多元的社會環境，所以我選擇哈佛大學。

被哈佛大學錄取後，我延後一年入學。利用那段時間，我來到牛津大學。那是非常棒的一年，我愛上在異國生活的新奇感，也交了很多朋友。在牛津大學時，我修了幾門課。但大部分的時間，我投入研究並撰寫銀河動力學相關論文。在經歷普林斯頓大學和牛津大學的學術洗禮後，我來到哈佛大學開始新的研究。

那時候，高能粒子物理學家正在探討是否能透過高能加速器產生暗物質。理論學家推測宇宙中的大多數物質並非由我們熟悉的質子或中子構成，他們認為暗物質是大質量弱交互作用粒子，正如超對稱粒子物理學標準模型的擴展理論所預測。

身為天體物理學家，我很幸運能夠以不同角度來看待暗物質相關議題。假設粒子物理學家對於暗物質組成的看法正確，我想知道還有什麼檢測暗物質的方式。在牛津大學期間，我仍持續與班尼教授一起研究，班尼教授是我大三撰寫銀河動力學論文的指導教授。所以我對動力學有深刻的了解，也對銀河系結構有所涉獵。

開放的發揮空間

我的博士論指出地球繞著太陽公轉，而太陽繞著銀河系旋轉，因此地球轉動速度每年會隨季節變化。舉例來說，受銀河系的暗物質的影響，地球在六月轉動速度最快，而十二月轉動速度最慢。年度速率的調整代表事件發生率應以能量的函數進行調整，這也相對容易計算。自那時起，這種調整就成為實驗中用來區分暗物質和背景事件的觀察信號。由於我是該領域的第一位天體物理學家，所以我有一個開放的發揮空間，有幾個有趣且相對容易解決的問題。我很快完成一系列文章，並整合為論文。

> 是否能成為一名好的研究人員仰賴好幾項因素而定。首先，需要對研究感興趣，能盡情享受研究帶來的快樂。其次，時間和努力。第三是天分。天分有很多種，有些人擅長數學，而有些人擅長計算。創造力也很重要，因為創造力能找到解決問題的不同方法。
>
> 我認為最重要的是發現有趣問題的能力。有一些學生善於解決已知的問題，但要能夠找到有趣的機會並不是每個人都能做到的，這是一個更高的層次。作為一名教授，這是最難教會學生的，但這非常重要。

完成博士學位後，我留在哈佛大學從事博士後研究。我收到普林斯頓大學高等研究院巴考爾教授邀請參觀。巴考爾教授邀請我加入高等研究院，我在那裡工作兩年。這對我來說是個難得的機會，為我開創新領域。

我很高興能在普林斯頓大學高等研究院進行研究，但是想要投入教育界。當系主任傑瑞．奧斯特里克（Jerry Ostriker）鼓勵我申請教職時，我正在與普林斯頓大學天文物理學系的一位成員合作進行一項計劃。目前，我擔任普林斯頓大學天文物理學系教授已逾三十年。儘管我是一位理論學家，但我還是很喜歡與實驗學家和天文觀測員合作。我會與一兩個學者合作小型計劃，也和很多龐大的團隊合作大型計劃。我喜歡與他人合作，藉此向他們學習。我試圖尋找新穎的方法運用天體物理學儀器來解決有趣的問題。我仍在發掘或創造優勢，希望在新領域發展順利。

寫作和政策是我一直喜歡的領域，也是我學生時代想要深造的領域。這些領域在我後來的職業中日益重要。我同時是美國國家科學院（National Academy of Sciences）太空研究委員會和美國國家航空暨太空總署（National Aeronautics and Space Administration，簡稱ＮＡＳＡ）顧問委員會主席。我也在許多諮詢委員會任職，負責諸多大型計劃。我花很多時間制定政策和進行管理，讓工作順利進行的重要技能包含傾聽、寫作、思考大局，將枝微末節與重點區分開來。

關於主角

大衛・斯伯格是天文物理學家，畢業於普林斯頓大學和哈佛大學。他是普林斯頓大學天文物理學系教授，也是物理學系、機械與航空航天工程學系的副教授。他還擔任紐約熨斗研究院（Flatiron Institute）天文物理學計算中心主任。

←二〇一六年，斯伯格擔任普林斯頓大學瑪姬・湯普森（Maggie Thompson）的畢業論文指導教授。

→斯伯格指導小松英一郎（Eiichiniro Komatsu），他於二〇〇〇年在普林斯頓大學完成博士論文。

第二十二章

在大學時轉換領域當分子生物學家

雪莉・蒂格曼（Shirley Tilghman）

我對數學的熱愛從小就開始萌芽。現在，我父親還總提到小時候睡前和我一起玩數學遊戲，而不是讀故事哄我入睡。我相信這對形塑我的性格非常重要！我父親還說玩數學遊戲是我要求的，不是他的主意。讀高中時，我開始對化學非常感興趣。我熱愛化學，希望未來成為化學家，我抱著這個希望邁入大學生活。

加拿大的大學系統和英國很類似，學生在就讀大學時已經知道自己想做什麼，並且非常努力學習。我當時正在修讀化學、物理和數學，計劃未來成為化學家。但是到一九六七年也就是我讀大三時，我發現化學並不適合我。因此，我開始尋找更適合我的領域。最終，我發現分子生物學這個美妙的領域。

發現分子生物學

為什麼我會說我「發現」分子生物學呢？我在加拿大長大，當時功課好的學生學化學和物理。功課不好的學生學生物。直到讀到大學三年級，我一生從未上過生物學課。後來我偶然發現分子生物學的奧妙，我閱讀了至今仍非常著名的梅瑟生與史達實驗（Meselson-Stahl experiment）[1]。這是我見過設計最巧妙的實驗了！該實驗回答一個關鍵問題：如何複製遺傳訊息？閱讀論文之後，我立刻醍醐灌頂，決定好好了解去氧核醣核酸（Deoxyribonucleic acid，簡稱DNA）。

大學四年級時，我修讀生物化學課，希望能夠將我對化學的了解與生物學結合。這不是一門好讀的課，一開始我花很多時間，因為我對生物專有名詞幾乎一竅不通（我那時候甚至不知道噬菌體是什麼）。但那門課讓我對分子生物學建立基本觀念，也讓我徹底著迷。我很清楚分子生物學就是我想要的。

在大學生涯接近尾聲時，我曾考慮是否要讀研究所。我唯一能讀的是化學所，但我不想繼續學化學了。

組織會分派地點，我沒辦法選擇要去哪裡做志工。但非洲國家是我的第一志願，因為我想去好好去探索。非洲當地學校需要化學老師，而化學又是我的強項。在非洲兩年的生活非常精采，我也暫時脫離學業壓力。在獅子山共和國時，我對教學非常認真，但不像高中和大學時那樣備感壓力。

我覺得我從非洲獲得的經驗遠遠超過我帶給學生的化學知識。獅子山共和國那時候剛獨

1 梅瑟生、史達（1958），大腸桿菌的DNA複製，《美國國家科學院院刊》，7，671–682，取自http://www.pnas.org/content/44/7/671.short。

立不久，是一個年輕的民主國家。我教的學生科學素養不是很好，他們的目標是通過英國初級化學考試，那幾乎是一項不可能的任務。如果我是一名更出色的老師，或許我能幫助他們實現目標，但是我需要先彌補多年的教育缺口。

自非洲回來後，我知道自己想成為一名科學家，這是我休學時還不確定要做的事。我對教書有熱情，也喜歡教書。即使我在獅子山共和國的教學沒有百分之百成功，我想投入教育事業，未來一定能當一位好老師。

神秘的基因

目前我最廣為人知的發現是在一九八〇年代發現一種哺乳動物基因，這種基因看起來與以前所知的基因都不同。哺乳動物歷經多年演化，這種基因一直存在，似乎非常重要。但奇怪的是，它好像沒有任何功能性。

多年下來，我收到很多人不同的看法和建議。有些人覺得這種基因並不重要，不值得繼續研究，但也有人鼓勵我堅持下去。想揭開基因背後的謎團是讓我對此深深著迷的原因，世上還沒有任何科學家揭開它神秘的面紗。也因如此我沉迷探索基因的奧妙，它是一個獨一無二的議題，和其他實驗室正在研究的截然不同。最後，我和實驗室夥伴終於弄懂它是什麼了，這種基因就是H19，是最早發現的長鏈非編碼核糖核酸（Ribonucleic acid，簡稱RNA）。這項發現開闢了一個全新的研究領域。

就讀天普大學時，我是理查德．漢森（Richard Hanson）教授收的第二個指導學生。當我進入研究所時，我以為我會成為X射線結晶學家，因為可以與我深厚的化學背景結合。但是我的指導老師正在研究環腺苷單磷酸如何調節葡萄糖恆定的基因。這是分子生物學的一道希望曙光，因為使研究單個基因和信使核糖核酸（messenger RNA）化為可能。

漢森教授是一位非常好的老師。他給我極大的自由和獨立性來進行研究。同時他也給予我很大的支持。老師既能放心讓我盡情發揮，也能在我需要提點時適時協助。在這樣的教學方式下，使我信心大增，我也相信我有能力成為一名獨立思考的科學家，而不是只能遵循指示。

> 身為一個指導過無數學生的老師，我認為指導老師要根據學生不同的需求來調整師生關係。有些學生喜歡與師長保持密切聯繫，在師長密切督促下成長。但有些學生不喜歡時時刻刻受關注。
>
> 我曾幾次建議我的指導學生改變研究領域，但前提是我百分之百確定對學生是好的。如果我不確定，我不會提出這種建議，因為這是一項非常重要的決定，可能對他們的人生產生很大的影響，怎麼向學生提出這樣的建議要審慎為之。對學生來說，承認自己走上不適合的領域（並且知道有改變的必要），需要自覺和自信。

我的指導老師漢森教授知道我渴望自己設計實驗，而不是聽別人告訴我該怎麼做。對一個好的科學家來說，有沒有能力設計出色的實驗是重要的考驗。

我對出色實驗的定義是，無論實驗成果如何，實驗都能回答所提出的問題。我將這樣的實驗稱為A型實驗，實驗的設計包含測試所有的可能性。A型實驗確實很難設計，但是如果可以成功建立A型實驗，那就不會因實驗無法得出結論而重新設計。

之後，我開始用小鼠作實驗，這時候建立A型實驗更顯重要。通常需要歷經繁殖多代小鼠才能觀察到實驗結果，因為小鼠的生長時間很長，若實驗設計不當，則十八個月才發現有疏漏時已為時已晚，這段時間的精力都白費了。因此，研究小鼠時特別需要仔細設計實驗。我在漢森教授實驗室的那段時間過得很愉快。我用三年半的時間完成博士學位，同時發表四、五篇論文。我當年的情況與現在截然不同，我能在不到四年的時間內畢業，並發表多篇論文，主要得感激研究所和導師給我的訓練。

尋找人生導師

當我的學業走向尾聲時，我知道我需要極具聲望的分子生物學家指導我。漢森教授雖然很支持我，但我知道如果我想真正成為一名分子生物學家，我將需要一位重量級指導老師。

菲爾．萊德（Phil Leder）教授是真正啟發我的人。當他到天普大學參加研討會時，我就深深被他的研究折服！因此我申請到他的實驗室進行博士後研究。他錄取我，真是一個奇蹟！萊德教授專注於怎麼分離和研究RNA種群，這也是當時分子生物學家正在做的事。但是他不知道如何複製基因，那是我的研究任務。我在實驗室的工作是弄清楚如何複製小鼠乙型珠蛋白基因。當時，沒有人知道如何複製單套哺乳動物基因。

我和另一位博士後研究員戴維・蒂邁爾（David Tiemeier）同時被分配到這個任務。給兩個博士後研究員相同的研究任務有產生意見分歧的風險，可能帶來災難性的代價。但非常幸運的是，我們相處融洽。我們將工作分成好幾個部分，一起努力。我們最後證明哺乳動物基因組是不連續的，這是一個巨大的發現，對我們的科學生涯都是很大的進步。

積極面對逆境

在大學時代，我是科學課中為數不多的女學生之一，而且那時候連一個女教授都沒有。在大學和研究所的求學生涯，我遇到很多有性別歧視思想的男教授。現在回想起來，他們的所作所為令人瞠目結舌。我想我那時候之所以能無視他們，要感謝我的父母讓我建構良好的自我價值和自信心。所以，我從不覺得女性不應該成為一名科學家，也從不認為性別歧視的言論要往心裡去。

我還記得有一次皇后大學的物理學教授說了一席充滿性別歧視的言論，那時我心想：「他真是有夠糟糕！」而不是「也許他是對的，女孩不可以成為物理學家。」

父母給我的最大禮物是讓我明白沒有人可以幫你做決定，我十分感謝他們。我很幸運能擁有這麼有智慧的父母，他們堅信我有朝一日能在科學界闖出一片天，成為傑出的科學家。

就算有人潑冷水嘲諷道：「你以為你能成功？」，也不會打擊到我。我的父母也是我最尊敬的人生導師，他們總是適時告訴我：「你做得很好」、「繼續加油」和「別讓任何人影響你」。

我真的很幸運，而且我知道有許多女學生受到更多歧視待遇，所以我的經驗可能不具代表性。我擔心如果我說我沒有受到太多歧視，大家會覺得歧視不存在。但是我知道歧視是真真切切存在的。

我對年輕女科學家的建議是不要讓任何人把她們變成受害者，這聽起來可能有些苛刻。我希望她們堅強起來，對自己有信心，也要比其他人更努力。當她們認為自己是受害者的那一刻，很可能會被吞噬，深陷其中。

我父親是一位銀行家。他認為要先弄清楚想做什麼再去做。而我的母親是個知足的人，她今年已經九十九歲了，但仍然保持積極的生活態度。她總說：「我的生活很精彩。」我有兩個妹妹，一個是經濟學家，另一個是寵物食品銷售人員，並從事馬匹飼育。目前兩個妹妹都在加拿大生活。

高中時，我修讀化學和物理學程，也修了很多數學課程。但我也很喜歡英國文學，那時曾考慮大學主修英語而不是科學。直到今天，閒暇之餘我總是沉浸在經典文學作品中。

我申請大學的過程與今日大多數學生的經歷截然不同。我只申請一所學校，就是位於安大略省金斯頓的皇后大學。我的成績非常好，我心中從來沒有一絲絲懷疑學校會拒絕我入學，所以我一點都不感到焦慮。

我的父母沒有足夠的錢讓我們三姊妹上大學，因此獎學金對我很重要。我靠獎學金和在大一新生化學實驗室擔任助教來維持生計。

大二和大三時，我在著名的有機化學教授索爾・沃爾夫（Saul Wolfe）的實驗室工作，還和他共同發表論文。沃爾夫教授大力支持我，從未質疑是否應該僱用女性擔任他的實驗室助手。

在我讀大三的時候，一位化學教授對我說：「雪莉，你是一個認真學習的好學生，但我不認為你會成為一名出色的化學家。」他話剛說完的那一刻，我知道他是對的。我相信這是為人師表可以做的最善良的事情之一，就是將成功的可能性據實以告。他並不是說我不會成為一名優秀的科學家，他只是確信化學不是最適合我的領域。我有一個非常好的男性朋友，他就有成為化學家的潛質，他後來成為非常成功的有機化學家。我可以看到我們兩人的差別，即使我們的成績一樣，但是他對化學的了解手到擒來，我必須努力學習才能理解。而且，當我發現分子生物學之後，我這才知道我對化學和分子生物學的熱愛差異有多大。深入探討分子生物學是我熱情之所在。

關於主角

雪莉・蒂格曼是普林斯頓大學分子生物學系和公共事務學系教授。她在二〇〇一年至二〇一三年期間擔任普林斯頓大學校長。她是第一位女校長，也是常春藤聯盟的第二位女性校長。蒂格曼擁有安大略省金斯頓皇后大學化學學士學位，以及費城天普大學生物化學博士學位。

↑一九六八年蒂格曼從安大略省金斯頓的皇后大學畢業後，加入加拿大大學海外服務組織遠赴獅子山共和國，擔任當地高中化學課老師。

↑一九八九年，蒂格曼（中間偏左）參加紐約冷泉港舉辦的會議，該會議由美國國立衛生研究院（National Institutes of Health）和能源部（Department of Energy）贊助。人類基因體計劃（Human Genome Project）於次年展開。

←二〇一三年，蒂格曼於普林斯頓大學退休，時任校長。之後重返該校分子生物學系任教。

第二十三章

找出職涯共同點而成為電腦科學與生物學教授

威廉．普雷斯（William H. Press）

「教授，能先讓我說完嗎？」我向傳奇人物理查德．費曼（Richard Feynman）教授要求。當時我是加州理工學院的一名研究生，正在費曼教授的一門課上進行口試。我在黑板上都還沒寫完一半的方程式，費曼教授就打斷我。

他從桌子後方緩緩起身，用他獨特的肢體語言調侃我。他說：「你以為我不知道你要說什麼嗎？你要說這個，然後這個，最後是這個。我說的沒錯吧？」他當然是對的。那門課我拿到B的成績。

費曼教授和我的論文指導教授基普．索恩（Kip Thorne）使我受益良多。費曼教授教我如何解決問題，設定若干明確的里程碑，終歸會達到目標。索恩教授告訴我溝通的重要性，他說如果我傳達的成果沒有人理解和加以運用，就好像我不曾解決過問題一樣。如今我也成為一名教授，這也是我送給學生的金玉良言。

在我的職業生涯中，我大約每五年嘗試新領域。有些人將自己的一生奉獻給一門學科，花數十年深入一個領域。我並沒有這樣做，我喜歡到處探索，投入不同領域。但我有三個核心領域：計算、通訊和教學。

科學家庭

我出生於加州帕薩迪納市的一個書香世家，在成為科學家的路上有很多助力。我父親是加州理工學院地震實驗室的地震學家和地球物理學家。我的母親是一位學校老師兼行政人員，她喜歡教孩子科學知識。我就讀的公立學校師資優秀。在我成長的時代，女性的職業選擇有限，許多優秀的女性選擇成為學校老師。我上小學時大約是第二次世界大戰的十年後，所以也有退伍軍人受益於美國軍人權利法案（GI Bill of Rights），進而成為公立學校的教師。

高中時我非常熱愛學習化學，甚至在全州化學比賽獲得第四名。我的數學成績也很好，並在當地社區大學修讀微積分。但我高中生物學的知識和今天的學生相比，非常不足。當時是一九六二年，我學到細胞內有漂浮在均勻細胞質的細胞核。當時剛剛發現的遺傳密碼還沒有被納入高中教科書，我現在從事的現代生物學議題也都還沒有被發現。

我的高中物理課是由一位對物理所知甚微的體育老師教的，我索性就不去上物理課了，所以成績很差。年輕時的個性古靈精怪，經常違規。多年後，體育老師告訴我他知道自己的物理課教得不好，但是他能預感我無論如何都會成功，他為我感到驕傲。我很幸運高中能有這麼多開明的老師，包容年少不羈的我。

我選擇大學的過程深受父母影響。我申請了柏克萊大學、史丹佛大學、哈佛大學和耶魯大學，最後選擇去哈佛大學讀書。一九六〇年代初，很少有加州公立高中生申請哈佛大學，因此校方可能想增加地域多樣性才錄取我。

艱難的蛻變

一九六五年秋天，在上大學之前，我想成為一名純數學家。到了哈佛大學後我修讀純數學課程，但發現內容太艱澀難懂了，證明我對數學感到束手無策。

哈佛大學的物理課也比高中難得多。大一上學期學習力學，物理學充滿抽象概念，物理學家就是要學習如何在抽象概念中怡然自得。

學習到一定程度後，我開始針對一個議題進行研究，直到我真正理解後才會停下來。接著，我會把結果寫出來。這個時候我就會設定期限。生活中的很多事情都是品質和期限兩個概念導致的衝突，必須權衡品質和期限，有時候可能要向品質妥協，以求在期限內完成。最重要的是要能夠兼顧這兩項概念，才能做好科學研究。

大學第二學期我修讀愛德華・珀塞爾（Edward Purcell）教授的電與磁課程，每次上課都讓我有如沐春風般感受。有時候我會到珀塞爾教授的辦公室找他聊聊，他總是有時間循循善誘指導我。他身為諾貝爾獎得主，教導那麼多的學生，竟然有時間和我互動，我備感驚訝。除了和珀塞爾教授交流外，我會漫步在物理系大廳，詢問每個人在做什麼研究，幾乎都會得到答案。起初，他們會驚訝一個學生會問這樣的問題，但是很快他們就會將進行的研究娓娓道來。在整個大學四年的求學生涯中，在珀塞爾教授的教導下，我獲益良多。他教會我追求品質，從頭到尾徹底研究問題直到完全理解。我了解到追求品質是一個急不得的過程。

另外，我每週在傑拉德・霍頓（Gerald Holton）教授的研究團隊工作兩個小時，賺點生活費。實驗室中的設備是古董級的，屬於諾貝爾獎得主珀西・布里奇曼（Percy Bridgman）。但是，哈佛大學那時剛安裝分時電腦，是實驗室首次使用電腦來分析數據。我是實驗室的電腦專家，負責處理數據。我很喜歡這項工作，尤其是與博士生和博士後研究人員一起工作。實驗室人員曾建議我若想繼續從事物理學研究，就應該成為一名理論物理學家。他們說的對，我後來確實成為理論物理學家。

儘管我的物理學所學可能不充分，但我還是被加州理工學院的研究所錄取。

在大四時期，我申請赫茲基金會（Hertz Foundation）獎學金。獲得赫茲獎學金後，伍德教授邀請我在勞倫斯利弗莫爾實驗室，現為勞倫斯利弗莫爾國家實驗室（Lawrence Livermore National Laboratory），為他和愛德華・泰勒（Edward Teller）工作，也能進一步了解國防科學。我負責與核擴散有關的工作。因為我沒有國防安全許可，伍德和泰勒想知道僅使用非屬機密的公開資訊，我是否可以設計出兩階段核子武器。我發現核子武器的物理學令人著迷。伍德教授給我一些暗示，但即便如此，我也研究的並不透徹。我與辛辛那提大學的路易・維騰（Louis Witten）教授共用辦公室，他就是未來大名鼎鼎的愛德華・維騰（Edward Witten）的父親。

另一個艱難的蛻變

在勞倫斯利弗莫爾國家實驗室工作一個夏天後，我到加州理工學院讀研究所，那是我學生生涯最艱難的一年，因為面對嚴謹的物理學課程，我沒有做好充分的準備。一年後，我時不時會去勞倫斯利弗莫爾國家實驗室做研究。我那時已有安全許可，可以參加機密講座了解核武設計。那時候我沒有意識到三十年後我會成為洛斯阿拉莫斯國家實驗室（Los Alamos National Laboratory）副主任，這都要歸功於當年大量知識累積。

在加州理工學院就讀的第二年，我開始與指導老師索恩教授一起研究廣義相對論。我的論文是關於旋轉黑洞的穩定性，我與另外一名學生索爾・圖科斯基（Saul Teukolsky）合作，現在他已是康乃爾大學頂尖的教授。圖科斯基是一位才華橫溢的數學家，研究複雜的方程式。他創立圖科斯基方程式，線性描述愛因斯坦重力場方程式，分析旋轉黑洞動力學。我和圖科斯基一起證明旋轉黑洞很穩定不會爆炸，所以不會以重力波的形式釋放旋轉能量。我們兩人分工合作，他負責分析，而我處理數字來確定方程式解是否穩定。

除了擔任我的論文指導教授外，索恩教授還幫我提升寫作能力。索恩教授會用很多紅筆標記我的草稿，他會一直追問我到底想表達什麼意思。我決定寫科幻小說練習文筆。每天晚上回家後，我在紙上寫下一千字。起初，要下筆很痛苦，但是當已完成三萬字時，我能在晚餐前很快就能完成一個章節。雖然我沒有把小說寫完，但是我學到很多寫作技巧，並深深體會品質和截止日期之間的拉鋸戰。

如果你在思考轉換領域的話，那麼你要面對的不僅是轉換新領域這場硬戰。你必須與新領域的專家合作，探索他們認為有趣的問題。有些物理學家轉戰生物學，但是生物學家認為他們研究的問題還是物理學範疇。因此，他們還沒有真正進入生物學領域，而是使用生物系統來研究有趣的物理學問題。這沒有對錯，只是這並不是真正的職涯轉換。

我目前從事計算生物學的研究。計算生物學學生花一半的時間在生物實驗室和「真正的」生物學學生進行實驗。這是解決我稱之為「猝然出現」問題的唯一方法，「猝然出現」是指一旦數據突然被拋出來，就得在其中找出有趣的發現，雖然有時候這種方式可行，但如果能直接參與數據的收集是最好的，因為可以了解其侷限性以及如何進行複雜的數據分析。我告訴我的研究生，不必學習如何進行移液，但要了解移液的每個階段，以及對最終分析的數據會產生什麼影響。

費曼教授也對我的研究所生涯影響甚大。索恩教授的研究小組每週都會和費曼教授在自助餐廳一起吃午餐。費曼教授倡導在物理系建立一個現代相對論小組，並僱用索恩教授的研究小組。即使費曼教授並沒有直接從事重力領域（儘管他教過重力課），他仍然很關心索恩教授研究小組發生的大小事。他教我們確定要解決的問題時務必謹慎，而不是探索廣闊或模糊的地帶。他的想法不僅適用實驗，也適用理論。如果一位學生說：「我正在收集X、Y、Z上的數據，當我有足夠的數據後，我就能理解基本原理。」費曼教授會抬起頭說：「那不是研究的目的，那只是工作而已。」他會告訴我們找到我們想知道的一件事，並著手進行測量或計算。他也教我們如何計劃未來。

我花了大約三年的時間完成博士學位，然後在加州理工學院從事博士後研究一段時間。接著我到普林斯頓大學任教。我很喜歡普林斯頓大學和同事，但並不喜歡所在的城鎮和氣候。我在普林斯頓大學教了兩年書，後來到哈佛大學。在讀博士時，我已經歷過一場知識漫遊，不僅投入相對論，也研究天體物理學。我繼續學習不同領域。在普林斯頓大學，我專注流體動力學領域。而到了哈佛大學天體物理學中心，我把相對論拋諸腦後，迎接宇宙學。我大約每五年轉換領域，有時我的學術職位沒有變化，所以領域的轉換並不總為外人所見。

雖然經歷多次職涯轉變，但其中仍有共同點就是計算。我與三位同事於一九八〇年代中期撰寫《數值算法》教科書。撰寫這本書讓我有機會和外界交流研究使用的數值工具。《數值算法》問世時曾引發爭議，因為這本書不是由證明數值定理的數學家寫的，而是由使用這些方法的科學家所著。這既是這本書的優點也是缺點。市面上有很多關於數值分析的書，但是對物理學和化學科學家沒有什麼實質幫助，我們的書反而很有用。《數值算法》有三版本和不同電腦語言，賣出四十萬本，每年還會賣出幾千本。

關於主角

威廉·普雷斯是德州大學奧斯汀分校的電腦科學與整合生物學系教授。他還曾是哈佛大學的天文學和物理學教授、洛斯阿拉莫斯國家實驗室副主任、美國總統科學技術顧問委員會副主席。普雷斯擁有哈佛大學物理學學士學位和加州理工學院物理學博士學位，他也是赫茲基金會研究員。

↑普雷斯在加州帕薩迪納市的一個書香世家長大。他喜歡在地下室寫作和進行化學實驗。照片大約攝於一九七〇年。

第二十四章

對電子產品的興趣轉化成為航空航天工程學系教授

理查・邁爾斯（Richard Miles）

受我哥哥的影響，我對電子產品產生濃厚興趣。他喜歡拆解和組裝電子設備，我哥哥的房間堆滿電子產品，我的房間則是個暗房。我們混合硝石、硫和碳來製造炸藥，把錫罐炸到滿後院飛舞，巨大聲響在山下的涵洞迴盪。我們驚醒了好幾條蛇。可見我從小就朝著實驗學家的路邁進。

在我讀高中時，我們有一位很棒的數學老師亨特（Hunt）。亨特老師給我們一個直角邊塗上紅色和藍色的直角三角形，並詢問我們斜邊是什麼。標準答案是紅色平方和藍色平方的平方根，但當時我回答斜邊是黃色。

柏克萊山莊

高二和高三的暑假，我加入路易斯・阿爾瓦雷斯（Luis Alvarez）教授的研究小組，在勞倫斯柏克萊國家實驗室（Lawrence Berkeley Laboratory）實習。我也親眼看到用於量化粒子軌跡的電腦系統，是一台具有大約千位元組記憶體的IBM 709電腦。粒子追蹤需靠手動進行，在照片圖像中的粒子軌道上點擊鼠標，將坐標輸入到名為「Kick」和「Pang」的程式中。程式分析軌道的曲率，以確定粒子的荷質比。我投入大量時間在雪伍德計劃（Project Sherwood），計劃中使用受限磁鏡的線性等離子組態來產生受控聚變。此外，我參加一個科學暑期班，認識了一些來自柏克萊大學的學生。

一九六〇年代的大學生涯

我的血液裡流淌著史丹佛大學的DNA，我父親和姑姑都是自史丹佛大學畢業，而我爺爺在一九二〇年代是史丹佛大學的心理學教授（我爺爺曾與足球教練一起研究運動員的反應時間）。我的父母在史丹佛紀念教堂結婚。承襲家族步履，我選擇史丹佛大學而不是麻省理工學院。史丹佛大學有一項海外計劃深深打動我，至少一半的學生可以到法國、義大利、奧地利、德國和英國交換六個月。對於像我這樣主修科學和工程的人來說，海外課程能滿足我探索人文的好奇心。

一九六三年春天，我前往法國圖爾的史丹佛大學校園，在那邊度過六個月。在同年秋天到巴黎學習法語三個月，一邊享受搭順風車旅遊，一邊學習。我很喜歡那段在歐洲生活的日子。甘迺迪總統遇刺身亡時，我正途經圖爾前往西班牙，我聽到法國媒體報導美國政府即將垮台。幾天後，暗殺甘迺迪總統的嫌犯歐斯華（Lee Harvey Oswald）被槍殺，我覺得美國政府真的可能會垮台。在接下來的幾星期，我的愛國心澎湃奔騰。之後，我回美國過聖誕節，接著回到史丹佛大學轉到電機工程學系。

一九六四年四月五日，我父母打電話告訴我一個噩耗，我的哥哥在就讀的俄勒岡州福里斯特格羅夫太平洋大學附近因車禍意外身亡。那是我一生中最痛苦的一天。我們兄弟感情非常好，甚至從沒吵過架。他是太平洋大學劇院的中流砥柱，擔任演出、舞台管理和導演的角色。為了紀念他，學校將劇院改為湯姆・邁爾斯劇院（Tom Miles Theater）。為了緬懷他，我現在是太平洋大學董事會一員。

一九六二年，我的父親從加州愛莫利維爾市的殼牌研究實驗室調到紐約市。我的父母在康乃狄克州舊格林威治市碼頭買了一棟很棒的房子。一九六四年和一九六五年的夏天我待在那裡，在長島海灣航行。一九六四年夏天，我在生產薑汁汽水的公司擔任品質控制化學家。印象很深刻的是我曾在布魯克林的倉庫裡爬過堆滿薑的麻布袋，取樣進行分析。姜根是公司按鎊計費在牙買加村莊收購的。村民有時會將驢糞等其他東西混進去增加重量，因此我們需要確定生薑的比例，才不會變成冤大頭。一九六五夏天，我擔任哥倫比亞廣播公司實驗室（CBS Laboratories）的電子工程人員。當時我們正在開發背景消音麥克風，而我是實驗白老鼠要坐在高聲壓噪音室中對著麥克風講話。噪音室模擬裝甲運兵車的噪音，最高可以達到一百二十分貝。

我在大三和大四時有非常活躍的校園生活，不僅效力於校內排球隊和足球隊，也參加學生劇團，還擔任美食社團社長。我住在校外，美食社團常常舉辦聚餐、體育活動、社交活動，我也因此結交一群不錯的朋友。一九六四年冬季鰻魚河洪水氾濫，我們的社團在加州北部印第安人保留區和伐木小鎮科韋洛展開一個春季計劃。計劃延續好幾年，我們與該社區建立密切的關係，輔導當地高中生。

一九六六年夏天，我和吉姆．吉利（Jim Geenley）重返歐洲。我們在巴黎買了一輛紅色的雷諾R8，一路開去以色列。我們把後座清空，方便在路上載搭便車的旅行者，我們住便宜的青年旅館，有時候甚至睡在外面。這是一場為期九十天的旅程，途經法國、義大利、南斯拉夫（那時仍是一個國家）、希臘、土耳其、敘利亞、黎巴嫩、約旦，最後到達以色列，我們在每個國家都遇到很棒的人，是永生難忘的回憶。

讀研究所或去越南

由於我一九六三年在法國度過，所以同屆同學一般在一九六五年六月畢業，我則是一九六六年一月畢業。事實證明這種延遲反而帶給我很大的優勢，因為我不在一般的畢業生入學順序。曾教過我的拉爾夫．史密斯教授（Ralph Smith）問我是否想讀研究所，有無線電或雷射方面的研究助理獎學金的機會。我答應了（去越南是讀研究所的替代方案），並開始在史丹佛系統技術實驗室工作，加入約瑟夫．古德曼（Joseph Goodman）教授的全息學和雷射傳播計劃。

史丹佛系統技術實驗室距離費勒湖附近的主校區有一段距離，實驗室內的工作內容屬於機密。由於距離較遠，與古德曼教授的互動不是很密切，而且未來的論文可能也屬於機密資料，會有很多麻煩。因此在通過學位資格考試（一天內進行十次十二分鐘的口試）後，我申請更換指導老師，加入休伯特．赫夫納（Hubert Heffner）教授的量子系統研究小組。

一九六八年，我修讀布魯斯．盧西坦（Bruce Lusignan）教授的衛星設計課程。該課程為期二季（史丹佛大學採用學季制），有七十名來自電機工程、航空與航天工程、土木工程、作業研究、工業工程和食品研究等領域的研究生。在課堂中，我們要設計一顆地球資源衛星。學生分為幾個小組，分別負責感測器、發射系統、資料鏈、系統分析和使用者利益方面的工作。我們與這領域的專家學者進行座談，還到范登堡空軍基地（Vandenberg Air Force Base）、休斯飛機公司（Hughes Aircraft）和湯普森．拉莫．伍爾德里奇公司（Thompson Ramo Woolridge Inc.）參訪。我們還能向其他六名也參與課程的史丹佛大學教授學習。我們的衛星命名為狄密特，象徵希臘神話的穀物女神，因為該衛星主要功能是調查農作物產量。

我很積極參與活動，領導電機電子工程師學會（Institute of Electrical and Electronics Engineers）學生分會和研究生學生會。通過研究生學生會和電機電子工程師學會，我們贊助科技與第三世界會議於一九六九年十月舉辦，會議亮點是約翰．肯尼思．加爾布雷思（John Kenneth Galbraith）與居住在比利時的馬克思主義理論家暨托洛茨基主義者歐內斯特．曼德爾（Ernest Mandel）進行精采辯論。但是，因美國國務院拒絕曼德爾入境，所以我們只好讓他通過錄音的方式，而辯論對手改為以柏克萊大學言論自由運動成名的史蒂夫．魏斯曼（Steve Weissman）。

服務的使命

一九六九年，赫夫納教授被任命為白宮科技政策辦公室副主任。在他離開史丹佛大學之前，他建議我申請赫茲獎學金。我聽從教授的建議提出獎學金申請，赫茲獎學金申請需要簽署承諾，以便在美國陷入緊急情況時為國貢獻所長。

簽署承諾書讓我掙扎很久，內心糾結著：「我會被徵召嗎？為國家服務代表什麼意思？」獎學金面試時，在我回答完原子物理問題之後，我和面試官談到對國家的承諾。面試官伍德教授的解釋讓我安心。我覺得這些年來我做到實現此承諾，現在我擔任空軍科學顧問委員會的成員。我很感謝伍德教授清晰的闡釋。

獲得赫茲獎學金後，我聯繫史蒂夫・哈里斯（Steve Harris）教授詢問是否可以擔任我的指導教授。那時我對實時全像學只有一些模糊的想法，但哈里斯教授說服我研究非線性光學領域。當初如果沒有赫茲獎學金，我想我可能無法進入哈里斯教授的研究小組，因為他的學生名額已滿。

我從研究新的光參數振盪器概念開始，想產生鎖定氟化氫光譜特徵的紅外線光。研究成果不是很理想，而且研究過程還要處理腐蝕性很強的氟化氫氣體。大約一年後，我幾乎將論文完成了，哈里斯教授建議開始研究相位匹配氣體的三次諧波。我並不急於完成學位，因為喪失學生身分後我可能會被徵召到越南，因此這成為我的新論文題目。

我之所以能研究這個新問題，主要歸功於赫茲獎學金的自由性，以及經空軍科學研究計劃辦公室（Air Force Office of Scientific Research Program）主任霍華德・施洛斯伯格（Howard Schlossberg）同意。當時的獎學金非常豐厚，提供資源讓我取得私人飛行員執照，這與我未來成為機械與航空航天工程學系教授習習相關。

普林斯頓大學的雷射領域

我於一九七二年六月完成學業，在暑假期間將畢業論文延伸出另一篇文章。接著，我加入當時的普林斯頓大學航空航天與機械科學系。該學系研究範圍廣泛，包括推進、流體力學、飛行動力學和材料科學。還在普林斯頓大學法瑞斯特校區擁有自己的機場、飛機和大型研究機構。我加入正在發展氣動雷射器的氣體動力學實驗室。雖然當時我的研究領域非線性光學似乎與航空與機械科學系不相配，我很高興該系能高瞻遠矚地聘用我。

我開始研究一氧化碳雷射，但是我對氣體動力學做出的第一個貢獻是用百萬分率濃度的鈉蒸氣生成超高音速氦氣和氮氣，並用染料雷射進行雷射誘發螢光。研究成果豐碩，可以清楚看到所有的衝擊結構，藉由調整雷射突顯各種速度分量。這項研究促使我開始研究流量診斷的線性和非線性光譜方法，也是過去四十三年我持續研究的主題之一。

幾年後，航空航天與機械科學系將重心轉到工程，故更名為機械與航空航天工程學系。我現在的研究主要集中工程領域。在研究離子空氣動力學時，運用小型超音速風洞、奈秒雷射、皮秒雷射、飛秒雷射、脈衝高壓放電、電子束和微波，也使用等離子燃燒、先進的雷射診斷和遠距痕量檢測概念。

我在普林斯頓大學擔任工程物理課程主任十六年，也是研究生課程主任、機械與航空航天工程學系副主任，指導過很多優秀的學生。身邊總有出色的同事互相砥礪，也時常與學生碰撞出思維的火花，深深體會教學相長的意義。我從一九八一年開始擔任赫茲基金會的面試官。一九八八年，威爾遜・塔利（Wilson Talley）邀請我加入董事會。此後，我持續擔任面試官並成為董事會一員。看到赫茲研究員畢業後為國家和社會貢獻所長，是我一生中最大的樂趣之一。

一九八三年，我與妻子蘇珊・麥考伊（Susan McCoy）結婚了，她是普林斯頓大學醫學中心的婦產科醫生。我們之所以認識是因為她搬到鎮上從我的一個朋友手上買了房子。我們育有兩個孩子湯姆和朱莉，他們都大學畢業了。

二〇一一年，我當選美國國家工程院（National Academy of Engineering）院士，要感謝許多為我的研究做出重要貢獻的學生、研究人員和同事。二〇一三年六月，我自教授崗位退休，但我以學者的身份繼續進行研究，我的研究小組也仍十分活躍。我仍然很喜歡擔任赫茲基金會的面試官，並擔任赫茲獎學金和計劃委員會主席。我熱衷的運動從游泳、排球和足球變成高爾夫和網球，偶爾還會去滑雪。

關於主角

理查・邁爾斯是德州農工大學航空航天工程學系的教授。他還是普林斯頓大學機械與航空航天工程學系的榮譽教授和學者。他擁有史丹福大學電機工程學系學士、碩士和博士學位，那時他也是赫茲研究員。

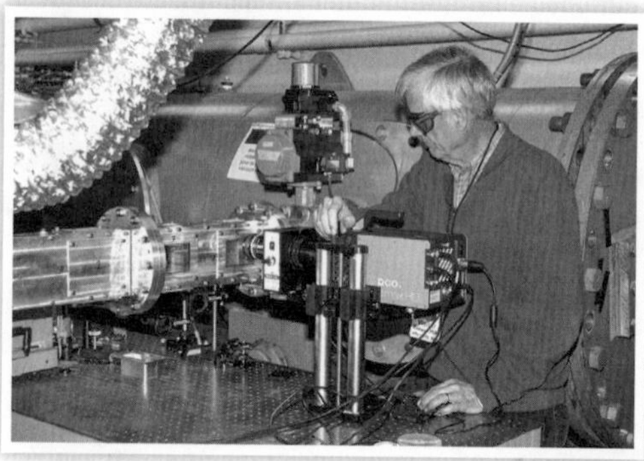

←二〇一五年，邁爾斯在美國空軍實驗室進行超聲波氮氣雷射流標記實驗。

→邁爾斯夫婦於二〇一五年訪問新墨西哥州的查馬河。

←二〇一五年，邁爾斯（左）、研究小組成員、烏克蘭艾賓那・楚品康納（Albina Tropina）教授（右）一同參觀巴黎中央理工學院。

第二十五章

將物理與音樂連結在一起的MIT物理學博士

萊納．魏斯（Rainer Weiss）

對於一位年輕的科學家而言，能感受到導師對你有信心，這是很重要的。如果早期職涯沒有這樣的導師，就好像獨自在大海游泳一樣。杰羅德．扎卡里亞斯（Jerrold Zacharias）教授就是我的一位良師益友，就像我的第二個父親。他對我很有信心，這也讓我更堅信自己的能力。扎卡里亞斯教授對我的職涯非常重要。當我被麻省理工學院退學後，他鼓勵我完成大學學業，並指引我進入研究所。當我讀完研究所時，他幫我找到第一份工作，後來又幫助我獲得終身教授一職。

扎卡里亞斯教授啟發我探索重力的奧秘。當我加入他的實驗室後，他開始將重力的種子種到我的腦海。我們一起構造兩個銫原子鐘，第一個銫原子鐘用為商業用途，也是世界各地實驗室的頻率標準。第二個銫原子鐘，如果能奏效的話，會非常精確，它可以測量高度對時間的影響，從而檢驗愛因斯坦的廣義相對論。

當我回到麻省理工學院擔任教授後，我仍心心念念著重力測量實驗。一九七一年的重力課上，我要求學生計算出是否可以使用雷射干涉儀測量重力波。雷射干涉儀的信號非常小，很容易被系統噪聲掩蓋。課後，我花了幾個月的時間計算這些噪聲源的大小，並在季度報告中記錄下來。在這份有關雷射干涉儀檢測重力波的報告中，我假設檢測到重力波大約需要十年。但是我大錯特錯，雷射干涉重力波天文台直到二〇一五年才能檢測重力波，進而驗證我們在一九七〇年代初期討論的概念，所以其實需要長達四十四年的時間。

古典音樂和電子

一九三二年我誕生在德國柏林，在一個猶太混血家庭中長大。猶太籍的父親不僅是個醫生，還是共產黨員。而我的母親是女演員，信仰基督新教。為了逃離納粹魔爪，我們先是舉家搬到布拉格，然後在一九三八年幸運逃到美國。一九三九年，我們一家定居紐約市。我的家人和同樣移民到美國的朋友都喜歡古典音樂。古典音樂和科學研究一直是我生活中很重要的一部分。

> 這些年來，我一直從事重力波研究，我很享受研究過程。雖然有一些繁瑣的部分不是很有趣，像是會計和委員會的工作。但是當我一進入實驗室，我享受每分每秒。而且更美好的是，和我一起共事的人都很棒。

第二次世界大戰後，電子設備供過於求，很多電子設備最終流落曼哈頓下城區的科特蘭街。我對電子設備非常感興趣，試著在房間自製高傳真真空管收音機。我在布魯克林的一家被燒毀的電影院找到一些大型揚聲器，我拿來維修。當朋友來我家聚會時，聽到紐約愛樂樂團音樂會的演奏自我的收音機傳來，如臨音樂會現場。大家總是對音質讚嘆不已。一傳十、十傳百，朋友們紛紛要我為幫他們製作高傳真收音機，所以我開始做起了生意，我本來不打算上大學的。

儘管收音機收聽廣播的音質很高，但是錄製的音樂音質卻非常差。黑膠唱片嘶嘶作響，特別是聽古典音樂中的寧靜段落時，尤其擾人。我想重新設計收音機更改放大器的頻寬，以消除嘶嘶聲。雖然我極盡所能還是失敗了，我意識到如果沒有學習更多的數學或過濾器理論，我將無法改善收音機的缺點。因此，為了學習如何製造更好的降噪收音機，我決定要讀大學。

我被麻省理工學院電機工程學系錄取。一九五〇年，麻省理工學院的課程選擇比今天少很多。大二時，電機工程學系的學生必須上電力工程課，學習包括發電機和輸電線路的知識。但課程中沒有涵蓋電子、電路理論或其他讓我感興趣的主題。到學年中，我已經厭倦必修的電機工程課程，我毅然決然轉到物理系，物理系的必修要求很少，而且更靈活。

曲折的戀愛之路

大二那年的暑假，我在一家製造血細胞計數器公司工作。暑假結束時，我到南塔克特度假，在渡輪上邂逅一個美麗的女孩。她是芝加哥西北大學音樂系學生，也是位出色的鋼琴家。我為她傾倒。大三那年我們書信往返，最後我決定去芝加哥追求她。但是到了芝加哥，我很沮喪地發現她想結束這段感情。我花了很長時間想讓她回心轉意，沒有考慮到曠課可能帶來的後果。當我從芝加哥回來時，我已經被麻省理工學院退學了。

自從被麻省理工學院退學後，我在校園裡徘徊思索下一步該怎麼做。一個物理實驗室正在進行原子束實驗，我幫助實驗室改進電子儀器。我無意間走進扎卡里亞斯教授的實驗室，這個無意之舉對我日後的人生和職涯產生深遠的影響。

扎卡里亞斯教授不僅是是一位極具影響力的物理學家，在物理學界、美國國防業和科學教育貢獻良多。一九三〇年代，扎卡里亞斯教授與哥倫比亞大學伊西多・拉比（I. R. Rabi）和諾曼・拉姆齊（Norman Ramsey）一起測量基本的物理性質，例如電子、質子和其他原子核的自旋、磁性和電性。在第二次世界大戰期間，扎卡里亞斯教授是麻省理工學院輻射實驗室的負責人之一，該實驗室是軍方大多數雷達系統的開發地。他還為曼哈頓計劃貢獻一己之力，負責管理洛斯阿拉莫斯國家實驗室的一個部門。二次世界大戰結束後，扎卡里亞斯教授重新投入基礎研究，他在開發軍用雷達的同一棟大樓中建立原子束研究實驗室，就是我無意間進入的實驗室。

我在扎卡里亞斯教授原子束實驗室擔任技術員四年。我們的目標是製造出精準度極高的原子鐘。我們首先使用拉姆齊振盪場法，成功產生用於商業目的的原子鐘。那時候我已經成為一流的實驗室技術員，學會如何加工高精度的機械系統，也學到更多電子學知識。那是我職業生涯的起點。

在原子鐘成功之後，扎卡里亞斯教授告訴我，他對檢驗愛因斯坦的紅移假設很有興趣。根據紅移假設，在重力場強的時鐘比在重力場弱的時鐘運行速度慢。若要驗證這個想法，就需要一個精度更高的時鐘。扎卡里亞斯教授的想法是將原子銫束向上引導到一個挑高的室內空間，預計原子銫束中的慢原子就像向上拋出的球一樣，形成噴泉式的運動軌跡。由於要觀察原子很長一段時間，因此所需的時鐘要比任何現有的更為精準。

連結物理和音樂

扎卡里亞斯教授和我投入銫原子噴泉鐘的研究，顯見我們都對在實驗室解決難題充滿熱情。隨著時間的流逝，我發現我們也對古典音樂具有熱情。那時我一直在練習彈奏貝多芬的《春季奏鳴曲》。有一天，我一邊在實驗室裡工作，一邊用口哨吹出《春季奏鳴曲》鋼琴旋律，我聽到有人在另一間房間也用口哨吹出小提琴的旋律。原來是扎卡里亞斯教授，我簡直不敢相信有這麼巧的事，我們一直互相伴奏，成了二重唱。我驚訝地問他：「教授，你也知道這首曲子？」他和我分享了他的成長過程和童年。

我喜歡製造設備，也喜歡和學生一起做研究。可能未來會檢測到重力波，但這並不是讓我前進的動力。每當一個新學生加入，我會說：「我們來改善這個系統，讓它比以前好十倍吧！」我們會嘗試新的技巧，要是能順利運作，我們就會好好慶祝一番。這聽起來一點也不複雜，也不是以成功為導向。但這是驅動我繼續研究的動力。我對每一個學生的建議都是選一個有趣的議題來研究。如果不好玩，那就再換一個。

我能和扎卡里亞斯教授一起研究銫原子噴泉鐘真是太幸運了。我們在實驗室度過許多夜晚和周末，變得像家人一般親密。他視我如親生兒子，我也視他如父親。我們的銫原子噴泉鐘實驗並未成功，因為慢原子被快原子擠出原子銫束。噴泉鐘實驗後，我繼續在扎卡里亞斯教授的實驗室進行其他實驗。我在那裡總共工作七年。在讀博士班期間，我結婚了，那時我的妻子懷孕了。那是我一生中最快樂的日子。我不必做任何提案，也沒有人比手畫腳告訴我該怎麼做。但是，快樂的時間時光不會永遠持續下去。最後我還是需要完成研究並撰寫論文。為了盡快完成學位，我用自製的新設備來製作更好的時鐘，並測量氟化氫的偶極矩，所以我的論文其實很無趣。

接下來，我接受扎卡里亞斯教授幫我在塔夫茨大學安排的教職。我想我應該表現得不錯，因為學校聘請我為助理教授。那時我還沒有真正畢業，所以我既是助理教授，也是麻省理工學院的博士生。我教電磁學和實驗課程。但是，我不想留在塔夫茨大學繼續當老師。我想從事重力學研究，所以我在普林斯頓大學鮑勃・迪克（Bob Dicke）教授的實驗室開始博士後研究。

重力實驗和地震

在普林斯頓大學，我們設計一個實驗來確定地球是否被某種特殊的重力波激發，迪克教授認為這種重力波理論上可能存在。我們構造一種設備來尋找會被此類重力波激發的地球球式模式。不幸的是，就在以九六四年三月復活節前夕，阿拉斯加發生一場大地震。地震激發地球的球式模式，地球一直振動，阻礙我們觀察重力波。我很喜歡在普林斯頓大學與迪克教授合作。雖然我們的實驗宣告失敗，但麻省理工學院卻邀請我擔任助理教授，令我十分驚喜。不用說，這個邀約也是要感謝扎卡里亞斯教授。

回到麻省理工學院擔任教授後，我開始組織一個研究宇宙學和重力的小組，進行各項實驗以尋找重力常數的變化。一九六六年，物理系要求我教授廣義相對論課程。我對這個主題了解不多，我對廣義相對論的了解遠不及實驗技術和概念。但是，我不想錯過這個機會，故欣然答應：「沒問題，我可以教這門課。」儘管我決定要教我不擅長的領域，但我一點都不擔心，我有信心我可以勝任。

在那個學期，我一邊教一邊學習廣義相對論。我將課程設定為相對論的實驗性實驗，因為比起理論，我更了解實驗。我還得教張量微積分，我只能抓緊腳步比學生早一天學會。很多時候，學生甚至比我更熟悉廣義相對論，但是他們還是認真聽課，沒有讓課程不愉快。

接近學期的尾聲，我們在課堂上討論廣義相對論領域的特殊主題。其中之一是約瑟夫·韋伯（Joseph Weber）用大型鋁製圓柱體衡量重力波。韋伯在這個實驗投入好幾年的時間，他開始展示實驗結果時正巧是我教廣義相對論的時候。他後來在一九六九年宣布發現重力波，但之後的實驗未能重現他的結果。學生們要我解釋他的實驗。我知道他做了什麼，但我不是完全理解。我剛剛教過學生（和我自己）愛因斯坦的重力理論，該理論認為重力是空間、時間彎曲的幾何效應。韋伯的實驗是關於重力波的潮汐力，這個實驗困擾著我，我想找出替代實驗。

雷射干涉重力波天文台的起源

為了向學生解釋重力波如何與自製的設備相互作用，我花一個週末的時間思索。首先，我假設在真空中有兩個自由質量，每個質量上都有一個原子鐘，測量光在它們之間來回運動所需的時間。如果在兩個質量之間產生重力波，則光在它們之間來回所需的時間將會改變。我認為：「這就是測量重力波的方式。」我的這個想法最終成為雷射干涉重力波天文台（Laser Interferometer Gravitational-Wave Observatory，簡稱ＬＩＧＯ）的基礎。

我把這個問題交給了學生，由他們進行計算，他們只需要將愛因斯坦的相對論和廣義理論中的波動指標結合即可。愛因斯坦是透過思想實驗推論出相對論。我認為重力波干涉儀也是一個思想實驗，因為實際構建時無法達到足夠的靈敏度。

終身教授問題

同時，無線電天文學家伯尼．伯克（Bernie Burke）語重心長地告訴我，我發表的論文不夠多，最好要發表更多論文，否則我不會被聘為終身教授，而且會被踢出麻省理工學院。我的第一個念頭是我不在乎他們會不會把我趕出去，但是伯克說的沒錯，我們小組發表的論文數量確實不多，而且尚未獲得大量可發表的成果，或是我認為值得發表的成果。

我的發表標準是根據扎卡里亞斯教授的建議。他告訴我，科學家應該只在期刊上發表已完成的實驗和結果。他認為發表實驗的相關想法並不公平，因為這會使其他研究人員望而卻步。我也很同意他的看法。伯克提出一個建議解決我的兩難，我的研究小組可以進行宇宙學實驗，像是測量當時剛發現的宇宙微波背景輻射的光譜。

> 如果我今天還是學生，我會學習宇宙學。重力波物理學和天文學領域正不斷發展，也在一夕之間變成重要的科學領域。我們必須解決兩個關鍵問題：什麼是暗能量？什麼是暗物質？這些問題非常重要，因為它們完全改變我們如何看待宇宙。生物物理學也成為一門真正的定量科學，這令我十分興奮。投入生物物理學的學生可以貢獻社會，與其他物理領域的學生相比，他們更容易找到工作。

相對論課程結束後，我與一位學生德克・穆爾納（Dirk Muehlner）變得熟絡起來。他告訴我，他有興趣與我一起進行伯克建議的宇宙學實驗。我們討論測量宇宙背景輻射的光譜分佈，以查看是否有波峰，並確認是熱光譜。我和穆爾納向ＮＡＳＡ提案，並成功獲得資助將一個放有輻射儀的氣球飛向高空。我們總共花了五年的時間，終於掌握飛行高空氣球和遠程進行精密實驗的技術。

大約也在那個時候，柏克萊大學的約翰・馬瑟（John Mather）與他的指導老師保羅・理查茲（Paul Richards）一起製造一台光譜儀來測量宇宙背景輻射的光譜。有一次，他加入我們在德州帕勒斯坦的實驗，想了解我們的氣球技術和其他新技術，像是如何將液態氦送入太空來冷卻探測器。儘管馬瑟的實驗一開始並不順利，但之後的飛行實驗成功了。重要的是在此過程中，他為研發宇宙背景探測號（Cosmic Background Explorer）衛星做出重要貢獻，二○○六年獲頒諾貝爾獎。

與我們的輻射儀相比，馬瑟的光譜儀是測量光譜更好的儀器。我和穆爾納繼續測量宇宙背景輻射的角度分佈，但因銀河系塵埃破壞輻射，導致需要很長的時間才能完成實驗。但取得終身教授審查資格即將到來，五年來我只發表兩篇論文。幸運的是，那時候我們的氣球實驗結果出爐，於是我得到終身教授一職。

一九七一年，許多研究人員試圖複製韋伯的實驗以檢驗結果，但卻一無所獲。著名的物理學家理查德・加文（Richard Garwin）也試圖重複實驗韋伯的實驗，但亦無果。這場爭議損害韋伯的聲譽，並且在未來幾年繼續破壞該領域的信譽。那段歷史無疑是我們開始推動雷射干涉重力波天文台時必須克服的障礙。

第一個原型

一九七二年，我開始更深入研究自由質量和光的關係，企圖製造重力波探測器。我花了一整個夏天計算所有的雜訊，我認為以邁克生干涉儀為基礎，製造重力波探測器是可行的。我在電子研究實驗室進度報告中寫下結論，之後我去找實驗室負責人尋求挹注資金構建原型，他同意撥經費給我，真是太棒了！

我們第一個重力波實驗雖然只是一個一．五公尺的原型，建造卻十分耗時。

從我開始進行重力波計劃的那刻起，麻省理工學院物理學系的政策就造成阻礙。我希望博士生加入我的計劃。但是，當時系上規定論文發表在期刊時，其校樣必須由委員會掌握，才能授予學生博士學位。而且論文必須包含物理結果，而不是工程結果。我擔心讓博士生參加計劃後他們無法畢業，因為我不確定研究結果是否能寫成物理學論文。因此，多年下來，我的計劃參與者都是大學生。後來我終於解決了這個問題，開始讓博士生加入重力波計劃，之後再將他們轉到宇宙背景輻射計劃，讓他們可以撰寫論文。

一九七三年，我的計劃失去資金支持。因為越南戰爭爆發後，軍方僅能資助與核心任務直接相關的科學。宇宙學和重力研究並不具資格。因此，我向美國國家科學基金會（National Science Foundation）提案，研究一種使用干涉儀測量重力波的新方法。美國國家科學基金會將提案送交外審，而其中一些審查的科學家正在研究韋伯棒，他們不認同我的提案。但很幸運的是歐洲科學家也對提案進行審查，但他們與美國的科學家看法相異。馬克斯普朗克研究所（Max Planck Institute）的慕尼黑團隊很欣賞我的想法，希望能和我合作。他們著手建立原型並解決許多實驗問題。

隨著歐洲的進展，這個領域再次獲得重視，我們最終在麻省理工學院開始研究計劃。計劃有兩個博士生，他們想以檢測重力波為畢業論文主題。我們曾封鎖大樓外的街道一整個週末，因此不會有卡車和汽車經過影響測量結果。一名學生負責尋找周期性波源，而另一名學生尋找突發性波源。那個週末所收集的數據成為他們的畢業論文。

當物理系詢問這兩名博士生使用探測器發現了什麼時，他們回答在儀器的可探測範圍內沒有重力信號。物理論文通常包括對物理現象的測量，而不是缺乏信號。在論文答辯過程中，有些物理系教授甚至對這些勤奮的學生表現出粗魯的態度，就只因為學生沒有測得重力信號。這種粗魯的態度讓我很生氣，我下定決心下一次一定要建造一座夠大的干涉儀時，以便檢測到重力波。

全面的系統

一九七五年發生一個重要的轉變。我和索恩教授談到在加州理工學院未來可以進行的實驗。根據我們的對話，加州理工學院聘請來自蘇格蘭的羅奈得·德雷弗（Ronald Drever）擔任教授，並投資三百萬美元建造一個干涉儀，這項鉅額投資顯示加州理工學院對干涉儀很有信心。為了建立一個全面的系統，我們也需要業界的參與。我建議美國國家科學基金會資助研究，以三個原型獲得的經驗為基礎，將商業夥伴拉進來共同參與。德國研究人員已經建造了一個三十公尺的原型，由此可知原型的規模可再擴大。

美國國家科學基金會決定同時資助加州理工學院和我的研究，兩個研究都進展得十分順利。一九八〇年代初期，我和索恩教授會面，促成加州理工學院和麻省理工學院的合作。我們與業界夥伴史東韋伯斯特工程（Stone &Webster）、理特諮詢公司（Arthur D. Little）共同進行研究，使用光學器件和雷射儀進行全面性實驗，耗資約一億美元。接著，我們花了好幾年時間才說服所有參與者邁向大規模LIGO實驗。

關於主角

萊納・魏斯是麻省理工學院物理學系榮譽教授。他擁有麻省理工學院的物理學學士學位和博士學位。他使用雷射干涉儀重力波天文台首次檢測重力波，因其非凡的成就獲得二〇一七年諾貝爾物理學獎。

↓扎卡里亞斯教授（左）幫助魏斯在麻省理工學院攻讀學士學位。教授不僅教他如何精確進行物理實驗，還他找工作。照片約攝於一九七五年，當時魏斯前往扎卡里亞斯教授為於麻塞諸塞州托比島的避暑別墅。

↑魏斯在麻省理工學院的實驗室製造精密的實驗儀器，照片約攝於一九七八年。

←二〇一六年，魏斯和研究小組成員聚集在容納大型LIGO原型的實驗室。

Part 3

為國家貢獻心力並找到成就

第二十六章

從藝術領域轉而成為演算法工程師

珍妮佛・羅伯茨（Jennifer Roberts）

在讀博士班期間，我遭遇巨大的挑戰。和許多博士生一樣，我認真考慮是不是要換個領域或另尋出路。但我最後還是選擇繼續攻讀博士學位。我要感謝家人和朋友的大力支持，我的丈夫是我的最佳後盾，而父母則提供許多資源。我最後成功地適應博士班生活，以積極的態度面對挑戰。我注意到其他博士生所面臨的困境，通常與我的經歷相似。所以我能夠將關注點放在環境或結構性議題，而不是個人因素。我看到博士班的某些體制對學生特別不友好，我想改善未來學生的博士班生活，同時克服自我懷疑。

數學、科學和音樂劇場

我在馬里蘭州靠近巴爾的摩的地方長大。中學和高中期間，我很喜歡數學和科學。這兩個學科都很有趣且直觀，課程作業是一個又一個引人入勝的謎題。儘管我有很多數學和科學老師鼓勵我，但很久以後我才決定以此為職業。小時候，我非常熱愛唱歌，只想在音樂劇院工作。

我的父母都不是科學家，我的母親是護士，而我的父親是金融工作者，他們都懂得欣賞藝術。但是我的父母和老師也鼓勵我繼續學習科學，因為科學對我來說似乎手到拈來。上大學時，我在馬里蘭大學學院市分校就讀。它在音樂、戲劇以及電機工程領域都有很棒的課程。我最後決定主修電機工程，輔修聲樂。

大一時，我修讀一門C語言程式設計課程，我很喜歡這門課。那個夏天，我在約翰・霍普金斯大學應用物理實驗室實習。這是一項政府的合約研究，在那裡我繼續提升我的程式設計能力。有一位出色的老師負責指導我，他會提出很多問題讓我深入探索。我曾參與自動計算電路板佈局的程式設計，還參與一個生物醫學計劃，分析海豚回聲定位系統來設計生態定位系統。

在讀大二那年，我決定修讀更多程式設計課程，因為實用又有趣。在大三和大四時，我在希哈卜・沙瑪（Shihab Shamma）教授的神經科學研究實驗室學習訊號處理。在馬里蘭大學修讀五年後，我獲得電機工程和電腦科學雙學位。

在大學生活即將邁入尾聲時，我正與現在的丈夫交往。我們是在國標舞課上認識的。我們一開始跳了十幾種不同的舞種，最後沉浸於華爾茲、探戈和狐步舞。

在三個以研究為重心的環境從事電腦科學和電機工程領域後，我萌生攻讀博士學位的念頭。同時，我向身為音樂老師和專業音樂家的家庭成員請教，了解以專業表演者為職業的利弊。最後，我決定以科學為職業，毅然決然申請博士班。我想繼續留在東岸，所以我選擇就讀麻省理工學院。四年後，我和丈夫結婚了。

複雜的環境

二〇〇四年，當我進入麻省理工學院電機工程與電腦科學系攻讀時，學校政策令人困惑且未明確傳達給學生。電機工程與電腦科學系是麻省理工學院最大的系，擁有八百名學生，每年有一百多名學生畢業。和許多學校一樣，一些學生長期被忽視。

甚至在入學之前，混亂就一發不可收拾了。每年春季，電機工程與電腦科學系都會為新生舉辦一個校園參訪週末。目的是讓他們了解研究小組，以便找到研究職位並獲得資金。但是，學校信中沒有提到研究生的資助取決於那個週末的面試。知道面試這麼重要的人，應該是有朋友在麻省理工學院就讀，那麼他就能搶佔先機跳過早上的演講去報名面試。等到其他學生知道有面試時，幾乎所有的面試時間已被排滿。

學期開始後，更多的困惑接踵而來。在第一年的大部分時間裡，我試圖找到適合我論文的研究小組。到了學年中，我和另外兩個同學都察覺到這是一個孤立的環境。我們要求系上讓我們成立焦點小組，了解學生的經歷並促進溝通、改善。焦點小組提出許多建議，包括舉辦為期一週的說明會。儘管電機工程與電腦科學系為學生帶來很多難題，但我還是很感謝系上接納學生的回饋和想法。

艾瑞克・格里遜（Eric Grimson）教授、喬治・韋爾蓋塞（George Verghese）教授和泰瑞・奧蘭多（Terry Orlando）教授對許多改善學生生活的計畫大力相助。我們獲得舉辦新生說明會的許可。後續調查顯示，新生說明會獲得學生壓倒性的正面評價。他們在開學前可以先認識班上同學，更快適應學校生活和組成讀書會。學生都覺得校園生活變得更舒適了。

在新生說明會期間，學生了解實務運作，例如登記課程以及如何與指導老師會談。學生能發掘哪些研究小組對學術發展有益，而哪些研究小組適合往業界發展。

改善學系的運作

成功舉辦新生說明會後，我當選電機工程與電腦科學系學生會會長，並繼續致力改善系上制度，使其成為學生友好的學習場域。系上要求我們了解為什麼女學生退學的比例高於男學生，並提出改善的措施。幾位教授懷疑女學生是否因為想成立家庭而退學。但是，我們發現家庭並不是主要因素，因為多數學生都沒有孩子，而且許多人也還沒有組建家庭的念頭。

我們再次召集焦點小組。我們發現選擇沒有離開的學生不一定過得開心，他們只是抱著要完成學位破釜沉舟的心情！我們也發現為什麼學生不開心的原因。舉例來說，當學生向研究小組展示工作成果時，有些小組成員非但沒有提供建設性的建議，而是一味批評。所以學生會建議實施相關計劃，幫助系上提高對學生的友好度。我們開發針對所有學生的計劃，涉及的主題涵蓋小組動力、職業選擇、工作與生活平衡。我們認為如果系上對學生更友好，同樣也會對女性更友好。

我們還嘗試重新定義工作與生活平衡。在我來麻省理工學院讀書之前，電機工程與電腦科學系曾針對女學生舉行小組討論，邀請有年幼子女的女教授討論如何在學術生涯和家庭之間取得平衡。男性還是女性的學生會成員一致認為這種討論不應該僅侷限於女性。男、女學生都應獲得如何一邊工作一邊照顧子女的資訊。我們認為我們這一代需要以不同態度處理男女平權問題。因此，我們邀請來自學術界和業界的職業父母組成討論小組。獲得非常熱烈的迴響，總共有一百多人共襄盛舉。

我也很幸運能參加系上雷斯利・科洛德斯基（Leslie Kolodziejski）教授組織的為期一週的女學生工作坊。工作坊試圖解決女性在職場遇到的各種常見挑戰。在進行討論時，每種案例總有約三分之一的女性點頭說：「是的，這曾發生在我的身上。」沒有人能完美應對所有情況，但是在一大群人中，總會有一個人能提出很好的建議。所以我們能互相學習。

接著，我們探索工作和生活平衡。每個人都會拿到一組樂高積木和一個長方形樂高底板。每種不同顏色的樂高代表一種不同的活動，例如：睡眠、與另一半相處的時間、與孩子相處的時間、研究、出版、教學、愛好等等。樂高積木只能安裝在一定大小的底板上，因此每個人都必須將時間分配給不同的任務。這個練習是一種非常實際的方法，可以檢查哪些分配方案最適合我們的職業抱負以及個人期望。

我還參與系上一個同儕扶助計劃的成立。緩解摩擦和壓力資源計劃（Resources for Easing Friction and Stress）提供學生減少摩擦和壓力的資源。身為受過首批培訓的輔導員，我運用所學到的調解訓練幫助學生以更專業、更有成效的方式溝通。輔導員將有需要的學生與資源聯結起來，幫助他們面對困境。自成立以來，緩解摩擦和壓力資源計劃已經有很大的發展，學校的每個系都有計劃代表。[2]

研究所的研究

在麻省理工學院時，我先在電子研究實驗室的一個小組研究改善心血管監測系統。我由韋爾蓋塞教授和托馬斯・赫爾特（Thomas Heldt）教授共同指導，他們都是出色的老師。我花了一些時間弄懂學術界解決技術問題的方法。我比較喜歡從大局看起，先確定最重要的問題，然後研究解決方案。例如，對於心血管監測而言，假警報是一個很嚴重的問題。假警報會分散護士注意力，也導致他們不信任設備。當我知道假警報的嚴重性後，我開始研究解決問題最好的方法。

然而，學術界解決問題的方式和我的方式恰好相反。研究小組企圖處理任何可運用自身專業解決的問題，而不是先找到問題。韋爾蓋塞教授具有數學背景，因此我們的小組致力於將一種特殊的數學計算應用於心血管監測。儘管一開始並不是很清楚為什麼要這麼做，但是後來我才明白了背後的道理，我意識到專業的知識是獲得研究資金的必備條件。

2 請參考麻省理工學院緩解摩擦和壓力資源計劃網站，網址為「http://refs.mit.edu.」。

在完成以貝葉斯心血管監測方法為研究的碩士論文後，我決定在派翠克・溫斯頓（Patrick Winston）教授的計算認知科學研究小組進行博士論文研究。

對於我的博士論文，我研究「認知人工智慧」，這是我們為演算法創造的名稱，該算法可以獲取當代算法無法解決的人類學習類型。我研究電腦如何利用成對的表示法使解決方案更易於辨識。因為電腦具優異的表示法，故其闡述更易於理解。

赫茲基金會資助我五年的研究生活。在學校的最後一年，我獲得了谷歌（Google）獎學金，這筆錢讓我參加安妮塔・博格女性與科技研究所（Anita Borg Institute）的葛麗絲・霍普女性工程師慶典大會，這是世界上規模最大的女性科技從業者的集會，旨在強調女性在計算領域的重要性。慶典大會非常精彩，來自世界各地的女性不僅對創造出色的算法或加快計算感興趣，而且也非常憧憬使用電腦科學使世界變得更美好。

在麻省理工學院就讀時和自麻省理工學院畢業後，我分別在兩個國防承包商工作，負責認知和電腦科學專案。畢業前，我在查理斯・里弗分析公司（Charles River Analytics）暑期實習。不得不說查理斯・里弗分析公司的暑期實習計劃非常棒，對學生的幫助很大。畢業後，我加入艾迪瑪（Aptima），該公司主要組織技術人員到跨學科團隊。在艾迪瑪工作幾個月後，我開始進行國防高等研究計劃署（Defense Advanced Research Projects Agency）計劃，為大型網絡開發數據分析技術。之後，我成為另一個國防高等研究計劃署計劃的技術協調員，目前升遷為經理。

我現在在國防高等研究計劃署著手進行兩個數據驅動算法的專案，其中一個名為協同發現與設計計劃，旨在開發數據驅動的方法，在缺乏完整模型的領域加快科學發現和設計。涵蓋的領域包括合成生物學、蛋白質設計和新興的太陽能材料。另外一個計劃名為「大規模網路獵捕」，我們正在開發資料驅動的方法來辨認網路威脅特徵，以保護企業網路。

關於主角

珍妮佛•羅伯茨目前是國防高等研究計劃署資訊創新辦公室的計劃經理。她熟悉電機工程與計算機科學領域。她獲得馬里蘭大學學院市分校的學士學位，於麻省理工學院取得博士學位，也曾獲赫茲獎學金。

↑身為麻省理工學院電機工程與電腦科學系研究所學生會會長，羅伯茨致力使該系成為學生友好的學習場域。二〇〇六年，她和學生會成員獲系主任格里遜教授表揚。

↑羅伯茨（第二排左三）和麻省理工學院同學於二〇〇六年齊聚一堂，一起討論如何改讓系上變得更好。他們其中一項計劃是成立「學術家庭」小組，邀請男性和女性共襄盛舉。

第二十七章 無法當太空人，卻發揮專長進入NASA任職

蕾妮・霍頓（Renee Horton）

我從小就想成為一名科學家。小時候有一次我和哥哥、妹妹一起在家玩芭比娃娃，我記得自己當時就在想芭比娃娃穿的衣服不對，她應該要穿白色實驗衣，就像祖母為我縫製的那件一樣。雖然那時候對要成為什麼樣的科學家仍懵懵懂懂，但我知道我一定要成為一名科學家。

在讀國中時，我下定決心要當太空人。有一次我們一家去叔叔家拜訪，沿途短暫停留密西西比州的NASA斯坦尼斯航天中心。航天中心內設有月球著陸器和太空船。我很興奮，心想：「我以後一定要當太空人去外太空！」我不曉得怎麼樣才能成為太空人，但是當環顧展覽時，我注意到許多太空人都擁有科學領域的學位。

上大學後，我申請空軍預備軍官訓練團（Reserve Officers' Training Corps），在成為一名太空人的路途上努力著。但是，後來我的聽力測試不及格，所以我沒有被訓練團錄取。就在那一天，十七歲的我成為太空人的夢想破碎了。

我的日子開始分崩離析，我衝動行事，接著我面臨一連串巨大的改變－懷孕、結婚、輟學。十年後，作為一個育有三個孩子的二十七歲單親媽媽，我知道是時候重拾我的夢想了，我要回到校園、重拾書本成為一名科學家，讓世界變得更美好。

早年的學習生涯

我出生在路易斯安那州巴頓魯治，也在那裡長大。我父親是一家化工廠的技術員，母親是一家商店的店員。我的家庭非常重視教育，我的父、母親都曾重返校園繼續深造，分別取得電腦科學學位和醫學助理學位。我有一個姑姑是電腦專家，另一個姑姑從事平面設計，叔叔和堂兄是藥劑師。我的家族中有很多人接受過技術培訓，但沒有人是科學家。

我的父親和母親注重孩子想像力的培養。他們買給我望遠鏡和化學儀器，並協助我組裝。我也很喜歡數學和計算，我母親會跟我們玩一個數字小遊戲。「假設你有這麼多錢，你要買什麼？」如果孩子中有人猜出最接近實際的金額，就會得到獎勵。

我們從來沒有談論過長大後想做什麼，當然也不曾討論科學或工程。我國中最喜歡的科目是科學。我在麥金利中學磁石學校就讀，美林（Merrill）老師的科學課讓我深深著迷。他很有教學熱情，他的科學課總是非常精采。我知道在我內心深處，我和他對科學有一樣的熱情。美林老師在教地球科學和物理時，他的眼睛閃閃發亮，也點燃我內心的求知慾。除了他以外，我再也沒有遇到對我產生如此重大影響的老師了。

當我上國中時，父親鼓勵我未來成為工程師，但我告訴他我想成為科學家。他說他沒有聽過有任何黑人成為科學家。他說他認識一些黑人工程師，所以我絕對可以成為一名工程師。

我常常因為在家調皮搗蛋，被父母關到房間懲罰。但是因為房間裡有字典，我反而迫不及待地接受處罰。我利用這段時間學習很多新單字。因為我也十分喜歡閱讀，尤其喜歡看我父親訂閱的《讀者文摘》和《國家地理》雜誌。

天資聰穎、與眾不同

當我上高中時，以黑人為主的學校也設有資優班，所以我不再是學校的少數族群。但在資優班，大多數學生仍然是白人。儘管我看起來與學校裡的其他黑人學生無異，但我不喜歡和他們打交道，他們也知道我和他們氣味不相投。我的目標很清楚，為此全力以赴。

在資優班中，作業很有挑戰性，但如何與同學互動才是真正的考驗。我總覺得我與其他學生不同，有種格格不入的感覺。準備離開高中去上大學時，讓我非常開心。校方想慶祝我十六歲高中畢業，但我一點都不喜歡，因為這樣只會強調我與其他學生有多麼不同。而且我的父母不想讓我離家去上大學，他們想讓我住在家裡。所以我就讀南方大學，那是位於巴頓魯治的一所歷史悠久的黑人大學。我有一小段時間曾想過未來要成為海洋生物學家，但我的父親鼓勵我當工程師。最後我決定主修工程，計劃成為一名機械工程師或建築師。南方大學工程學系是路易斯安那州數一數二的學系。我的人生規劃是獲得工程學位，加入空軍預備軍官訓練團，成為軍官和飛行員，然後申請太空人培訓計劃。那是我的終極目標，但得非所願。

夢想破碎

我十七歲就讀南方大學大一第二學期時，我的聽力考試不及格，我失去參加空軍預備軍官訓練團的資格。我非常失望，在經過一連串的測試後，聽力醫師診斷我的聽力嚴重受損。

我完全沒有預料到我沒辦法通過聽力測試。我感到萬念俱灰，我一生的夢想都粉碎了。我只有這個夢想，我不知道未來該怎麼辦，我不知道我對未來還能有什麼期盼。我開始衝動行事，十八歲時意外懷孕，嫁給當時的男朋友後便輟學了。他在軍中服役，我隨他派駐到德國。我們在德國待了三年，然後又搬回美國生活三年。在這段七年的婚姻中我們有兩個孩子，但最終我們發現不適合彼此。我們就像兩個長大了的孩子，意識到我們的生活已偏移正軌。

我開始認真思考是否重返校園。我告訴我丈夫我會在他參軍的時候學習，等到他退伍後，我可以投入職場。我對這項計劃充滿信心！但是我丈夫不同意。他覺得他是一家之主，應該是家庭唯一的經濟支柱。在無法達到共識下，我們決定離婚。我不後悔踏入這段婚姻。

他是我年輕時愛過的那個人，也和我養育兩個男孩。與丈夫分開的兩年後，我認識另一個男人，我們有了一個女兒。

回到校園

當我的女兒九個月大時，我參加電子技術員職業培訓班。我的表現非常出色，老師曾說我的程度優於其他學生，其實不用來上課。我告訴他我不在乎，我學得很開心。

課程結束後，我決定繼續在路易斯安那州立大學完成我的電機工程學位。二〇〇〇年一月開始在路易斯安那州立大學上課，並與孩子們搬進一間兩臥室小公寓。

儘管當時我主修電機工程，我還是很想學物理學。我一直想做研究，而我的好奇心也一直將我朝研究推進。但是考量到肩負照顧家庭的經濟重擔，電機工程似乎更加實用。

在獲得學士學位後，我決定繼續在路易斯安那州立大學深造，希望獲得電機工程博士學位。這次當我重讀大學時，我已經很了解自己的聽力問題，並開始戴助聽器輔助來改善聽力。校方還為我提供筆記紀錄員和錄音檔案。回家後，我會詳讀筆記內容，然後再聽一次課堂錄音。我跟孩子說課堂錄音就是聽故事，然後會告訴他們：「和我一起聽故事吧！」孩子們會告訴我：「他說……」，有助於我理解上課內容。我會附和孩子們：「哦，他的確這麼說！」

曾有一位路易斯安那州立大學教授跟我說，我是個白痴，不配讀博士。我問自己：「我做錯了什麼？」我只是聽不清楚他在說什麼。我發現我的聽力受損範圍在語言頻率區，這使我很難理解非母語人士。大多數研究所的教授都是外國人，因此對我而言，這些老師聽起來就像卡通人物查理·布朗，但糟糕的是我是活在現實世界，而不是卡通節目。

在路易斯安那州立大學電機工程研究所學習一年後，我決定轉到南方大學攻讀物理學碩士。在南方大學學習物理不是一件簡單的事，因為這是一個以男性為主的學習場域，老師也理所當然認為女性屬於家庭，而不應該在物理系深造。我常想，我回來上學不是為了應付這些事情，我只是想成為一名出色的研究員。我問自己：「這些人到底有什麼問題？為什麼要不斷阻撓我？」

在南方大學的一個暑假，我參加阿拉巴馬大學材料科學系為期兩週的暑期課程，我對材料科學萌生濃厚興趣。我暗自決定如果南方大學物理系認為我不能成為物理學家，那麼我要從事材料科學。那個夏天，我與孩子一起搬進阿拉巴馬大學的學生公寓。當我參加兩週的課程時，我將孩子們送到基督教青年會的營隊。

再次愛上科學

這兩週的材料科學課程非常棒，在經歷南方大學的打擊後，我又重新愛上了科學，雙眼閃爍著興奮的光芒。我堅信一定可以在科學中找到屬於自己的一片天。

當我參加材料科學暑期課程時，南區教育委員打電話給我，說能提供獎學金讓我到阿拉巴馬大學讀書。我在南方大學又讀了一個學期，接著在一月份轉到阿拉巴馬大學。我之所以決定不完成南方大學的碩士學位，是因為與以男性為主導的體制對抗很費勁，而且我還有孩子們要照顧。因此，當阿拉巴馬大學展開雙臂歡迎我時，我義無反顧決定接受。我想成為一名出色的研究人員，獲得博士學位，最後找到一份好工作。

現在的我對選擇留下來繼續戰鬥，還是離開有了不同的看法。當時，白天我必須與體制抗爭、克服所有障礙，回到家後我是一個要照顧孩子的單身母親，就像蠟燭兩頭燒。現在，我告訴我的學生：「堅持戰鬥，讓他們仔細聽你的想法。現在就去做，不要以為等一下沒有關係。如果一開始就積極應戰，能產生更大的影響。這樣一來，後面的路程就不會那麼辛苦。」

我在阿拉巴馬大學開始研究超順磁性、超順磁極限和薄膜沉積。我獲得NASA獎學金，因此我在學期中幫教授進行研究，到了暑假我得到NASA研究。一段時間後，我的教授說我需要在兩者之間做出選擇，我沒辦法負荷兩個工作。但實際上，他已為我決定好了，他不再擔任我的指導老師因為我的研究進度落後。在他的實驗室研究將近五年之久，我收到電子郵件被踢出實驗室。

為融入而戰

我哭了，我又生氣又難過。我花了這麼多時間在這個白人老教授的實驗室工作，努力想融入研究小組。他有一天認為我不夠好就把我踢出去。他甚至沒有親口告訴我，只是寄了一封電子郵件叫我離開。

我將我的遭遇告訴幾個同學，這才發現他們也經歷過類似的事情。我對他們說：「那些教授都瘋了！」發現我並不是唯一一個擁有這樣經驗的人，這對我來說是個安慰。我從這次經歷學到的教訓是，建立朋友和導師的支持網絡是多麼重要。我意識到自己一直生活在一個孤島上，我需要對我有信心的人在身邊支持我。

在就讀阿拉巴馬大學的第二年，學校意識到我是第一個材料科學研究所的黑人學生。我的指導老師認為不應該慶祝，並且認為會造成負面刺激。我反而希望我不知道自己是那裡的第一位黑人學生，因為這是一個沉重的負擔。如果我搞砸了怎麼辦？別人會怎麼解釋？這是否代表黑人男性可以當科學家，但黑人女性不能？我覺得我的成功與否，背負種族和性別的期待。

我獲得年度黑人工程師開拓者獎，一家報社想採訪我。記者打電話給我的指導老師，但他拒絕安排採訪，因為他說他不認為我獲獎值得大肆宣揚。故報社找到了另一位願意安排採訪的老師。

我的指導老師並不了解我的處境有多艱難。我每天走進實驗室，除了清潔人員外，沒有其他黑人面孔。不管在實驗室也好，教室或休息室裡，也沒有其他黑人。他不了解這種經歷是什麼樣的。

他在三月份讓我離開他的實驗室，那學期後期的相處有點尷尬。我們的師生關係於二〇一〇年五月正式終止。阿拉巴馬大學的材料科學研究所並不是碩博連讀，沒有拿到博士學位的話就是什麼都沒有，也不會有碩士學位。我似乎一無所獲。

我預計夏天再回到NASA繼續研究，我打電話解釋現在的狀況，我說我是自由勞動者。我打聽研究人員正在研究什麼，想尋找出哪些計劃可以作為論文題目，總共找到四、五個有趣的計劃。我最後選擇一個去年夏天參與過的計劃。我的論文描述異質鋁合金焊接過程的自反應摩擦。我測量焊縫的微硬率、強度和應變場。因此，我成為一名焊工，專注於NASA關注的領域，但該領域的文獻很少。

春風化雨的指導老師

生活漸漸邁入正軌，航空航天學系馬克·巴基（Mark Barkey）教授願意當我的指導教授，他很欣賞我的論文計劃。他是個好老師，也是一個非常全方位的研究員。當我提出完整的論文計劃時，他起初抱持懷疑的態度，但後來他對冶金學產生興趣。巴基教授非常有耐心，大約一年後我完成論文了。巴基教授認為科學與種族無關，他幫助我重建對人的信心。

我畢業了，但是還沒有找到工作。我的大兒子有自己的生活，所以我帶著另外兩個孩子搬回老家與父母生活。那年我即將滿四十歲。我母親個性幽默，每天早上她會對我說：「博士你好！」，我會說：「女士你好。」接著她會問：「你找到工作了嗎？」我回答還沒有，她會說：「很好，我有一些事要你跑腿。」

剛慶祝完四十歲生日，我在當地的歐迪辦公（Office Depot）公司找到一份影印工作。我很喜歡我的工作，除了經理之外，沒有同事知道我有博士學位。我不再是個怪咖，也不再是學校裡那個在腦海算術的書呆子。在別人眼中，我是那位負責影印的女士。每天開心上班，開心下班。

與母親同住並在歐迪辦公公司工作的這三個月，我認真思考真正想要做的工作。我試圖了解身為一名具博士學位的黑人女性在職場的價值，我決定要找一份能讓我感到幸福的工作。除了工作地點令我滿意之外，也能讓我肯定自我價值。

三個月後，我在廣告網站上找到工作，成為一家製造高強度繩索公司的研究員。有了在NASA的工作經驗之後，我並不覺得製造繩索會特別困難。實際上，當我開始工作，同事們告訴我：「別擔心，這不像火箭科學那麼難。」聽起來似乎有點諷刺。工作兩週後，我發現這個工作不適合我，我很痛苦。我不得不離開居住在路易斯安那州拉斐特市的家人，搬到公司位於華盛頓州的辦公室附近，而且我還需要在石油鑽塔上工作。我不適合這家公司，不到九十天我就被解雇了。

回到NASA

幾週後，NASA錄取我了。一開始我在阿拉巴馬州亨茨維爾的馬歇爾太空飛行中心工作，兩年後我升遷到新奧爾良的米修德裝配廠工作。我現在是金屬和焊接主任工程師，負責監督太空發射火箭的焊接工作，這是有史以來最強大的火箭，預計二〇一九年登陸火星。

我們必須解決加工的問題，從來沒有人焊接直徑超過二十三英尺的東西。我負責監督世界上最大的焊接工具的生產。我們已經看到冶金會發生的問題，我們使用掃描電子顯微鏡和相位陣列超聲波等計量工具研究焊縫缺陷。米修德裝配廠是一個了不起的工作場所，每當我一進去，我彷彿在創造歷史。我目前擔任美國黑人物理學家協會（National Society of Black Physicists）主席。我在研究所第一年就加入美國黑人物理學家協會。在協會的幫助下，我參加由國際純粹與應用物理聯合會（International Union of Pure and Applied Physics）主辦的第二屆國際女物理學家會議。這次會議於二〇〇五年五月在巴西里約熱內盧舉行，會議重點旨在提高女性在物理界的比例。

在參加前，我詢問我的教授：「如果我籌集資金，學校能幫我報名參加這次會議嗎？」接著，我聯絡巴西的接待委員會了解如何參加。他們說我不能去，因為已經有一個美國代表團。當我發現美國代表團中沒有黑人時，我詢問巴西接待委員會若我自籌資金是否可以召集黑人物理學家參加會議，他們並不反對。

因此，那時還是研究生一年級的我成為參加國際會議的黑人代表團團長。我邀請其他物理學家加入代表團，並與美國黑人物理學家協會的行政主任暨董事會成員艾波・霍達利（Apriel Hodari）協調。但隨後我接到美國代表團之一的貝芙麗・哈特琳（Beverly Hartline）來電，她說美國只能有一個代表團參加會議。因此，我、霍達利、哈特琳召開了一次三人會議，理清一切後合併兩個團隊前往巴西。

霍達利和哈特琳都是很棒的人生導師。霍達利教會我要果斷，她告訴我要有信心能掌握全局，讓別人聽你的。而哈特琳是一位受過地球物理學專業訓練的白人女性學者，她是實事求是的鐵娘子，也是我的楷模。她鼓勵我人生就是要不斷征服、不斷向前走。

在二屆國際女物理學家會議上取得成功之後，美國黑人物理學家協會就讓還是學生的我成為准會員，這是史上頭一回。畢業後，我成為正式會員。之後我當選史上最年輕的主席。我也指導大概八到十個學生，並將我從霍達利和哈特琳身上學到的知識傳授給他們。

關於主角

蕾妮．霍頓是NASA新奧爾良米修德裝配廠的太空發射系統金屬焊接主任工程師。她畢業於路易斯安那州立大學電機工程學系，並擁有阿拉巴馬大學材料科學博士學位，專攻物理學。她曾擔任美國黑人物理學家協會的主席。

←蕾妮於二〇一一年獲得材料科學博士學位，專攻物理。她是該領域第一位從阿拉巴馬大學畢業的非裔美國人。

↑二〇一七年蕾妮會見NASA數學家凱瑟琳．強森（Katherine Johnson）。

↑霍頓是新奧爾良NASA米修德裝配廠（Michoud Assembly Facility）的太空發射系統金屬焊接主任工程師。

第二十八章
嚮往平衡的生活方式而進入專利商標局工作

潔米．瓦倫丁（Jami Valentine）

在選擇指導教授之前，我曾向很多研究生打聽他們的想法。一位學生告訴了我他的真實想法。

他說：「我勸妳不要來這個實驗室，太可怕了。」但正所謂初生之犢不畏虎，我無視他的警告，還是加入這個實驗室。作為一名非裔物理學系的學生，我希望能與頂尖研究人員合作。我也希望沒有人質疑我是否應獲得博士學位，或者對我的研究品質存疑。

儘管如此，他的警告並不是沒有道理。我在這個教授的實驗室中獲得寶貴的學習經驗，但他凡事質疑的指導風格非常考驗人心。我的研究工作不斷受他質疑，我的信心漸漸被擊潰，尤其是一直聽到教授質疑我的研究成果不正確，但實際上是正確的。我的指導教授在訓練學生論證這方面做得很好。在訓練結束時，學生信心滿滿。在這段求學日子裡，我發現學術生涯不適合我。

大學時代，佛羅里達農工大學的老師們非常關心我們，也促成我訂下攻讀博士和成為教授的目標。但是，我最後沒有實現當初的目標，而是成為美國專利商標局的審查員。我喜歡我的工作，因為我能繼續學習新的科學思想，很多都與我研究所的研究習習相關。我喜歡專利法，並學習如何將法律應用於科學。

我在學術界以外的地方找到屬於我的科學生涯，一方面我能與學生互動，也有一個平衡的生活。

童年的學習機會

我在費城長大，從小到大學都就讀公立學校。因為住在天普大學附近，天普大學的各項計劃讓我受益匪淺，特別是音樂方面。之所以有這樣的機會，是因為我小學二年級時標準成就測驗百分等級九十九。我還記得那時因為百分等級沒拿到一百難過不已，直到老師向我解釋百分等級的計算方式，我才恍然大悟自己的表現原來那麼好。

我的母親在費城教育局工作三十九年，非常支持我的教育。而我的父親沒有參與我的生活。我們家族已經在費城居住很多年了。在一九六〇年代，我的阿姨凱西上小學時就贏得全州數學競賽冠軍。校長想讓她去磁性中學讀資優班，他不斷寫信和拜訪各界，但最後學校仍不允許她就讀，我們都覺得因為她是黑人的關係。

大約二十年後，我和阿姨讀同一所小學，甚至許多老師也一樣，校長也相同。到了申請國中時候，校長說：「他們以前不讓讓凱西入學，現在一定要接受潔米！」

我很聰明，在標準成就測驗中得到很高的分數。家人和社區是我的強力後盾。因為這些因素，再加上我的阿姨曾被拒絕進入費城公立學校就讀，使我更與眾不同。最後，我如願進入朱莉婭馬斯特曼磁性中學，我是社區小學中第一個就讀的孩子。

在朱莉婭馬斯特曼磁性中學，五年級至九年級為實驗室示範學校。這是一所以創新和優秀的學生聞名全國的學校，對學生因材施教。但是我的國中生活過得並不快樂。我從一個每個人都認識我的貧困社區學校，來到一個大學校，有來自全市的學生，包括有錢人和名人的孩子，對我來說是一場文化衝擊。費城76人隊綽號J博士的朱利爾斯．厄文（Julius Erving）一個兒子和我同年級，另一個兒子比我大一年級。我不是學校受歡迎的學生，因為我沒有很酷的衣服或鞋子。我的學業成績也不好，小學的教學不足，沒辦法銜接上國中課程。

儘管如此，我還是勉勉強強過完了國中生活。之後我到職業技術公立高中就讀，高中的教學水平遠低於我過去就讀的學校。例如，在十年級英語課上，我們的讀物是朱莉婭馬斯特曼中學五年級學生讀的。我以前在國中表現普普通通，但是上了高中，我就成了頂尖學生。我可以在課堂上完成所有作業，所以我不需要帶課本回家，也能毫不費力獲得好成績。課程對我沒有挑戰性，所以我從課外活動尋求刺激。我曾是運動隊的經理、國家高中榮譽生會（National Honor Society）成員以及爵士樂隊鼓手。

物理課是最後一節課，我經常翹課。但是，考試時我總會出現，還會輕鬆得高分。當時我的物理老師拉比諾維茲（Rabinowitz）告訴我，如果我下一番苦功一定能在物理學方面表現出色。我告訴他我需要獎學金才能上大學。拉比諾維茲老師是第一個幫助我的高中物理老師，我對此深表感謝。我仍與拉比諾維茲老師保持聯繫，老師現在已退休，居住在佛羅里達州。

大學獎學金

佛羅里達農工大學校友會每年全額提供優秀學生旅行費用，讓他們能夠參觀校園。與校友會主席見面後，校友會讓我免費乘坐從費城一直到塔拉哈西的跨州長途火車，也有來自華盛頓特區和其他城市的學生。當我與大學校長會面時，他說校方願意提供全額獎學金，還包括勞倫斯利佛摩國家實驗室四次暑期實習。這是個很棒的機會，我接受了。我們高中大約僅有百分之十的學生上大學，我是其中之一。

在我在佛羅里達農工大學的班上，有六名學生獲得勞倫斯利佛摩國家實驗室的全額獎學金。上大一前的那個暑假，我第一次搭飛機到加州勞倫斯利佛摩國家實驗室，開始我的第一次研究體驗。我使用不透明球體繞射射線來聚焦X射線軌跡。之後，我研究分析海水成分的系統。該系統預計安裝在船上，並使用X射線熒光尋找特殊的化學特徵。

大一時，我修讀物理、化學和數學等課程。學校還要求新生上很多社會科學課程，遠超出我的想像。我沒有花很多時間在課業上，以至於物理課幾乎被當掉。我加入一個由獎學金學生組成的社團，我常常和社團成員交流。大部分的時間，我不是在女子足球隊踢球，就是和朋友們出去玩。

結果，我不得不退選物理課，但我的獎學金取決於我的物理主修成績。出乎意料的是我的獎學金沒有被取消。校方反而提供各種輔導課程，我可以在春季再修一次。從那時起，校方對學生的關心使我成為忠實校友。

一九九〇年代是佛羅里達農工大學的特殊時期。校長雷納德·漢弗萊斯（Leonard Humphries）拜訪各住家和教堂宣傳佛羅里達農工大學，並且還提供獎學金。佛羅里達農工大學也成功吸引許多優秀的學生，我的班上百分之九十的學生是非裔美國人，有六十或七十名學生獲全國優秀學生獎學金。在佛羅里達農工大學，一名獲得化學或物理學獎學金的黑人女學生不會受人指指點點，是再正常不過的事。當我看到同儕繼續到研究所或法學院深造時，這帶給我極大的信心，我認為自己也可以跟他們一樣。那是一段美好的大學時光。

我除了暑假在勞倫斯利佛摩國家實驗室從事研究外，學期中還在等離子科學技術中心（Center for Plasma Science and Technology）進行研究。我們在管子中建立等離子體衝擊波，改變終端條件，以了解它們如何影響回彈波。這項研究由美國空軍資助，目的是在出現湍流的情況下使噴射引擎更高效、安靜。該研究的由約瑟夫·強森三世（Joseph Johnson III）教授指導。

強森教授不僅對我和佛羅里達農工大學物理系的其他學生都有重要影響。他告訴我們：「你們雖然不在哈佛大學讀書，但你們和哈佛大學的學生做著相同的研究工作，使用的教科書相同，接收到的資訊也相同。你們要做的就是好好學習。」強森教授是首位獲得耶魯大學物理學博士學位的非裔美國人，他讓我們對自己充滿信心，當我們走向世界時，我們有競爭力。他補充說：「物理學不會歧視任何人，只要你們學習書中的內容，就會變得出色。」

大學畢業後，我開始修讀物理學碩士課程，後來又繼續取得物理學博士學位。另一個對我有重大影響的教授是羅納德・威廉斯（Ronald Williams）。大學時，我很喜歡上他的課，但是我特別感謝他在我讀研究所給我的幫助。為了幫助我準備口試，他還提供他在加州大學洛杉磯分校的口試檔案，讓我可以練習回答問題。我也很感謝物理學系營造的凝聚力。每年返校日的體育比賽結束後，都會在他家舉辦燒烤晚會，校友們可以與學弟妹交流。威廉斯教授仍然維持這個優良傳統。

佛羅里達農工大學的教授告訴我們，如果我們在物理學領域好好發揮，必須在大學畢業後繼續深造並獲得博士學位。否則，最好主修工程。雖然我不確定想不想攻讀博士，我還是謹記於心。

參加研究所入學考試（Graduate Record Examination）後開始申請學校。我被布朗大學和范德堡大學錄取。我在佛羅里達農工大學的教授開會討論我應該去哪裡讀書，他們希望我讀的學校曾有黑人獲得博士學位。即使是現在，我也告訴學生們應該將這個因素納入考量。你想成為第一個嗎？你想成為打破玻璃天花板的人嗎？還是去一個已經有黑人物理學家的地方，才不會成為一個怪胎？教授們都建議我去范德堡大學深造，因為他們認識好幾個在那裡讀書的黑人學生，也有朋友擔任教授，他們可以照顧我。但是我最後選擇就讀布朗大學，因為那是名聲響亮的常春藤聯盟名校。

布朗大學的挑戰

就讀布朗大學是很棒的經歷，我在那裡認識很多朋友。但是，就像我從國中到高中一樣，我再次經歷一場文化衝擊，從南方一所歷史悠久的黑人大學，百分之九十的學生都是非裔美國人，來到位於新英格蘭擁有眾多國際學生的常春藤盟校。

和佛羅里達農工大學相比，布朗大學的學生對自己的學術能力更有信心。對國際學生來說尤其如此，甚至有些學生在本國曾教過物理課。國際學生的考試成績一直比美國學生高。無論是公立學校、傳統黑人大學，還是常春藤盟校，不管是大學生或是研究生，當考試成績公佈時，國際學生的表現都往往優於美國學生。

除了學業上的挑戰，另一個挑戰是社交。就讀布朗大學後，我必須很努力建立社交生活或尋找約會對象。一定程度上是受學校的種族組成和課程的規模影響。布朗大學的大多數研究生都學習社會科學，而物理科學只有四到五名非裔學生，我們會互相交流。後來我轉到約翰．霍普金斯大學，百分之八十的非裔研究生主修物理，那又是一種截然不同的經歷。在約翰．霍普金斯大學，我告訴化學或生物學領域的朋友，我已經在實驗室待了兩天，他們能感同身受。

布朗大學和佛羅里達農工大學的另一種不同之處是，每個布朗大學的學生都可以在書店的賒欠帳戶購買教科書。在佛羅里達農工大學，如果沒有現金，則必須複印書本或借書。但在布朗大學，學生可以在書店以賒欠帳戶方式購買需要的書，在畢業前償還即可。我和許多學生都受益於此。

一九九八年二月，我參加由美國黑人物理學家協會舉辦的會議，非常鼓舞人心。我在會議上和每位大學的招聘人員交談。我告訴他們我是布朗大學的研究生，儘管我沒有通過博士資格考試，但我仍然計劃成為一名科學家。我給每位招聘人員看了指導老師寫的推薦信，並詢問轉學的可能性。

轉學至約翰．霍普金斯大學

在眾多招募的學校之中，約翰．霍普金斯大學的攤位上有白人、亞裔和非裔學生。和我在布朗大學認識的因壓力過大而愁容滿面的研究生相比，這些學生看起來似乎非常開心。在和招募人員及大學教授交談之後，我提出申請並被錄取了。

進入約翰．霍普金斯大學物理學研究所後，我對用於自旋電子邏輯設備的新型材料進行研究。自旋電子設備是一種新型的非揮發性記憶體，利用材料的磁性來保存資料。為了製造高效的自旋電子記憶體，需要在讀取記憶體時其自旋狀態不會翻轉的材料。半金屬具有這種特性，因為它們在費米能階上只有一個自旋通道。理論學家曾預測，某些金屬像是釓為半金屬，但是當進行測試時，我們發現大多數的半金屬都不具有自旋電子的特殊性能。但也同時發現一種半金屬具自旋電子的特殊性能，只是僅在極低溫度才能保持其特殊性能，故無法實際應用。

我的指導教授是一位傑出的科學家，但他的指導風格對我是個很大的挑戰。他從不讚美我，甚至從沒說過做得不錯這種話。他對我寄予厚望，但我發現他的溝通方式令人心力交瘁。有幾次當我的實驗或計算做得不錯的時候，他會突然拋出一個問題動搖我的信心。他會問我怎麼知道自己做的是正確的，甚至告訴我那不可能是正確的。我向他保證我做的是正確的。我回去檢查參考文獻後，發現確實沒有錯。但是，這種經歷並沒有激起我的自信，反而是讓我感到沮喪，因為我很習慣佛羅里達農工大學塑造的支持學生的學習環境。

除了一些訪問學者外，實驗室的所有博士後研究員和研究生都是中國人，指導教授也來自中國。我是實驗室裡唯一的非裔美國人。其他學生因為文化的關係，他們較能理解指導教授的指導風格，並沒有把批評往心裡去，但我卻深受影響。

如果我質疑指導教授的指導風格，他會說知道自己沒做錯、認為自己是對的還不夠，必須百分之百確定。他告訴我，如果我發表學術演說時，聽眾指出錯誤，而我對此感到震驚、不知所措，這不是件好事。因此，我必須做足準備面對年輕學者可能遭遇的挫折。但是這種訓練和我的未來沒有直接相關，因為在約翰．霍普金斯大學的學業即將結束時，我已經決定我不想以學術為職業。進行研究、指導學生、參加學術委員會不是我想要的。

當我完成論文時，我的指導教授說我找到工作後他才會安排論文答辯。所以我立刻找了美國專利商標局的工作。當時，美國專利商標局提供八個月的帶薪培訓。我認為我可以勝任，然後利用這八個月找到博士後研究工作或弄清楚下一步。

完美的工作

在專利商標局工作對我來說簡直完美無缺。我被分派到的小組經手的案件，其中約有三分之一是我的研究領域。我很幸運，因為有很多審查員被分派到的小組和所學無關。在我加入專利商標局時，有很多案件牽涉半導體設備的應用審查。我負責審查主動半導體、量子設備、奈米設備、磁阻式隨機存取記憶體或自旋記憶體的專利申請。專利商標局辦公室位於華盛頓特區，但我在佛羅里達州的家中遠端辦公。我有未婚夫和一個兒子，所以我很享受彈性的工作時間。當我的工作超過分配的工作量，我會收到工作獎金。我喜歡專利審查員這份工作，有非常優質的生活品質。

透過參加美國黑人物理學家協會的活動，我支持非裔女性在物理學界發展。自我在約翰．霍普金斯大學就讀時，有兩名非裔物理學研究生因為沒有獲得學位而選擇離開。我感到很孤單，並列出所有在美國黑人物理學家協會或其他會議認識的擁有物理學博士學位的非裔女性，我將名單放在網頁上，美國黑人物理學家協會也如法炮製。

我覺得我有責任和年輕的物理學家分享經驗，讓他們擁有更多的職業選擇。有人告訴我：「你必須獲得博士學位，進行博士後研究並成為教授。」事實上，擁有物理學學士學位的人還有其他職業選擇，包括法學院和醫學院。早在二十年前，物理學系畢業生就可以在專利商標局工作，但那時候我並不知道。學生可以讀到碩士，但不必一定要取得博士學位，就可以擁有美好的職業和生活。

關於主角

潔米・瓦倫丁是美國專利商標局的主要專利審查員。她擁有佛羅里達農工大學物理學學士學位、布朗大學物理學碩士學位和約翰・霍普金斯大學博士學位。瓦倫丁是第一位從約翰・霍普金斯大學獲得物理學博士學位的非裔女性。

←二○○六年，瓦倫丁完成自旋電子邏輯儲存設備的博士研究。她是第一位獲得約翰・霍普金斯大學物理學博士學位的非裔女性。

→瓦倫丁是美國專利商標局的專利審查員。她為提高物理學界的多樣性而努力，並成立AAWIP.com網站，表彰非裔女性對物理學的貢獻。

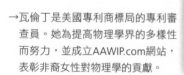

第二十九章
攻讀ＭＢＡ轉換職涯成為科學家

黛爾德・奧利尼克（Deirdre Olynick）

我在勞倫斯柏克萊國家實驗室工作八年，我的丈夫對我說：「你的工作時間比全職員工還要多，但只能拿到兼職員工的薪水。」我的丈夫說的沒錯，但是兼職工作更有靈活性，我才能參和孩子們的生活。兼職工作讓我能自由參和他們的日常活動和社區活動。我在孩子們的學校做志工，幫忙組織科學活動等事宜。

二〇〇六年，我在勞倫斯柏克萊國家實驗室分子鑄造研究所（Molecular Foundry）的主管被升職了，因此有了一個管理職缺。我是一時之選，但是我不能擔任這個管理職，因為我想要維持工作的靈活性。為確保我可以繼續在正向的環境工作，我負責招募新的主管。

隨著孩子們逐漸長大，我轉為全職職位。接著，我重返學校獲得工商管理碩士學位（Master of Business Administration，簡稱ＭＢＡ）。那時候，擁有全職工作的我，一邊讀書一邊照顧家庭，非常忙碌。我想向同事和實驗室管理層傳達我願意全力以赴的堅定信念，我希望為工作場所和生活帶來改變。我的職涯有很大的轉變，我從材料科學研究轉到全球健康領域。目前，我擔任加州大學舊金山分校全球癌症計劃的副主任，我們的使命是通過創新、合作和教育來降低發展中國家癌症患者的負擔。我很高興能在這一個領域工作，將我的科學家經驗和MBA課程中學到的商業技能結合。

成為科學家

我就讀的高中位於北卡羅來納州威爾克斯伯納的山區。我父親住在紐約市區，我一年只見過他三次。我從小和母親及繼父一起生活，我的童年過得並不快樂，可以說是飽受虐待。在那種環境下，讀書是逃離家庭的唯一方法。我不愉快的童年經歷使我想成更好的父母。

我的迂迴科學之路始於高中的化學課。在一位熱心的化學老師支持下，我申請北卡羅來納州立大學（North Carolina State University）化學系。但是，在大學的第一個實驗課，我耐性不足沒辦法達到化學要求的精準性。我認為化學不適合我，我考慮修讀工業工程。我在北方電信公司（Northern Telecom）工廠實習，我負責監測工作站的人體工學。當時，公司主管還不相信有腕隧道症候群等人體工學傷害，但生產線工人已飽受其害。儘管我覺得這項工作很有趣，但我還是決定要投入科學研究。

大二時，我修讀約翰．拉斯（John Russ）教授的材料科學導論。他對材料結構的細緻描述以及材料科學的美學深深吸引我。當我們研究金屬顆粒和晶格結構時，我發現它是一門完美融合藝術和科學的科目。我決定投入材料科學，並將重點放在電子材料。我在美國國家科學基金會資助的半導體製造研究中心進行研究，研究氧化矽作為柵極絕緣材料。給付的津貼足以支付我的學費和生活費。

在北卡羅來納州立大學，我有好幾位出色的導師。丹尼斯・馬赫（Dennis Maher）是美國國家科學基金會的教授，他曾是貝爾實驗室科學家，也是我的大學指導教授。馬赫教授很關心我的研究和生活。他鼓勵我抓住機會到貝爾實驗室暑期實習。我也很幸運能在三角國家微影中心（Triangle National Lithography Center）暨北卡羅來納州立大學奈米製造中心主任梅賀麥・奧茲托克（Mehmet Ozturk）門下學習，他是我最喜歡的老師之一，教授固態材料科學。

在北卡羅來納州立大學讀學士時，我經歷嚴重的性別歧視。曾有一位教授會抬頭看女學生的裙底。還有一次，當我在面試暑期實習的時候，我無意間聽到教授在電話中討論另一個應徵者，他想知道是否要安排她面試，他問：「她漂亮嗎？」這種歧視性態度激起我追求卓越的渴望。

我在讀大學時認識我的丈夫，大學還沒畢業我們就結婚了。他就讀化學系研究所，我常常待在他的實驗室。我也常和我哥哥膩在一起，他是航空工程學系的研究生。他們是我的榜樣，我也想繼續深造。當我告訴父親我打算大學後繼續深造時，他說我很聰明一定可以完成博士學位，如果沒有博士學位，未來出路會受限。我聽取他的建議，申請伊利諾大學材料科學博士班。

伊利諾大學研究所

當我抵達伊利諾大學的所在地厄巴納時，我抱著有些不安的心情開使新生活，因為那時候剛經歷一場強烈的暴風雪。但是伊利諾大學對我和我的丈夫都是不錯的選擇，它是材料科學領域的頂尖學府，我的丈夫能和化學系一位鼎鼎大名的教授進行博士後研究。

我在貝爾實驗室實習的主管建議我到吉布森教授的實驗室進行研究。吉布森教授曾是貝爾實驗室物理系主任，但在我到那裡實習前約一年就到伊利諾大學任教了。不幸的是，吉布森教授告訴我，除非我自籌資金，否則他不能收我當指導學生。我申請幾份研究金，並獲得赫茲基金會獎學金，因此我能接受吉布森教授的指導。我覺得十分幸運，因為他是出色的論文指導老師。我在北卡羅來納州立大學觀察到很多研究生和指導老師的關係，並且知道正面的關係對我很重要，甚至和選擇論文主題一樣重要。我的童年沒有得到善待，所以我覺得成年時能得到理解和尊重是非常重要的。

我的論文是研究雜質和污染對銅奈米微晶性能的影響。我製造能產生氣相晶體的設備，使用透射電子顯微鏡研究氣相晶體在超潔淨條件下的性能。兩年半後，我丈夫完成博士後研究，搬到舊金山灣區工作。我和吉布森教授協商，讓我可以在伊利諾大學和勞倫斯柏克萊國家實驗室電子顯微鏡中心輪流工作，每三個月輪替一次。雖然和丈夫分隔兩地很難受，但是這種安排讓我好過一點。

我花四年半的時間完成論文，比伊利諾大學平均速度要快。我之所速度這麼快，有一部分原因是因為吉布森教授在歐洲接受教育，在歐洲四年內完成論文很普遍，另外因為吉布森教授曾在私部門工作過，因此對於論文的成果有不同的理解。還有不知道是不是因為我懷孕又和丈夫相隔二千英里，所以他讓我提早完成論文。我的論文榮獲材料研究學會論文獎和赫茲論文獎，獲得博士學位應是當之無愧。

在我的第一個孩子出生之前，我非常專注職涯發展。我覺得女性可以在科學領域有傑出表現，我一定要兼顧育兒和工作。但是，在我兒子尼爾斯（Niels）出生後，職業生涯似乎就不那麼重要了。這無疑是個轉折點，我考慮在投入職場前先休息一年。吉布森教授鼓勵我在孩子出生之前先將工作安排好。他擔心如果我短暫退出科學界，之後可能沒辦法再融入，這是很多女性遇到的問題。

在我懷孕期間，面試工作很棘手。在面試官可能因為看到我懷孕產生偏見前，我需要迅速找到一份工作。在我搬到加州寫論文之前，我進行一次校園面試，那時候我懷孕五個月。在那之後，我開始打電話給各大公司詢問是否有職缺，並獲得了幾次面試機會。

來自工作和家庭的挑戰

尼爾斯出生三個月後，我加入應用材料公司（Applied Materials）畢業生培育計畫。我和我丈夫必須弄清楚我們要住哪，並找到托兒所。我成為親餵母乳的全職母親。但這份新工作令人興奮，我和其他新進同仁一起參加管理和技術培訓，為公司內部輪調做準備。

我們家和托兒所都離我的工作地點很近，但距離我丈夫在加州里奇蒙的製藥公司有五十五英里。我們曾考慮在兩個工作地點的中間地生活，但這樣的話，我要帶著小嬰兒開車一個小時上下班。所以別無他法，我丈夫必須花兩個小時通勤上下班，對他來說是個折磨。一年後，我離開應用材料公司，在我丈夫公司附近的小公司找了一份新工作。通勤的問題解決了，但我在工作中沒有發揮空間，所以我繼續尋找更適合的工作。

我上網找到勞倫斯柏克萊國家實驗室的研究職位表。在讀博士班時我訪問過該實驗室。

我將自己打理一番，走進大樓要求和主管見面。我當場進行第一次面試，很快就在勞倫斯柏克萊國家實驗室擔任兼職科學家。

我很幸運地找到這份有趣的工作，還擁有一位善解人意的主管。我從事奈米製造，研究如何製造高解析度的X射線顯微鏡波帶片光學器件和奈米器件。我的主管艾瑞克・安德森（Erik Anderson）雖然沒有孩子，但他有同理心十分支持我，讓我能在兼職工作的同時，參和家庭和社區生活。早上我送孩子到托兒所，然後去上班。並參加教育計劃和其他父母討論，增進我的育兒知識。

五年後，我的中階主管被晉升。我爭取成為實驗室主管。但是，由於我是兼職，所以沒有辦法實現。在實驗室工作六年後，我被告知如果想擁有永久職位，必需要經歷類似終身教授任期的過程。這個新政策帶給我很大的壓力。我在學生時代就表現出色，常在研究團隊中被公認是傑出的貢獻者。但是，我不具備評鑑所需的可見度，這很令我沮喪。儘管我做出很大的貢獻，但我仍然感到自己不被實驗室重視，這種感覺打擊我的自信心。管理層為我提供一個較小的頭銜，但我拒絕了。我做足準備，接受評鑑。我收集推薦信，匯集出版物，進行學術演講，最後成功了。

在二〇〇五年，我成為永久員工，儘管我轉到新建的分子鑄造研究所時仍為兼職員工。分子鑄造研究所是一個結合化學和物理的跨學科環境，我的職責包括制定自己的研究計劃和構建基礎設備，這是非常令人興奮的工作。在二〇一一年我成為全職員工，因為我的孩子已經長大了，我準備好提高我在工作場所的參與度。

成為全職員工後，我意識到自己的職業生涯中少了一些東西。我錯過和社區活動認識的女性相處的時光。在工作和家庭責任之間，我幾乎沒有時間在男性主導的領域中和女性建立友情。我發現這部分可以通過團隊合作來填補。勞倫斯柏克萊國家實驗室的同事喜歡團隊合作，這點讓我很開心。但是，由於實驗室的激勵機制類似學術體系，獎勵個人貢獻，因此大型團隊合作並不常見。我建立團隊以應對未來半導體微影製程的挑戰。我喜歡團隊成員相互支持的氛圍，共同努力才能進步得更快。我還發現成員間深厚的情誼能處理組織問題，部門安全委員會因而運作順暢。此外，我加入女性科學和工程理事會政策委員會，擔任領導職務，改善婦女和面臨家庭挑戰的員工處境。

轉換職涯跑道

最近，我做了一個重大的改變，就是轉換職涯跑道。透過勞倫斯柏克萊國家實驗室的學費補助計劃，我自賓夕法尼亞大學華頓商學院獲得MBA學位。我在全職工作的同時，一邊學習一邊照顧家庭。我發現重返校園不僅個人是改變自己的資歷，也象徵我全力以赴和追求卓越的企圖心。

我本來想運用所學促進實驗室的業務發展和團隊建立。但是，在華頓商學院就讀期間，我開始對在醫療保健領域產生興趣。現在，我擔任加州大學舊金山分校海倫．狄勒家庭綜合癌症中心（Helen Diller Family Comprehensive Cancer Center）全球癌症計劃的副主任。癌症對世界衛生系統的負擔日益增加，一半以上的癌症病例發生在中低收入國家。我們和這些國家的研究機構合作，支援癌症臨床和研究能力。我們計劃的一個重點是職業發展。我們在這些中低收入國家／地區支援醫生和護士培訓，使他們能夠將全球健康尤其是全球癌症控制作為職志。

一連串的偶然事件讓我有幸轉變並獲得現在這份工作。這份工作也能讓我運用以前的經歷。加州大學舊金山分校的環境和國家實驗室非常相似。如今，我能有一份我喜歡並充滿熱情的工作，靈活性功不可沒。

關於主角

黛爾德．奧利尼克是一名材料科學家，擁有北卡羅萊納州立大學學士學位和伊利諾大學博士學位。她曾是加州大學舊金山分校全球癌症計劃的副主任。本書印刷時，她是加州舊金山的加速醫學治療研發聯盟（Accelerating Therapeutics for Opportunities in Medicine）科學業務發展和營運總監。

←奧利尼克（右中）、她的指導老師穆雷．吉布森（Murray Gibson）（中）及研究小組於一九九二年在伊利諾大學實驗室外聚會。

↑奧利尼克於二〇一六年獲得MBA學位。她和丈夫布萊恩（Brian）及女兒埃琳娜（Elena）一起慶祝。

↑一九九五年，約翰．布拉夫曼（John Bravman）頒發材料研究學會論文獎給奧利尼克，表彰她對對銅奈米微晶性能的研究。

第三十章

想當律師，因為勇於冒險成為實驗學家

金伯莉・布迪爾（Kimberly Budil）

「我夠優秀嗎？」這是我在就讀博士班時經常問自己的問題。我經驗不足、傲慢的實驗指導教授對我不理不睬，常在會議上貶低我。我的學術指導教授較為軟弱，沒辦法給予實質幫助。他甚至曾經緊張到崩潰！我感覺就像一條沒水的魚，沒有得到任何幫助。

直到一位女研究員的出現，情況才徹底改變。在她的支持下，我建立實驗架構。她也幫助我和科學界及其他女科學家交流。

我從小就喜歡具有挑戰性的活動。高中時，我深受物理學、生物學和化學吸引。我之所以對物理學感興趣，是因為它既直觀又基本，不需要太多死背。只要有方程式，就可以導出答案。但是我也喜歡科學以外的領域。實際上，在去芝加哥的伊利諾大學讀書之前，我本來想當一名律師，但後來選擇主修物理。

大學時，我在查爾斯・羅德斯（Charles Rhodes）的實驗室進行研究，這是我第一次接觸到實驗科學。實驗室有來自世界各地的博士後研究員進行出色的研究。我參和組裝雷射儀，並撰寫一篇論文。這個過程讓我覺得我是一個真正的研究員。當時，大學生有機會從事這樣工作是很難得的。我融入研究小組和他們一起學習，有這樣正面的經驗，我決定以科學研究為職業，並攻讀研究所。

在大三時，我修了研究所的統計力學課。我是班上唯一的大學生，上課內容艱澀難懂，讓我備受煎熬。但是，在課程結束時，授課教授吉姆．加蘭德（Jim Garland）表示，他願意為我寫研究所推薦信，說我是課程中表現最好的大學生，我努力不懈的精神給他留下深刻的印象。加蘭德教授的一席話鼓舞了我，讓我有信心繼續攻讀研究所。

實驗學家的天堂

我進入加州大學戴維斯分校應用科學系研究所，並在勞倫斯利佛摩國家實驗室進行研究。當時，我對國家實驗室所知甚微。有一位每年夏天到伊利諾大學訪問的研究員將我引薦給指導教授。我的指導教授剛到勞倫斯利佛摩國家實驗室，我成為他的第一個研究生。當我拜訪學校和實驗室時，我對龐大資源留下深刻的印象。這真是實驗學家的天堂。

我很高興能加入這一個研究最新技術的研究小組。但是，壓力卻排山倒海而來，因為我的指導教授預期我有能力獨自面對。他並不關心我的狀況，他就像是把我扔進茫茫大海，想看看我會沉入海底還是能生存下去。那時候我也還沒有建立一個支持的網絡來幫助我度過困難。事實上，我完成研究的最大動力來自一位法國的研究人員安妮．呂利耶（Anne L'Huillier），她在我們的實驗室待了一年。如果沒有她，我想我不可能完成論文。我和她一起進行研究，論文逐漸成形。她和實驗室的其他研究人員不斷鼓勵我，讓我有信心能成功。有了他們的支持，我才有勇氣對指導教授說：「請協助我完成論文。」當時我還換了新的學術指導教授安・歐樂（Ann Orel），她也非常支持我。

打從讀研究所以來，我學會謹慎選擇環境以及共事的同事。我發現我很喜歡可以跟多人互動的環境，讓我可以找到良師。在職涯中，我發展一種我稱為「個人董事會」的網路。每當我遇到困難時，從如何處理衝突、掌握界線，到是否建立家庭、在個人生活和研究之間怎麼取得平衡等等，我都會向他們求助。

結束博士後研究，我被聘為勞倫斯利佛摩國家實驗室的終身僱員，運用雷射儀進行實驗。但是，在一九九九年實驗室決定要關閉我的雷射儀，來製造一個更大的新型雷射儀，大概五年後才能投入使用。我決定在這段時間裡嘗試新領域，例如：理論和計算。我學習如何使用大型多物理場代碼，也了解更多武器科學的相關知識。從事符合國家政策的科學工作，能結合我對科學的興趣和最初想成為律師貢獻社會的心願。我以前想成為一名社會科學家或律師，所以成為國家安全體系的一員使我能達成以前的願望。

科學和政策

幾年後，我搬到華盛頓特區，對美國能源部國家核子保安總署（National Nuclear Security Administration）實驗材料研究計劃提供建議。在還沒接受這個職務之前，我曾左思右想不知道要不要接受，因為這代表我必須放棄研究。我也不確定我的家人是否想搬到華盛頓。我的丈夫鼓勵我：「這是一個很好的機會，你應該去華盛頓，其他的我們會想到辦法。」所以我就去了！我搬到華盛頓的第一年，我身為教授的丈夫和我們的兩個兒子還住在加州，我每隔幾週回家和家人團聚。第二年，他和孩子們搬到華盛頓。

在華盛頓的這份工作，我肩負重任。這令我感到焦慮因為我不是這些領域的專家，我需要加強能力才能應對。但是，我很快了解到即使我不是最專精的專家，我是懂得最多技術的專業人士之一。我學會如何向非技術人員解釋技術性問題。同事們對他們所從事的領域充滿熱情，讓我留下深刻的印象。每當我解釋為什麼某些方法在技術上不可行時，他們會虛心接納意見。我發現我對許多不同的事物都感興趣，我善於構思策略和激勵別人。了解自己的優勢幫助我扮演好管理角色。

之後，我回到勞倫斯利佛摩國家實驗室，開始我的第一個管理職，負責先前在華盛頓的計劃以及計算研究。同時，我也學習如何執行大型計劃。雖然我失去親手做研究的機會，但我發現自己很擅長管理。管理者的影響力遠比研究人員的影響力大。我是一位優秀的科學家，但是我更適合擔任計畫主管，因為我能表現得更好。對於計畫主管而言，重要的是要了解研究人員在做什麼和為什麼這麼做，並賦予他們使命感以激勵他們。每當我看到研究人員的研究有所突破，我都感到欣慰和驕傲。在國家實驗室工作五年後，我被調回華盛頓特區，擔任新上任的能源部次長史蒂夫·庫寧（Steve Koonin）的國家安全顧問，這是一個難得的機會。

儘管在華盛頓工作四年了，但自研究所以來，我一直是勞倫斯利佛摩國家實驗室的員工。我想要挑戰自我，所以進入加州大學就讀。我現職為國家實驗室副主任，我負責實驗室管理以及公共服務，並了解大學和加州的現況。另外，我也負責促成國家實驗室和加州大學之間的合作，以整合十個校園、五個醫療中心和三個國家實驗室，應對加州、美國和全世界所面臨的挑戰。目前，我們正在進行三項能促進團結的重大倡議，分別為高能量密度科學倡議、材料特性倡議、生物學計算倡議，這可能會改變藥物的開發方式。在加州大學體系中，正在進行的倡議主要集中在氣候（例如：二〇二五年完全實現碳平衡）、全球食品系統的永續性、創新和企業家精神。

我在職涯上學到冒險的重要，能讓我發現什麼是推動我前進的動力以及什麼是讓我感到滿意的因素。冒險儘管有風險，但可以幫助每個人找到自己的長處，風險往往也不像看起來那麼大。如果你問自己：「最糟糕的情況是什麼？」通常答案不會太糟。抱持開放的態度，因為你永遠不知道自己會有什麼驚人的發現。

關於主角

金伯莉·布迪爾曾任加州大學的國家實驗室副主任。本書印製時，她是勞倫斯利佛摩國家實驗室副主任。布迪爾擁有伊利諾大學芝加哥分校物理學學士學位，以及加州大學戴維斯分校應用科學／工程碩士學位和博士學位，同時也是赫茲研究員。

第三十一章

克服歧視偏見而成功的國家實驗室主任

溫蒂・塞斯拉克（Wendy R. Cieslak）

我來桑迪亞國家實驗室（Sandia National Laboratories）時，從沒想過會成為性別平等的先驅。但隨著時間的流逝，如果我想充分發揮自己身為工程師和領導者的潛力，我要為性別平等貢獻一己之力。我從來都不是個喜歡衝突的人，和被人拒絕相比，我發現障礙讓我更無法接受。

因此，當我的第一個女兒即將誕生時，我面臨許多挫折但都堅持下來，期盼未來能制訂對新手父母友善的兼職政策。但當我有了第二個女兒，我的主管斷然決定職業母親只能做什麼工作，我拒絕接受這種歧視對待，我想改變實驗室陳腐的思想。

改革實驗室的政策和文化本來是為自己和女兒的利益著想，但其實改革能幫助實驗室的所有女性和家庭。因此，隨著我的職業發展，當女性遭到政策、管理者或同儕性別歧視對待，我會拉她們一把。現在，我已經從實驗室退休了，我希望可以通過指導和文化變革來幫助其他科學家和工程師發揮最大的潛能。

早年深受鼓勵

我在麻塞諸塞州春田市長大，我的父母和學校從小就不斷灌輸給我「你可以做任何事」的觀念。隨著「新數學」教育改革的推動，數字集合概念的「新數學」課程進入公立學校，對老師來說是一個變化和挑戰，但是我很快就理解新概念，因此我甚至能教老師和同學。

我的父母從不讓我認為性別是個問題。我的母親想上大學，她夢想成為護士或老師，但她的父母並不認為這是一筆值得的投資，後來她成為秘書，也對此深感遺憾。因此，我的父母總是鼓勵我，而且從來不會表現出「女孩做不到」。我記得小時候在父親的藥房幫助他數藥丸，看著他混合各種藥丸，或許這是我對科學產生興趣的原因之一。

我在春田市長大時完全不用擔心女孩是否能成為科學家還是工程師，以至於當我在思考讀大學時，才開始遇到麻煩。一位曾經是工程師的親戚警告我，他說如果我主修工程，我可能會遭人歧視，但不是因為我是女人，而是因為我是猶太人！

在春田市公立學校中，兩所大學預科高中分別偏向古典和科學面向，前者致力人文教育，後者則側重科學、數學和工程。儘管我在讀高中之前就知道我想專注在科學領域，但我的母親堅持要我就讀注重人文教育的高中，主要是因為當時的種族問題在另一所學校很嚴重。但是我在高中接受的科學教育仍非常優秀，我修讀的人文課程對我的未來尤為重要。由於大學將重點放在科學和工程上，所以我所有的溝通和書寫技巧都受益於我的高中教育。我的物理老師特別厲害，他使用的教科書由大衛・哈里代（David Halliday）和羅伯特・瑞斯尼克（Robert Resnick）撰寫的《物理學基礎》（The Fundamentals of Physics），和全國各大學一年級物理課程使用的教科書相同。

我讀高三的時候，父親已經失去了街角的小藥房，因為他常常為貧困的人免費提供藥品，所以儘管老師都建議我去麻省理工學院讀書，但我後來選擇倫斯勒理工學院，因為學校提供我全額獎學金。而且我的哥哥也是那裡的學生，父母很高興我們兄妹能成為校友。

材料之美

倫斯勒理工學院享有盛譽，作育英才無數。瑞斯尼克教授教物理導論，他的經典教科書讓學生們獲益頗多。我在大學的成績相當不錯，歸功於高中時下的苦工。我希望未來成為工程師，因為想運用數學和科學來解決現實世界中各種有趣的問題，但是我不知道拿到工程學位後要做什麼。

倫斯勒理工學院要求每個工程學領域學生都必須修一門課，大一年時我修了機械和電氣工程課，但並不感興趣。直到大二秋季，我修了材料導論後，便深深著迷。

我發現面前靜止不動的桌子是由不斷移動的粒子組成的，這簡直太有趣了！在經歷很長的時間後，粒子會導致桌子的結構發生變化。確保結構不會發生巨變是工程的基礎。我發現要是能成為一名材料工程師，我可以操控周圍事物的基本構成要素。

材料導論的授課教授戴夫．杜奎特（Dave Duquette）總是會請一兩個學生到他的實驗室工作，工作收入不錯。因為我的經濟狀況不好，所以我趕緊抓住這個機會。我很喜歡在杜奎特教授的實驗室工作，但那時候我還不知道未來會在那裡進行博士論文研究。實際上，我還不確定自己想不想攻讀博士學位。接下來的兩個截然不同的產業和工作經驗，幫助我確定了自己的職涯方向。

工程師生活

我的第一個工程經驗是在位於紐約斯克內克塔迪的通用電氣（General Electric）工廠進行暑期實習。有了在倫斯勒理工學院的研究經驗，我已經知道自己對冶金工程很感興趣。但不幸的是，我在通用電氣的工作就是坐在老闆辦公室外面，只是象徵公司也有女性工程師如此而已。那是一個很糟糕的暑期實習，我沒有學到任何技術或新知，甚至遭到性騷擾。身邊的工程師同事都是學士畢業，他們對自己的工作似乎興致缺缺。實習結束時，我只知道以後不想和他們做一樣的工作，但是我不知道能做什麼。

由於每個人遭遇的情況都不盡相同，因此沒有一種適用所有騷擾和歧視的萬靈丹。但是，即使在不採取任何行動的情況下，我都認為要留下詳細紀錄。我的主管曾威脅我若去平等就業機會／平權辦公室（Equal Employment Opportunity/ Affirmative Action Office）申訴，他會展開報復，所以我沒有採取行動，但我有完整記錄下來。如此一

> 來，當行為已明顯越軌決定要起而反抗時，我可以採取強而有力的行動。
> 在很多時候，我沒有同事或導師可以為我作證，所以現在我希望扮演這個角色。這種支持非常重要，可以幫助受害人走出這段經歷，也有助於避免可能的報復行為。

因為我之前修習一些進階先修課程，所以學校推薦我到克里夫蘭的NASA路易研究中心（Lewis Research Center）進行一整個學期的實習。我在那裡學到很多！

在大二的材料科學課上我認識未來的丈夫邁克（Mike）。當我在克里夫蘭的時候，我們分隔兩地好幾個月。但是正所謂別離倍增相思情，在NASA工作結束後他來接我時，便向我求婚了。

我選擇繼續待在倫斯勒理工學院就讀博士班，既有未婚夫邁克相伴，還能在有趣的實驗室進行研究。我嘗試解決一個引人入勝的問題：為什麼含微量鉬的不鏽鋼比含鉻的不鏽鋼具有更高的耐腐蝕性？這個問題也困擾許多學生。

當時邁克已經讀博士班兩年了，但我想和他同時畢業。我已有明確的研究主題，也和指導教授建立良性互動。明確的研究方向幫助我獲得赫茲獎學金。

我的研究進展順利。在赫茲基金會的資金支持下，頂點鉬業公司（Climax Molybdenum Company）為我提供所有樣品，我擁有獲得博士學位所需的一切。我使用鉻和鉬含量不同的樣品來確定每種元素的影響。眾所皆知鉻可以在金屬表面形成鈍化膜來保護鋼免受腐蝕，但是鉬如何進一步增強鉻的作用尚不得而知。我發現，儘管鉬在鈍化膜中的含量很低，但它可能會改變材料的結構。我還沒有完全闡明鉬的耐腐蝕原理，這仍然是一個懸而未決的問題。

當我和邁克於一九八三年畢業，美國的鋼鐵業陷入低迷。我們正面臨經典的二體問題，公司可能有興趣僱用一位冶金工程師，但不可能同時僱用兩位。我們決定到國家實驗室找工作，或許我們倆人都能被錄取。我很快就完成博士學位和邁克一起畢業，之後花了一些時間思考我們的職涯發展機會。但是，事實證明並不難做選擇。我們兩人都被新墨西哥州阿爾伯克基桑迪亞國家實驗室錄取了，我們很開心成為材料小組的工程師。

克服障礙

我在桑迪亞國家實驗室的第一個工作正是我所企盼的，能使用數學和科學解決有趣的重要問題。儘管我是材料小組的成員，但我的大多數「客戶」（遇到問題來求助我的人）都是電池研究小組的成員，他們會問我一些關於如何減少活性材料的寄生腐蝕，以及建築材料降解方法等問題。

電池創新研究對於實驗室而言似乎是一個奇特的存在，成立實驗室的歷史目的是設計核武器，但是為了使核武器的儲存安全無虞，需要進行各種創新。桑迪亞國家實驗室首先提出「木製炸彈」的概念，該裝置可以靜置數十年，直到需要用的那一刻精準爆炸。

這種可靠度仰賴極其穩定的電池，即所謂的熱電池。熱電池包含固體電解質，在室溫熱電池為惰性，但固體電解質在加熱時會熔化成液體電解質，使電池能夠為炸彈提供動力。

儘管我沒有直接從事熱電池的工作，但是我所有的腐蝕研究都是為了保持材料的穩定度。負責電氣零件和電池的同事會遇到腐蝕相關的問題，而我要解決他們遇到的問題。他們對我的解決方案很滿意，我也很喜歡我的工作，甚至發現一種新的腐蝕疲勞現象。

但是我的第一任主管卻有不同的看法。即使我和小組的男性同事一樣努力解決問題、發表研究論文，他給我的評鑑總是很差。當我問他為什麼時，他說：「你不需要在乎自己賺多少錢，有你丈夫賺就夠了。」

這是我第一次遇到針對雙薪家庭的偏見，但遺憾的是這不是最後一次。實際上，在我的職業生涯中，每次同時為我和邁克做評鑑和決定薪資時，我總是被打壓的那一方。

因此，我決定調離擺脫有偏見的主管，這是第一次但也不是最後一次。電池小組的同事們和我很熟，也很喜歡我的工作態度，所以幾年之後，我就調到那裡工作。

我在電池小組工作七年多，我熱愛我的工作。我發表論文，而我的工作在各大會議和電池業界極受矚目。我設計了一種電池，進入原型生產階段，我的主管也很支持我。

正是在這段時間，我懷上第一個女兒，我發現實驗室沒有為新手父母設計兼職政策。當時，我正在進行三個不同的計畫。我想改為非全職工作，平日有更多和女兒相處的時間，但仍然能投入一個或兩個計畫。所以我去人力資源部門詢問，但他們說：「不行，我們沒辦法讓你兼職。」

我要感謝我的父親和丈夫，他們是我在遇到逆境時仍然能夠成功的原因之一。他們對我有百分之百的信心。另一個因素是我無法接受「不」。有時，這種心態是我最大的敵人，因為我不只讓阻礙我進步的主管不滿，肯定也有不少人對我惱火。最後，頑強的決心讓我可以改變政策，並在其他人感到沮喪時，仍堅持己見。

但是一旦我有了一個想法，就很難阻止我。我聯絡人力資源部門，所有人都說：「不行，我們沒辦法讓你兼職。」直到我走進一名職員的辦公室時，這才發現原來他一直希望能制定兼職政策，並一直在等待像我這樣的人出現。

因為我的計劃可以切割，我也告訴主管，如果我不能兼職工作，那麼我也沒辦法全職工作，因為我想好好照顧孩子。這名人力資源部人員和我的主管捍衛我的工作，實驗室還有一位新上任的主任，他也希望兼職政策能生效。但他希望這是一項完整的政策，而不僅僅是一次例外。為了等到政策撰寫完成，我幾乎耗盡所有的休假和病假。新政策在最後一刻終於頒布，我也受益五年之久。

遭遇性別歧視

在電池小組工作七年多之後，我準備升遷，主管也同意了。實際上，他告訴我，當他升遷時，他會推薦我補他的職位並指導我面試。但是，當他升遷時，我正懷著第二個女兒三個月。當我來到他的辦公室祝賀他並請他指導我時，他笑著說：「看看你！你在跟我開玩笑嗎？」他告訴我，他和妻子都認為兩位全職父母育有兩名幼兒是很困難的，因此他不會提名我升遷。

我和他一直相處的不錯，我總能感到他對我的支持，所以我去了平等就業機會／平權辦公室，我詢問他們我應該如何處理和主管互動，但是他們堅持由他們去處理。當我再次見到我的主管時，他非常生氣，很明顯平等就業機會／平權辦公室跟他談過了。他對我說：「我是以朋友的身份為你著想，你竟然這樣對我！」我不僅學到了一個教訓，還讓我對管理有一層理解，那就是在上位者對部屬說話時，不會只有以朋友的身份。他完全阻擋我的升遷之路。

之後，實驗室進行重組，部門數從四個減為三個。到頭來根本不需要升遷任何人。人生的轉折總是如此出其不意，當初那位拒絕給我好評價的主管又成為我的頂頭上司。在我們的第一次會議上，他告訴我：「如果你敢再去平等就業機會／平權辦公室，你就等著捲鋪蓋走人吧！」

我確實曾考慮要不要舉報他，也將我們所有的對話紀錄保留下來，但是我不想冒被報復的風險，最後我還是沒有做出行動。因此，我的升遷之路困難重重，直到我有機會換到另一個部門。幸運的是，幾年後我獲得材料部門的管理工作。

推動政策變革

隨著我所倡導的兼職政策終於落實，後來擔任管理職的人員也能夠兼職工作。但是當年我還是得恢復全職工作。我的工作非常很有成就感—我的團隊中有二十五名研究人員，涵蓋範圍很廣，從金屬、腐蝕、聚合物到附著力都有。我喜歡了解每個人在做什麼，並為他們清除研究上的阻礙。當時，主管仍可自由支配部分資金，我利用有限的資金支持關鍵研究領域。

幾年後，我丈夫發現他好像有點職業倦怠。所以當一個協會為他提供在華盛頓特區擔任美國國會科學會士一年的機會時，我們開始認真思考要不要離開桑迪亞國家實驗室。我的主管很興奮，因為職業生涯中期的研究人員很難得可以去華盛頓特區。他們鼓勵我跟著我丈夫一起去華盛頓特區，到時候我們能將所學帶回實驗室。

針對此類臨時任務，實驗室規定隨遷配偶（就是我）無任何津貼。但是，如果我們搬到華盛頓特區，從房租到學費等等費用都會比留在阿爾伯克基高，我們的財務狀況會變得十分困窘。

當我告訴管理層搬遷的代價後，他們決定改變實驗室政策，讓隨遷配偶也有津貼，但只能是配偶薪資的一小部分。無獨有偶，津貼金額幾乎完全符合增加的教育和托兒費用。

這是我第二次促成實驗室政策的改革，幫助我維持工作和家庭平衡。我也漸漸看到這些努力對女性和許多家庭帶來很大的幫助。多年後，我接到一通電話，在電話中一位女性告訴我她已完全實現我當初推動的政策，隨遷配偶津貼改為全額給付，而不再是一小部分而已。

當我回到阿爾伯克基時，成長很多。我想繼續制定策略，因此當地球科學領域有一個高階管理職缺時，我提出申請也順利獲得這個職位。

接下來的九年，我擔任不同高階管理職。但是我已在桑迪亞國家實驗室工作二十五年之久，這次換我感到職業倦怠。

桑迪亞國家實驗室似乎沒有什麼機會，但是洛斯阿拉莫斯國家實驗室材料部門負責人職位於二〇〇八年開缺，我提出申請。這麼多年我都在試圖改變工作環境，為了能在工作和家庭之間取得平衡，但這一次我不得不改變我的家庭生活，才能得到這份夢寐以求的工作。

我丈夫邁克一直百分之百支持我。每當我遇到任何困難，他總會陪我一起面對，他說：「放手去做吧！你可是赫茲研究員呢！」

三年後，我抓住機會回到桑迪亞國家實驗室，擔任武器科學和技術主任。在桑迪亞國家實驗室管理許多不同領域的項目是我職業生涯的巔峰。

我於二〇一三年退休，已在國家實驗室工作長達三十年，幾乎所有時間都貢獻在桑迪亞國家實驗室。退休讓我開啟新的生活重心。有了在桑迪亞國家實驗室實現平等、工作和生活平衡的經驗，我能幫助實驗室、大學以及赫茲基金會為婦女和弱勢族群提供更好的幫助。因此，即使我已經退休，我仍可以善用累積三十年的經驗繼續貢獻社會。

關於主角

溫蒂．塞斯拉克是桑迪亞國家實驗室的榮譽主任，也曾任赫　基金會董事。她也曾擔任桑迪亞國家實驗室核武器科學和技術的計劃主任，以及洛斯阿拉莫斯國家實驗室的材料科學和技術部門負責人。塞斯拉克在倫斯勒理工學院取得材料工程學士學位和博士學位，曾是赫茲研究員。

←塞斯拉克在麻塞諸塞州春田市長大。就讀古典高中，專注於非科學學科，於一九七五年畢業。

↑塞斯拉克博士畢業後加入桑迪亞國家實驗室，並從管理職位晉升為主任。她和同事於二〇〇八年於新墨西哥州阿爾伯克基合影。

←二〇一三年，塞斯拉克從桑迪亞國家實驗室退休。照片攝於二〇一七年，她和丈夫邁克出外遠足。阿爾伯克基合影。

第三十二章

專案落選卻意外成為NASA主任科學家

艾倫．斯托凡（Ellen Stofan）

藉由NASA的發現計畫（Discovery Program），科學家有機會獲得資金將創新方法付諸實踐，以揭開太陽系神秘的面紗。我和我的團隊提議將一個登陸車放入土星衛星「泰坦星」的冰凍海，泰坦星由液態乙烷和甲烷組成，我們的目的是想發現是否有生命存在於地球之外。我們的提案名為「泰坦探險者號」（Titan Mare Explorer），是進入NASA探索計劃最後階段的三個提案之一。但因經費只能給一項提案，最後由火星的「洞察號」計畫雀屏中選。

收到泰坦探險者號落選通知後，我傷心極了，我知道告訴團隊這個消息時，他們一定也不好受。我繼續在NASA從事另一項很有挑戰性的工作。不幸的是，泰坦星北極海域不久會陷入漆黑，海上登陸任務可能要到二〇三〇年代中期才有機會。我那時候應該已經退休了，但我還是希望能見證它的發生。

年輕的地質學家

我出生於俄亥俄州的歐伯林，身邊環繞著科學、科技、工程和數學領域的榜樣。我的父親是NASA路易研究中心（現為格倫研究中心）的火箭科學家，母親則是科學老師。由於父親參與火箭的研發製造，我四歲時就在甘迺迪太空中心（Kennedy Space Center）見證無人火箭發射，那也是我人生的第一次。不幸的是，當時系統故障，火箭在發射台上爆炸，這可能就是我不想當太空人的原因。我很小的時候就對地質學十分感興趣，收集很多石頭放滿整個家。

> 當我的孩子還小時，我希望工作型態改為兼職，噴射推進實驗室（Jet Propulsion Laboratory）非常支持我，他們也鼓勵我好好照顧家庭。我仍繼續發表論文，賺取研究金。因此，我的工作效率很高，這使實驗室欣然同意我兼職工作。在我家人從倫敦返回後，實驗室讓我恢復全職工作。顯見對於工作和生活平衡的維持，NASA抱以非常支持的態度。

我上小學時，有一位很嚴格的科學老師叫薛澤（Scherzer），我有點害怕他，我以為我是他最不喜歡的學生。但在學年末，我們一起完成一個科學計畫，他和我談到我的未來，他相信我會成為偉大的科學家。當我被任命為NASA主任科學家後，我收到了薛澤老師的電子郵件問我是否還記得他，當然我記得他！像薛澤老師這樣對我充滿信心的人，對我的人生產生巨大的影響。

我十二歲那年，我父親正在進行維京計畫，是美國首次將航天器安全降落在火星表面的任務。在火箭發射的幾天前，NASA實施家庭教育計劃，舉辦一連串科學教育活動。卡爾・薩根（Carl Sagan）是活動的其中一位演講者，他向我們解釋為何要探索火星，並描述火星的地質情況。

在聽完他的演講後，我心想：「哇！地質學能和NASA、行星結合簡直太棒了！」從那刻起，我決定成為一名行星地質學家。

> 最近，我和一位同事討論STEM（科學、科技、工程和數學領域）女性遭遇的經歷。我們談到婦女和弱勢族群常要代表自己的族群，承受許多額外的壓力。我感覺自己的存在不斷被挑戰，所以我要擺出很有自信的樣子。其實很多年以來，我的自信都不是很充足，但我不得不偽裝出自信的一面，因為我別無選擇。這樣的偽裝令人身心俱疲，經常擔心是否有人會發現。雖然自信問題同樣也影響男性，但對女性的影響更大。

在高中和大學期間，我參加各種地質實習，我曾在美國地質調查局（US Geological Survey）的實驗室實習。大學期間，我在國家航空和太空博物館（National Air and Space

Museum）實習，負責使用陸地衛星影像繪製地圖。我還在NASA噴射推進實驗室實習，負責繪製火星的一個區域。這些經歷很有趣，讓我堅信我走在正確的道路上。

很幸運的是，在高中時提姆・馬奇（Tim Mutch）曾指導我，他是NASA副局長也是地理學家。馬奇先生和我父親一起在NASA總部共事好幾年。他是很棒的人，提供我讀大學和職業發展的建議，至今都還受用。若想成為行星地質學家，他建議我去擁有傳統地質學系的大學，研究地球地質。

我採納了他的建議，選擇就讀維吉尼亞州威廉斯堡的威廉與瑪麗學院，主修地質學。大學時我有兩位重要的老師，分別是古生物學教授杰拉德・約翰遜（Gerald Johnson）和我的研究指導教授史蒂夫・克萊門特（Steve Clement），他也是岩石學教授。

在成為行星地質學家之前，我在攻讀地質學學士學位時獲得的機會、經驗以及所投入的精力，無疑幫助我打下深厚基礎。我必須從觀察行星的圖像推斷行星如何演化，但我知道要是能在那裡實地探測一百年，推斷也不可能完全正確，這讓我更加謙卑。

布朗大學研究所深造、了解金星

我很早就決定要讀博士班。我參觀了好幾所大學，最後選擇位於羅德島普羅維登士的布朗大學。我之所以選擇布朗大學，一部分是出於情感考量，因為馬奇先生曾在布朗大學任教，他幾年前不幸意外去世。另外，我十分喜歡布朗大學所在地新英格蘭，布朗大學中等規模的地質學系氛圍也很不錯，所有教授似乎都很投入教學。

當我開始在布朗大學就讀時，有二十多名地質學博士生，幾乎男女各半。到我畢業的時候，一半以上的女學生都放棄學業了。有些人是因為他們對獲得博士學位沒有那麼強烈的興趣，其他人意識到博士班是一個高度競爭的環境。我不是好勝心特別強的人，所以我在讀書時也是苦苦掙扎。不過，還好我的丈夫非常支持我。

> 我給學生的研究建議是請捫心自問：「該領域未來的發展？如果想站在領域的第一線，應該如何定位？」舉例來說，如果我今天要做選擇，我會研究火星表面或探索太陽系外適合生命居住的行星，因為這些是很有發展性的熱門議題。

關於我的博士論文，我研究金星的特徵。當我讀博士時，蘇聯衛星能掃描金星北半部，這是人類史上第一次獲得金星表面的高解析度數據。我的指導教授詹姆斯・海德（James Head）和莫斯科維納斯基研究機構（Vernadsky Institute）的科學家們保持密切合作。蘇聯衛星數據顯示類似夏威夷火山熱點的日冕特徵，但以前從未在金星見過。我的論文描述這些特徵是如何形成的。

當我該從布朗大學畢業時，我開始找全職工作。一開始似乎沒有合適的職位。我問了馬里蘭州綠帶城的戈達德太空飛行中心（Goddard Space Flight Center）和噴射推進實驗室是否有職缺，因為我在兩個地方都曾實習過。在此期間，麥哲倫號探測器準備首次飛往金星。我寫信給有過數面之緣的噴射推進實驗室科學家，並詢問是否有博士後職位，幸運的是有一個國家科學研究委員會（National Research Council）的博士後研究職位，因此我得以加入麥哲倫號探測器團隊。當時，我的丈夫在費城的一家銀行工作，他也覺得這是一個難得的機會，所以他辭掉工作和我一起搬到加州。

性別歧視和陳舊思想

在讀博士班期間，我發現系上的女學生很少，我覺得自己必須加倍努力才能被認真對待。我的指導教授給我機會在團隊會議上發言，如此一來我的意見不會被埋沒。畢業後，在噴射推進實驗室的麥哲倫任務中工作時，我負責更新現況也參加討論，有時我會感受到人們的異樣眼光，似乎對我這個「年輕女孩」可以和他們共事感到詫異。他們沒有表現出粗魯的樣子，但總是擺出高人一等的姿態，我覺得他們因為我是個女人，並沒有把我當一回事。我必須表現得比其他人好才能受到尊重，這種感覺不是很好。但是，讀博士班時我從來沒有遇過歧視的狀況。

我在噴射推進實驗室的前三年過得很充實。每天，我們繪製高解析度金星表面。我很幸運能夠在對的時間來到對的地方。成為一名成功的實驗科學家的其中一個方法是選擇一個領域，分析大量新數據。但是，要成為一名成功的科學家，不僅僅是有充分數據，還需要不斷質疑自己以及其他人的想法。

從一九九〇年到二〇〇〇年這十年間，我都在噴射推進實驗室工作。我以博士後研究員的身份開始執行麥哲倫號任務，後來成為計畫助理科學家。接著，我負責為一九九四年曾發射兩次的太空梭設計雷達成像儀器，該計畫也培訓兩名太空人。我還擔任新千禧年計劃（New Millennium Program）的科學家，該計劃旨在開發和測試新的太空探索技術。到一九九五年，我決定休息一下，花更多的時間陪伴我的孩子。我將工作時間減少到每週三十小時，並成為一名大學教授。但是，我不得不離開美國才能實現這樣的改變。

搬家、重新找到平衡

由於丈夫工作的關係，我和家人搬到倫敦居住五年。當時我在倫敦大學學院任教，指導學生也進行研究。我仍然受僱於噴射推進實驗室，執行NASA任務。因此，管理方面的工作少了，可以投入科學的時間更多了。

搬到倫敦後，即使我的工作時間減少了，但我不但沒有和科學領域脫節，還提高論文發表率和參加會議來保持能見度。我卸下一些工作責任，並不是退出科學界。我的一些同事不知道我仍在進行研究，偶爾當我參加會議時，同事見到我會說：「哦，我以為你不做研究了。」

隨著孩子們漸漸長大，照顧他們所需要的時間和精力減少很多，所以我恢復全職工作。在二〇〇〇年，我成為卡西尼號（Cassini）土星雷達團隊的準成員。自二〇〇三年，我們開始從泰坦星接收數據，我就深深愛上了泰坦星。我知道愛上土星的一顆衛星聽起來很奇怪，但是我真的愛到無法自拔。泰坦星距離地球約七．五億英里，在溫度非常寒冷時，還會下甲烷雨。身為一名地質學家，我很驚訝在太陽系的另一端有一個類似地球的世界。二〇〇五年，我們提出泰坦星北極的雷達特徵是湖泊和海洋的論文，不僅登上《自然》（Nature）雜誌，還成為封面標題。我是論文的第一作者。

在《自然》雜誌出刊後不久，我接到洛克希德．馬丁公司（Lockheed Martin）員工的電話，他們正在考慮提案將一艘浮動探測船送到泰坦星海洋上，希望我擔任計畫主持人。這個任務斥資四．二五億美元，我認為獲得發現計劃資助的可能性很小，但是我太愛泰坦星了，所以我接受他們的邀請。我們證明能以相對較低的成本勘探泰坦星。我投入五年的心血在這個提案上，一路過關斬將，但在最後一輪還是鎩羽而歸。

我和團隊全心全力投入泰坦星提案，沒被選上令我們失望透頂。當收到沒被選上的通知時，我不確定下一步要做什麼。當時想著可能會寫一些關於金星和泰坦星的論文，再找其他科學或政策方面的工作。但過了不久，我接到一通電話詢問我是否有興趣擔任NASA主任科學家，於是在二〇一三年我被任命為主任科學家。我從來沒想過我會成為主任科學家，因為我真的很想帶領泰坦星任務。但是，這份工作是一個難能可貴的好機會，能讓我發揮領導能力，我還可以參與NASA所有的科學領域，和世界各地交流，並和學生分享探索帶來的挑戰和刺激。

關於主角

艾倫・斯托凡是行星地質學家，曾於二〇一三年至二〇一六年擔任NASA主任科學家。本書出版時，她是華盛頓特區國家航空和太空博物館的館長。斯托凡擁有維吉尼亞州威廉斯堡威廉與瑪麗學院的學士學位，以及布朗大學地質學系碩士學位和博士學位。

第三十三章
想當記者卻成為空軍軍官

艾倫・帕利考斯基（Ellen Pawlikowski）

一星准將話剛說完，我就對自己說：「我真樂意證明她錯得離譜。」

當時是一九八三年，我是沙加緬度附近麥克萊倫空軍基地（McClellan Air Force Base）的中尉，我正在參加一場會議，會議中准將和基地的女軍官們分享她的職涯建議。那天，參加的女軍官總共三人──是的，整個基地只有三名女軍官。

會議中准將談到了她面臨的職業挑戰，她說如果我們想跟她一樣成功的話，我們勢必要做出犧牲：婚姻很難維繫，生兒育女更是不可能的。我聽完她這麼說生氣又沮喪。我的男性同袍和我做的工作完全一樣，他們可以建立家庭，那為什麼我無法同時獲得職業和個人成就呢？

二十二年後，在授與我准將軍銜的儀式上，我的兩個女兒也在場，我要求觀眾席一位參加者見證這個時刻，就是當時的那位一星准將，她已經退休很久了，如今她是我的榜樣。二〇〇五年六月，我送給她一束玫瑰並擁抱了她，自豪地對她說：「為了證明你是錯的，我已經等了二十多年了。」

現在，作為一名領導國家八萬名士兵的空軍軍官，我想分享的是你可以將看似無法克服的挑戰視為最大的機會。我的職涯就像其他人一樣，都充滿障礙，但是勇於做出承諾的精神一次次地幫助我排除萬難。

學生記者到計分人員

我在紐澤西州紐華克市長大，我們家有四個女兒，我排行老二。我的父親是波蘭移民家庭的第一代美國人。我的祖父母從波蘭來到賓夕法尼亞州的斯克蘭頓，我的祖父曾在那裡的煤礦場工作。我的父親在第二次世界大戰後被派遣至日本服役，退役後根據美國軍人權利法案接受教育，成為一名高中社會老師。我的母親是一名秘書，她首先在業界工作，後來到羅格斯大學工作直到退休。

讀高中時，我的夢想是成為一名記者。我是學生報的編輯，也是年鑑的助理編輯。當我父親發現我想將新聞業作為未來職業時，我記得他對我說：「你需要一個可以維持生計的學位，新聞記者沒辦法養活自己的。」他引導我學習不同的技能。高二時，所有女同學都選家政課，只有我選製圖課。

我在高中時修讀的製圖課、化學課和物理課並不是很有趣，我都是靠死記來學習。但是我很喜歡數學，高二幾何學老師也注意到我的表現優於同儕，索性給了我一本代數教科書。那個夏天，我自學代數，這樣我就可以在下學年參加速成班。高三數學老師還曾是棒球後備隊教練，他要我擔任球隊的記分員和統計員。當我告訴他我對棒球一無所知時，他回答：「沒關係，你就好好學。」

那年春天，我和他坐在板凳上，他教我棒球理論。針對不同的打者，我們應該要改變內野嗎？投球策略是什麼？這是我第一次用數學解決最佳化問題。

大學的通勤生活

我的父母希望我們四姊妹能獲得大學學位，未來能自食其力。我和我的姐妹們也知道父母沒有錢讓我們上大學，我們必須自己賺錢付學費、書本和交通費，但我們可以住家裡省一筆住宿費。申請大學時，我尋找在通勤距離內有哪些學校，最後決定就讀紐瓦克工程學院（現為紐澤西理工學院），這所學校享有「藍領」工程學校的美譽，畢業生可以輕鬆在化學加工業找到工作。

我上大學的那年是一九七四年，當時越南戰爭正接近尾聲，我看到很多有關軍方的報導，但有些並不是很正面。大一年時我加入預備軍官訓練團，主要是因為我對軍中感到好奇。當時，空軍的女性軍人無法擔任飛行員或領航員，因此沒有資格獲得空軍預備軍官訓練團的獎學金。我注意到，在這個男性主導的環境中，我通常是唯一的女性。我是我的空軍分隊第一位畢業的女性。在空軍預備軍官訓練團時，我感覺自己屬於一個宏大的目標，也享受大家同甘共苦的同袍情誼。讀大學時沒有宿舍，空軍預備軍官訓練團的休息室就像我的另一個家。

空軍預備軍官訓練團就是一個大家庭。我的丈夫也在分隊但比我大兩屆，另一個分隊成員和我丈夫的姐妹結婚。多年來，即使許多人都退役了，我們這個分隊的所有成員仍保持聯繫。分隊全體人員都來參加我的三星和四星晉階儀式，他們就是現場最吵鬧的一群人。

> 在我小時候，人們會在同一家公司工作長達數十年。但時代變了，現在的年輕人往往會在畢業後多番嘗試不同的事物。但是從我加入空軍以來，我發現空軍也漸漸有彈性，每次重新分配任務，我都在學習新知，面對新挑戰。

為了賺學費和生活費，我曾當過店員還有服務生。這些都不是我的理想職業選擇。在一家化學公司暑期實習一段時間之後，我發現自己很享受從事化學工程的工作。當實習結束後，我記得我問自己：「我要運用自己的才能幫助一家公司賺錢，還是貢獻國家？」我決定要從軍四年，那時候我還不確定未來會不會成為一名職業軍人，但這至少我可以在軍中開始工程師一職。越南戰爭結束後，空軍不再需要那麼多飛行員，所以開始授予其他領域獎學金。我大二時候簽了空軍預備軍官訓練團合約，隔年我就獲得獎學金。

讀大三的時候，很多人都是化學工程師，在剛開始認識熱力學時都會嗤之以鼻，但對我而言，熱力學完美使用理論數學解決實際問題。一位教授介紹我認識大衛・蘇科維奇（David Sukovich），他在化工廠工作。當時蘇科維奇先生正在解決蒸餾塔、汽提塔和其他分離法的化學平衡問題。我到化工廠辦公室和他一起工作，使用熱力學方法解決問題。

我本來沒打算大學畢業後讀研究所，但是讀大四時，蘇科維奇先生和一些教授建議我去讀研究所。他們認為我很優秀，一定可以拿到全額獎學金。我向空軍申請延後服役，因為空軍規模不斷縮編，故同意讓我繼續攻讀碩士學位。

在一九七〇年代，熱力學的最新領域被稱為「分子熱力學」，將經典的連續氣體理論和個體反應分子的行為和構造結合。我拜訪加州大學柏克萊分校的分子熱力學家約翰·普勞斯尼茲（John Prausnitz），並對分子熱力學著迷不已。柏克萊大學校方希望我申請博士，所以我要求空軍再延後服役兩年，空軍也同意了，但我又遇到了另一個阻礙。

保羅和我從大二開始就交往了，我們感情很穩定。畢業後，他參加領航員培訓，最後到加州沙加緬度附近的麥克萊倫空軍基地任職。

我很高興能去柏克萊大學讀書，因為離保羅更近。但是，保羅和他的母親對我去讀書的決定感到沮喪。他們的思維比較傳統，他們希望我完成大學後好好待在家當賢妻良母，之後陪保羅一起派駐。我們經過不斷反省和溝通後得以維繫這段感情。

熱力學研究

在錄取時，柏克萊大學校方不保證學生的指導教授，但是我對普勞斯尼茲教授的工作非常著迷，我要求校方保證我會成為他的指導學生，校方特別給予我一份非正式的保證，我很快開始研究。

一九七〇年代末期爆發嚴重的能源危機，煤氣化是擺脫危機的方法—將煤炭轉化為天然氣替代其他昂貴的碳氫化合物。但是煤不是純碳，故氣化會產生有毒污染物，例如：硫氫、氨、二氧化碳和氰化氫。必須將廢水中的污染物清除乾淨，才能回收廢水或將其排放河中。這些污染物是弱電解質，它們在水中為離子形式，因此很難從廢水中去除。

在我的論文中，我使用分子熱力學原理來處理廢水中的弱電解質污染物。實驗成功要歸功於我的「藍領」工程學位背景。我根據對分子結構的了解建立模型，對高溫和高壓下帶有污染物的實驗進行參數化。

> 在婚姻初期，我必須改變丈夫希望我當家庭主婦照顧孩子的想法。後來，我的丈夫自空軍退役開始教書，他開始負責照顧孩子，使我能繼續發展職涯。在他的成長過程中，妻子留在家裡照顧孩子是司空見慣的事，但是我們能完全顛覆這個固有思想。

在柏克萊大學讀書的第一年秋天，保羅在感恩節向我求婚，但我們決定等我通過資格考試再結婚。在一九八〇年代，空軍還沒有正式的配偶制度，而保羅即將被轉調。為了派駐在柏克萊附近，保羅答應士官如果她願意讓他留在沙加緬度，他會送她一束玫瑰花。最後，他成功留在沙加緬度。在完成論文後，我被分配到麥克萊倫空軍基地的技術營運部氣體研究和開發小組。

那是我第一次帶領團隊，而不是單打獨鬥。我坐下來好好思考並擬定執行方法，然後讓團隊執行細節。我喜歡領導團隊也做得很好。因此，我開始擔任管理職務。

漫長的空軍生涯

我在麥克萊倫空軍基地的核試驗監視實驗室度過約四年的時間，幾乎已滿足簽訂的服役時間。由於我在研究所從事熱力學和能源加工，我接到很多公司致電，希望我完成空軍任務後能加入他們。但是我真的很喜歡我的工作。我沒有離開空軍，而是又待四年，接著又是一個四年，最後才決定我要以職業軍官為一生的職業。

因為保羅和我都常常換任務，所以我們不能總靠送花來解決駐點的問題。在我完成第二個任務後，保羅不得不回去開B-52轟炸機，我的軍銜升至少校。當時，我被選入空軍指揮參謀學院（Air Command and Staff College），我帶著兩個女兒一起去位於阿拉巴馬州蒙哥馬利的麥司威爾空軍基地（Maxwell Air Force Base）。在那裡生活一年半，我一邊照顧兩個孩子，一邊全職工作和學習。

在我職業生涯的早期，我很幸運能遇到啟發我的良師。埃德·吉塞爾曼（Ed Giesselman）是我在核試驗監測實驗室中第一個任務的負責上校，他是第一個帶領我了解空軍以及探索科學的人。他是我接受第二個任務的重要原因。另外一個我敬重的人是保羅・尼爾森（Paul Nielsen）。我和他在紐約羅馬實驗室共事，他領導軍事科學團隊十分有經驗，是我的榜樣。

一九九一年我們在羅馬實驗室工作，那時沙漠風暴行動剛結束，空軍又開始縮減規模。軍方為保羅提供早退役的機會，我們認為如果我們兩人有一人離開空軍，我們的家庭生活會容易很多。保羅一直想成為老師，所以他選擇退伍，而我則繼續投入空軍二十年。保羅成為數學老師，肩負更多撫養孩子的責任。如果不是因為這個決定，不會有現在的我。

有些人問我是否後悔沒有善用我的博士學位，我從博士班學到的最重要技能是即使進入一無所知的領域，我也能學到足夠的知識來產生影響力。要是沒有這種技能，我無法有效領導技術團隊，也無法為技術團隊和作戰團隊搭起溝通的橋樑。

我的職業生涯總歸一句，就是不斷搬到新的地方開始新的任務，並努力組建一支團隊來成就科學。作為一名領導者，我了解到一開始就將技術和科學瞭如指掌並不是那麼重要，重要的是建立融洽的關係，這樣人們才會願意跟隨我。我花了一些時間來內化激勵科學家和工程師（無論是軍人與否）的動力，這是在學校或業界沒有學到的。

我在空軍職業生涯中學到的另一個領導角色是擔任技術人員和作戰人員之間的橋樑。我可以和科學家和工程師坐在一起，然後將高技術性的資訊轉化為將軍們可以理解的語言，這是在眾多空軍人員中不易見到的才能。我還擔任和上級溝通的橋樑，讓他們充分掌握計劃的進度

好幾年後，我的軍銜升至四星上將，這是歷史性的一刻！被媒體採訪對我來說像作夢一般。在高中和大學時代，我曾夢想成為記者四處採訪重要人物，而現在我成了被採訪對象！儘管生活一開始看似乎困難重重，但其實充滿各種機會，而且永遠沒辦法預測未來。

關於主角

艾倫・帕利考斯基上將二〇一八年從美國空軍退役。她擔任俄亥俄州賴特帕特森空軍基地（Wright-Patterson Air Force Base）的空軍裝備司令部司令。她是美國空軍史上第三位獲得四星上將軍銜的女性。帕利考斯基上將具紐澤西理工學院化學工程學士學位，並在加州大學柏克萊分校獲得化學工程博士學位，也是赫茲研究員。

←帕利考斯基（左二）和紐瓦克工程學院（現為紐澤西理工學院）分隊成員於一九七八年進入美國空軍服役。

↑帕利考斯基和保羅於一九八二年結婚，他們兩人在加州的麥克萊倫空軍基地工作。

←帕利考斯基和麥克萊倫空軍基地的團隊以質譜儀分析空氣樣本，進行《全面禁止核試驗條約》的監測（照片約攝於一九八四年）。

第三十四章 因為管理能力突出而當上空軍研究實驗室指揮官

保羅・尼爾森（Paul Nielsen）

一九八一年，當我到達空軍特殊任務辦公室時，我不知道我到底要做什麼，那時候我剛拿到博士學位。不管是組織、任務和計劃均屬機密。我的一位老師向我推薦這份工作，但是當我問工作需要做什麼時，只說到了那裡就會知道了。

當我到達時，負責計劃的中校告訴我，他認為他們不需要像我這樣博士畢業的科學家，將大部分的時間用於思考和分析。他說團隊需要的人才是負責構造和部署硬體的工程師，並能做出兼顧成本、進度和性能的技術決策。我很快發現中校也有博士學位，他這麼說是在測試我。我告訴他，我不認為我們第一次就能建造出完美的成果，必須兼顧許多因素做出設計，我也很期待與政府和承包商一起合作。我的回答似乎讓他很滿意，後來我發現我的物理學博士學位是這個職位和我的職涯的基石。

挑戰與禮物

在我讀小學三年級時，一位老師改變了我的人生。我的老師維吉尼亞・史密斯（Virginia Smith）給我一本荷馬的《伊利亞德》（Iliad）。

這個閱讀經驗就像一份珍貴的禮物，讓我了解如果我能讀懂《伊利亞德》，那麼我什麼都可以讀。後來，暑假我都泡在圖書館，閱讀很多有趣的書。我一直都很熱愛科學和數學。小時候我喜歡拆解東西，再將其重組，雖然有時候就組不回去了。但是我不知道成為工程師、科學家或數學家是什麼樣子，我也不認識從事這些職業的人。高二那年，一位畢業校友回到學校演講。他是美國空軍學院學員，他很我們分享學習科學的感想。我似乎能感受到學習科學的樂趣，讓我十分開心。高三時，我只申請空軍學院和麻省理工學院這兩所學校。

麻省理工學院的學費很昂貴，因為家中經濟並不寬裕，所以當我同時被空軍學院和麻省理工學院錄取時，我選擇前往科羅拉多斯普林斯就讀空軍學院。

在空軍學院的第一年是一場考驗，我的生活充斥著課業、軍事訓練、運動以及新生要求。我的學業表現很好，也滿足其他的要求。我喜歡所有的課程，不確定自己要主修什麼。我傾向主修物理，但一個科目似乎不能滿足我，我還是不斷在物理學、數學、工程、電腦科學之間猶豫不決。

升大四的那年夏天，我到勞倫斯利佛摩國家實驗室進行兩個月的研究。在實驗室時，我接到一通電話說愛德華・泰勒想見見我。我當然知道他是鼎鼎大名的物理學家，被譽為「氫彈之父」，我高興極了。當我到達他的辦公室時，他向我介紹赫茲基金會和赫茲獎學金，並問我是否想申請。我告訴他我打算同時申請赫茲獎學金和羅德獎學金。他認真地看著我，用他獨特的口音說道：「啊，如果兩個都錄取了，你一定要拒絕羅德獎學金。英國沒辦法做好研究了！」

我獲得赫茲獎學金，因此從空軍學院畢業後，我回到加州，在加州大學戴維斯分校修讀碩士學位，同時繼續在勞倫斯利佛摩國家實驗室進行研究。我修完碩士學位後，校方希望我繼續攻讀博士學位，但那時候越南戰爭已進入後期，空軍不允許繼續深造。他們希望我能先回饋空軍，然後再繼續深造。因此，我在空軍度過五年，從事一些非常有趣的工作。

指導與經驗

五年後，我重返加州大學戴維斯分校修讀博士學位，這無疑是一個艱鉅的挑戰。我已經忘記許多曾經熟到像是本能反應的知識。舉例來說，我不得不翻閱我過去熟記的微積分。那時，我已經結婚並育有一子。在空軍服役五年之後，我已經不習慣時時刻刻思考自己的計劃和論文。但在那五年我做了很多有趣的工作。

我在空軍的第一個任務是在馬里蘭國家安全局（National Security Agency）擔任可靠性物理學家，從事通訊安全工作。這項工作令我深深著迷，我負責審核承包商建造的衛星零件。我會拜訪製造積體電路和其他設備的供應商，我記得當供應商開發256位元移位暫存器時，我為之驚嘆。我也拜訪哈里斯通訊公司（Harris Corporation）、湯普森・拉莫・伍爾德里奇公司和仙童半導體公司（Fairchild Semiconductor）等承包商，其中一些員工後來成立英特爾（Intel Corporation）。

後來，我在新墨西哥州科特蘭空軍基地（Kirtland Air Force Base）的武器實驗室工作，那時已著手準備返回博士學位，我的指揮官把我叫進辦公室。他告訴我，剛剛成為四星上將的盧・艾倫（Lew Allen）正在尋找助手。艾倫上將後來還擔任空軍參謀長。我的長官想提名我，我不認為自己夠格，也認為自己不會得到這份工作，所以就讓長官提名我，但沒想到竟然被錄取了。

我擔任艾倫上將的助手僅九個月，但是在這麼短的時間內，我認識許多高階官員。我發現他們也是普通人，與我們沒有什麼太大的不同。他們來自不同的背景，透過努力工作取得成功。艾倫上將不是在辦公桌後發號施令，而是通過不停討論做出決策。若是犯下錯誤時，他也會欣然承認。我仍與許多當時認識的人保持聯繫，這是重要的資源。

我的博士論文的範疇是計算等離子體物理學。我在克雷（CRAY）超級電腦上進行模擬，修改最新的磁流體力學代碼，以融入新的物理學。該代碼是為勞倫斯利佛摩國家實驗室的雷射聚變開發的，但是我的應用有所不同。

在空軍服役和從事學術工作的很大不同是，你的工作領域可能與你的所學完全不同。我完成等離子物理學論文後，去了空軍特殊任務辦公室製造衛星，那是很棒的工作經歷。

管理技術團隊

在空軍，技術水準不是晉升標準。軍方需要高科技，但主要依靠承包商提供。年資越資深，就要進入管理部門，貢獻技術洞見。

我對科學以外的領域也很感興趣。我喜歡文學、寫作和歷史。同時具備技術和人際交往能力幫助我脫穎而出，順利得到晉升。空軍認為要做好管理並不難，但是要管理一整個技術團隊並對複雜技術計劃做出正確的決策，需要深厚的技術知識支撐。在加州大學戴維斯分校攻讀博士學位和勞倫斯利佛摩國家實驗室工作期間，赫茲基金會幫助我發展所需要的技術知識。

調動在軍中很常見。工作多年下來，我也調動很多次。我從事導彈防禦、衛星追蹤和許多小型計劃。我最後輾轉來到五角大廈，負責衛星通訊和監視，大部分工作內容是關於中繼（Milstar）衛星星系。中繼衛星星系於一九九四年開始發射，旨在為空軍提供安全可靠的全球通訊。

當宣布我將領導紐約的羅馬航空發展中心（Rome Air Development Center）時，空軍的主任科學家喬治．亞伯拉罕森（George Abrahamson）把我拉到一旁，問我是否曾經有過管理經驗。我回答道：「當然，我管理過四十至六十人的辦公室。」他說：「管理航空發展中心這樣龐大的組織完全不同。」他說的一點也沒錯，許多管理人員在這樣的過渡期面臨許多困難。必須學習如何通過其他人來管理，其中一個關鍵是挑選優秀的人才當經理，好好培養他們。我和部屬很熟，也常常勉勵他們。能和這麼多優秀的人才共事，是件開心的事。

當我官至上校並有二十多年的服役經驗，我打算從空軍退役。我有三個孩子，最大的孩子正在讀高中。我和妻子在華盛頓特區有過許多很棒的工作。空軍提供我一份做夢都想不到的工作—管理位於紐約的羅馬實驗室。我將管理大約一千名員工，每年預算為四億美元，這對我來說是一大進步。在羅馬實驗室我學到很多，不僅了解如何領導和授權部屬，也感受到資訊科技的日新月異。

特別的命令

一九九四年十二月，我被羅蘭・耶茨（Roland Yates）上將召見。當被四星指揮官召見時，必須立刻放下手頭的事情，登上飛機出發。我還記當時我人在紐約，接到消息的隔天就已經在俄亥俄州。他告訴我，他和太空司令部的喬・艾希（Joe Ashy）將軍談過，決定訓練我的作戰能力。他們想派我到科羅拉多州的夏恩山當指揮官。

領導一支作戰團隊讓我手足無措，因為我將領導空軍的作戰能力，而不是僅僅監督研究而已。但是實際上，指揮官的工作充滿技術性。由於我有很多開發空軍衛星和通訊系統的經驗，所以我知道作戰團隊如何運作。對空軍軍官而言，擁有不同指揮經驗很重要。在科羅拉多州，我被晉升為准將，並擔任北美防空司令部（North American Aerospace Defense Command，簡稱NORAD）計劃指揮。

一九九九年，我離開北美防空司令部，前往俄亥俄州的賴特帕特森空軍基地。一開始，我是航空系統中心的副指揮官，該中心負責管理所有空軍飛機的開發和採購。一年後，我接替一位朋友迪克·保羅（Dick Paul）少校成為空軍研究實驗室指揮官。

保持年輕的心態

在空軍服役，大家總說你自己會知道什麼時候該退休。在空軍研究實驗室四年後，我知道是時候了。

我後來在卡內基梅隆大學軟體工程學院擔任院長，我們協助軍方和聯邦政府建置安全的軟體。我仍然繼續和空軍、陸軍、海軍和海軍陸戰隊一起工作。我們也支援國土安全部（Department of Homeland Security）和社會大眾。卡內基梅隆大學軟體工程學院無疑是個偉大的組織，有遠大的使命。在空軍工作使我保持年輕心態，因為當我五十歲時，大多數與我共事的人都是二十多歲。我在大學的新工作也給我同樣的感覺，保持我的熱情和好奇心。

關於主角

保羅·尼爾森是卡內基梅隆大學軟體工程學院的院長兼執行長。他此前曾在空軍服役三十二年，擔任過各種職務，包括空軍研究實驗室指揮官和空軍技術執行官。尼爾森擁有美國空軍學院的物理學和數學學士學位，並擁有加州大學戴維斯分校應用科學碩士學位和等離子物理學博士學位，他也是赫茲研究員。

←二〇一一年，尼爾森（右）參加空軍研究實驗室的交接儀式，由帕利考斯基移交尼爾·麥卡斯蘭（Neil McCasland）。尼爾森於二〇〇〇年至二〇〇四年擔任實驗室負責人，是帕利考斯基的前一任負責人。

↑尼爾森於二〇〇一年晉升為美國空軍二星少將。

第三十五章

自學微積分而成為ＮＡＳＡ天體物理學家

約翰・馬瑟（John Mather）

在我的職業生涯中，好幾次實驗失敗時，我不知道下一步該怎麼辦。其中一次是在我的論文實驗失敗了。我們製造一種測量宇宙背景輻射光譜的儀器，並將儀器放在氣球升到高於大氣的位置。不幸的是，我們是領域的新秀，沒有測試到預期的結果。

失敗之後，我認為這項實驗可能難度過高，我應該試試其他的。我去紐約ＮＡＳＡ戈達德太空研究所（Goddard Institute for Space Studies），想要成為一名無線電天文學家，這也是一項艱鉅的挑戰。但是，當有機會進行實驗時，我說：「我想在太空試試我的論文實驗！」因為這個實驗非常困難，沒有其他人想嘗試，但實驗最終催生宇宙背景探測號衛星，有助於鞏固宇宙大爆炸理論。

宇宙背景探測衛星成功的原因是團隊合作。當我們提出宇宙背景探測號衛星時，我知道一旦我們被選中，ＮＡＳＡ會協助工程設計。有優秀的團隊共同努力，實驗並不難。

有遠見的人不一定擅長實踐，但團隊也需要能實踐的人。善於實踐者會排定事情的優先順序，他們推估實驗耗費的時間和費用。他們做事依據清單逐一完成。團隊中還需要有善於社交的成員，保持團隊氣氛和諧。

在NASA，管理者負責選擇加入計劃的人員、評估績效，決定誰晉升，甚至在極少數情況下解僱人員。成為管理者還要安排部屬坐在哪個辦公室。管理者的很多工作似乎與科學無關，但對於組織或計劃的發展很重要。我已經有很多管理經驗，也享受管理過程。但是我發現管理有其難處，並不是我心之所向。

身為管理者的好處是，可以與很多人合作，而壞處是必須幫部屬排除困難。主管要解決部屬的各種問題，比如有些人會要求：「我需要自己的辦公室。」。

目前，我是詹姆斯・韋伯（James Webb）太空望遠鏡的資深科學家，除了科學研究之外，我主要負責溝通與推展。我們感謝科學家團隊的貢獻，他們對自己的貢獻也深感自豪。

科學家庭

我深深著迷數學和科學。在讀小學一年級的時候，我已經知道無限的概念，我先在棕色的紙上寫了一個一，又寫下很多個零，直到紙上完全寫滿了。我的父母會向我和我的姐姐朗讀有關科學家的故事，像是伽利略和達爾文傳記。我的家庭重視科學和教育。我父親研究奶牛遺傳學和飼養。我的外公是一名細菌學家，曾協助開發青黴素。很多家族成員不是科學家，就是老師。

我家位於紐澤西州菲力荷市的羅格斯大學乳製品研究站，距貫穿紐澤西州的阿帕拉契步行小道約一英里。景色秀麗，但對於一個孩子來說，這樣的環境卻過於孤立，因為走路到不了任何地方。我們住在一個高聳山坡上，很容易下山，但騎自行車上山困難重重，所以我大部分時間都待在山上。我對電子和天文學感興趣，但我進行的科學活動幾乎僅限於房子附近。我用一個真空管製作一個無線電組合，但是我們家太偏僻了，無法收到訊號。我又製造一個帶有五個真空管的收音機，能夠收聽來自世界各地的短波廣播。

嘗試不可能的事

在我的職業生涯中，我喜歡挑戰幾乎不可能的實驗。我的第一個具挑戰性的實驗是為參加高中科學博覽會做的。我在反射望遠鏡增加照相機和底片來測量小行星的軌道。早在一八〇一年，卡爾．高斯（Carl Gauss）就是使用這個方法確定穀神星的軌道，穀神星是太陽系中最大的矮行星。我也想如法炮製，但以這種方式測量小行星軌道幾乎是不可能的任務。我從這次經驗學到很多，後來也嘗試進行其他困難的實驗。

高中我自學微積分，能回答教科書中的每個題目。自學需要自制力，依照書中的章節開始按部就班學習。但在建構全新的觀念時，沒有人從旁指導，能做的就是憑經驗不斷嘗試，不斷「試試看」。

高中畢業時，我總共申請六所大學，並通通被錄取。我到哈佛大學、麻省理工學院、斯沃斯莫爾學院和羅格斯大學參訪校園。我喜歡我在斯沃斯莫爾學院遇到的師生。身為一個鄉下長大的孩子，我對劍橋這樣的大城市有些畏懼，反而是被位於賓夕法尼亞州的斯沃斯莫爾學院的鄉村環境所吸引。

相較於天文學，讀大學時我對基本粒子和量子力學比較感興趣。當時斯沃斯莫爾學院天文系運用望遠鏡觀察恆星位置，對我來說有點無聊。當宇宙學領域剛剛萌芽，我還是一名大一新生時，宇宙微波背景輻射才剛被發現。戴夫・威爾金森（Dave Wilkinson）教授對我的大四榮譽考試評分，他是一位來自普林斯頓大學年輕的訪問教授。威爾金森教授之後對宇宙學有很重要的影響，為理論和實驗做出巨大貢獻。他於二〇〇三年去世後，微波背景輻射非等向性衛星探測器重新命名，以紀念他。

當我完成大學學位時，我拜訪一些去普林斯頓大學攻讀研究所的朋友。我也被普林斯頓大學錄取了，並計劃前往就讀。但是普林斯頓大學環境似乎很孤立，當時一個高中時期認識的老朋友在柏克萊大學讀研究所，他建議我到柏克萊大學找一份暑假研究工作，我後來到勞倫斯柏克萊國家實驗室工作。我很喜歡柏克萊大學的環境，索性問物理系我能不能到那邊讀書，他們同意了。

當我開始在柏克萊大學讀書時，我想成為像自己心目中的英雄理查德・費曼一樣的基本粒子物理學家。一九七〇年，我正在思索論文項目。保羅・理查茲（Paul Richards）教授、查爾斯・湯斯（Charles Townes）和年輕的博士後研究員邁克爾・沃納（Michael Werner）一起研究新發現的宇宙微波背景輻射。他們三人我都很欣賞，實驗我也很感興趣。實驗預計建造一個紅外光譜儀放置在加州東部白山附近的巴克羅夫特站。實驗順利進行，但由於地球大氣層的干擾而使準確性受限。我們將宇宙微波背景輻射的強度加以限制，並撰寫論文出版。我們的下一個實驗是一個氣球遠紅外干涉儀，用於測量宇宙微波背景輻射光譜。我們展開極其艱難的儀器製造過程。我必須學習幾乎所有工程領域的知識，不僅涵蓋機械到光學，還包含低溫學到電學。

墨菲定律

但我們漸漸厭倦了測試，因為儀器常常因不同原因無法正常運作。不斷失敗產生的可怕感覺現在還是讓我害怕，墨菲定律又再一次被驗證。另外，我想盡快完成論文，並且已經準備到紐約與帕特・撒迪厄斯（Pat Thaddeus）教授進行博士後研究。最後，論文指導教授同意我將論文限於地面工作和氣球儀器設計。我去紐約後，戴維・伍迪（David Woody）找到儀器故障的原因，修復後進行第二次飛行。他分析相關數據，也寫了論文發表。

我與撒迪厄斯一起在NASA戈達德太空研究所工作，位於毗鄰哥倫比亞大學的一棟大樓，我希望投入一個新的研究領域。我於一九七四年一月底到達紐約，開始研究天然一氧化矽邁射理論和進行觀察工作。我和傑出的機械師和技術人員一起製造微波接收器，並將其帶到德州的麥克唐納天文台（McDonald Observatory）和波托馬克的海軍馬里蘭點天文台（Maryland Point observatory）。我們觀察43G赫茲一氧化矽發射，這是在太空前所未見的，我試著在IBM 360電腦上編寫龐大的Fortran程式，但是一直沒有什麼進展。幾年後我扔了好幾箱的IBM打孔卡，宣告棄械投降。

我開始在戈達德太空研究所工作的那個夏天，NASA發布偵察兵和三角洲衛星任務聲明，我的生涯軌跡又發生變化。我開始樂觀起來，我很高興地跟撒迪厄斯說我的論文實驗在太空中會很成功。他建議我邀請萊納・魏斯（Rainer Weiss）、戴維・威爾金森（David Wilkinson）、麥克・豪瑟（Michael Hauser）、德克・莫爾納（Dirk Muehlner）和羅伯特・西爾柏格（Bob Silverberg）一起構思新任務。任務總共有四台儀器，一台用於測量微波背景輻射光譜的遠紅外干涉儀，兩台用於測量非等向性（不同方向的亮度差異）的儀器，以及一台尋找第一代星系紅外線背景輻射的儀器。在伍迪修復氣球後，飛行成功，一切都在往好的方向發展。

NASA任務

NASA對我們的提案有興趣。他們已經與荷蘭和英國協商建造紅外天文衛星（Infrared Astronomical Satellite，簡稱IRAS）。NASA想知道我們能不能將光譜儀縮小，放在紅外天文衛星發射到太空。我在阿姆斯特丹舉辦的會議上向紅外天文衛星的科學團隊介紹我們的提案概念，獲得熱烈掌聲。我很高興自己不必親自構思儀器第一個版本，但是我學到很多知識，並且了解紅外天文衛星的任務。

我們提交報告後，NASA分配給我們一支經驗豐富的工程師團隊。當時，國會正在審議太空梭預算，而NASA達成一項協議影響未來很長的一段時間。根據協議，只能發射太空梭，所有拋棄型火箭（例如：三角洲火箭）計畫都被取消。我們試圖抗議但沒有成功，我們不得不重新設計宇宙背景探測號衛星才能放置在太空梭。這並不是一件容易的事，因為宇宙背景探測衛星需要一個繞極軌道，故從加州九百公里左右的高度發射。大多數太空梭從卡納維爾角（當時稱為甘迺迪角）發射，因此無論如何對我們都是一個挑戰。

大約在一九七九年，NASA決定在戈達德太空研究所建造宇宙背景探測號衛星，因此工程師和科學家更緊密合作。這是NASA獲取衛星的一個例外。一般來說，NASA透過與主要航空航天組織和大學實驗室簽訂合約取得衛星。我們計畫中的三名計畫主持人有兩名在戈達德太空研究所工作，另一位柏克萊大學的喬治・斯穆特（George Smoot）同意讓戈達德太空研究製造儀器，因此對我們非常有利。

一九八〇年，我做了一個人生中的重大決定，決定與珍・豪瑟（與麥克・豪瑟並無血緣關係）結婚。珍是一名芭蕾舞老師，但是她大學時修習電腦編程和數學，我深感佩服。一九八〇年十一月二十二日，我們的婚禮結束後，一百位科學家、工程師和舞者為我們舉辦一場盛大的聚餐，我從來沒有這麼開心過。從那時起，珍一直是我的生活伴侶，也是我最好的朋友、編輯和顧問。

關於主角

約翰・馬瑟是馬里蘭州NASA戈達德太空研究所的資深天體物理學家，也是馬里蘭大學學院市分校的物理學副教授。他在斯沃斯莫爾學院獲得學士學位，並在加州大學柏克萊分校獲得博士學位，他也是赫茲研究員。馬瑟因對宇宙背景探測號衛星的貢獻而獲二〇〇六年諾貝爾物理學獎，該衛星測量宇宙微波背景輻射的黑體光譜和非等向性。

←二〇〇六年，馬瑟在NASA實驗室建立宇宙背景探測號衛星模型。該衛星研究宇宙形成初期的輻射模式。一九九二年，宇宙背景探測號團隊宣布已經成功繪製原始的熱點和冷點，是銀河星團成長的搖籃。現在這些銀河星團橫跨數百萬光年。（照片攝於NASA）

↓馬瑟是馬里蘭州綠帶城NASA戈達德太空飛行中心的資深天體物理學家。他也是二〇二〇年發射的詹姆斯・韋伯太空望遠鏡的資深計劃科學家。（NASA照片）

↑馬瑟與其他科學家證實宇宙大爆炸理論，因此於二〇〇六年一起獲得諾貝爾物理學獎。 馬瑟（最左邊）和NASA同事（從馬瑟開始逆時針算起）阿爾・科古特（Al Kogut）、加里・欣肖（Gary Hinshaw）和查克・本內特（Chuck Bennet）在二〇〇六年十月諾貝爾獎宣佈時展示宇宙微波背景輻射的衛星地圖。（NASA照片）

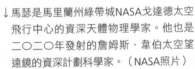

第三十六章 參與搜索伊拉克核武證據的核物理學家

傑・戴維斯（Jay Davis））

伊拉克安全部隊坐擁槍支武器，而我們聯合國檢查隊連照相機或安全無線電都不准攜帶，更不用說武器了。但是在一九九一年六月，我們偶然發現一百輛卡車的違禁核武器設備，伊拉克警衛向我們開槍射擊，我們馬上呼叫支援，訊號被當地媒體接收，接著在國際上傳播開來。

隨之而來的是一場媒體風暴，美國政府明確表示只要我們讓伊拉克政府宣布核計劃，將重啟真槍實彈的戰事。實際上，伊拉克政府明白表示正在使用我們已知道的電磁分離方法，而且還在試驗離心機和碳纖維轉子。

我進入物理學領域時從沒想過我會面臨刀槍彈雨的生命威脅，但是我的資歷很適合到聯合國檢查組尋找秘密核計劃證據。在勞倫斯利佛摩國家實驗室，我負責建造電磁分離器（用於分析目的，而不是軍事目的），所以我對核研究設施所需的所有設備、屏蔽和基礎設施都非常熟悉。

我自豪自己在伊拉克的工作，但我對在勞倫斯利佛摩國家實驗室的工作更感驕傲。我協助為新一代的科學家提供訓練場域，並啟發類似設計遍布全球一百多個機構。我認為自己的領導風格是「環境主義」，「環境主義」不是「綠色」的意思，而是從某種意義上說，我負責建立團隊和環境，使人們可以憑自己的努力成功，一起為個人和團隊奮鬥。

科學與戲劇社團

我出生於德州，小時候與家人搬到奧斯汀。我很喜歡數學和閱讀。儘管我沒有一個好的英語老師，但在一九五〇年代，科學在德州無所不在。人造衛星史普尼克（Sputnik）發射時，我還是高中二年級的學生。每年夏天我都在科學營度過。未來是不是從事科學從來不是個問題，問題是要投入哪個科學領域：天體物理學或工程學？

我對科學感興趣，但我拒絕參加課後科學活動，讓我的科學老師感到沮喪。相反的，我在戲劇社團度過時光。我並不是特別有表演天賦，但是學到的表演技巧在幾年後派上用場。

我接受一流的高中教育，由獲得碩士學位的女教師授課，她們若生在不同的時代可以從事研究員的工作。德州大學奧斯汀分校是一所頂尖的大學，而且又離家很近，所以我選擇到哪裡讀書。儘管我渴望成為一名科學家，但我的學習表現不是很好，主要是靠德語成績來拉高平均分數。一直到大三時，我意識到如果不提高物理成績，我未來可能無法追求自己喜歡的領域，因此開始奮發圖強，獲得數學和物理學雙學士學位。讀大學時，我和我的高中相識的女友瑪麗（Mary）結婚了。

學習核子物理學

一九六四年，年僅二十歲的我讀完大學、結婚，前往威斯康辛大學麥迪遜分校攻讀物理學博士學位。德州大學物理學系主任哈羅德．漢森（Harold Hansen）推薦我到威斯康辛大學深造，他在那裡取得博士學位。威斯康辛大學的許多教授都是曼哈頓計劃的成員，他們從洛斯阿拉莫斯國家實驗室帶回各式各樣的加速器等設備，並繼續研究核物理。

我的指導教授是亨氏．巴舍爾（Heinz Barschall），他的生平曲折離奇。他在德國長大，原想就讀柏林大學，但因其猶太血統被取消就學資格。一九三七年，他被迫離開德國逃到美國，儘管仰賴英德字典來翻譯，但他還是高分通過普林斯頓大學的物理學入學考試。在普林斯頓大學完成博士學位後，他是首批利用快中子進行鈾分裂反應的人，之後他在堪薩斯州立大學教物理學。在第二次世界大戰期間，由於他「敵對國國民」的身份，所以他非常擔心即使在高度戒備的環境下，仍不被允許繼續進行核研究。當曼哈頓計劃需要他在快速中子方面的專業知識時，他很快獲得美國公民身份（他是戰爭期間少數幾個獲得公民身份的德國人之一），並坐上火車前往新墨西哥州加入研究。

在曼哈頓計劃完成數年後，我才認識巴舍爾教授。雖然他不苟言笑，但卻是一位優秀的老師，我們很快就熟了起來。他教我收斂外放的個性，而我在他的指導下大幅改善我的寫作技巧。

我們在能量為0.5至30兆電子伏特的條件下測量快中子截面。對我而言，該計畫的物理原理次於工程問題，我意識到自己有科技天賦，對於建造複雜的儀器、建立團隊，我簡直如魚得水。

不同於曼哈頓計劃用於軍事目的，巴舍爾教授在威斯康辛大學的工作是純粹的科學，測量快中子的基本特性。但是隨著越戰的愈演愈烈，美國各地的大學風聲鶴唳，威斯康辛大學也不例外。

一九七〇年八月，一群自稱「新年幫」的反戰游擊隊炸毀巴舍爾教授實驗室所在的大樓。他們的目標原本是數學研究中心，這是美國陸軍資助的智囊團，位於該大樓的第二層至第四層。然而，物理學系首當其衝，我的一個朋友羅伯．法斯納赫特（Rob Fassnacht）不幸遇難。巴舍爾教授擁有二十四年歷史的實驗室被徹底摧毀。在威斯康辛大學的最後九個月，我幫助實驗室重建。巴舍爾教授最後宣布放棄核物理學，並向勞倫斯利佛摩國家實驗室提出休假一段時間，展開用於生物醫學目的之中子加速計劃。我後來也追隨他的腳步。

管理各個計畫

在勞倫斯利佛摩國家實驗室，我開始管理了一些小型計畫，以管理聞名。事實證明這不一定是一件好事，因為我當時常常被分配去處理爛攤子。我發現計劃出問題往往是人為因素，而不是技術問題。舉例來說，有一位計劃負責人是一位理論物理學家，由他制定工程決策，但很顯然他並不適任，他在最後一刻才決定取消對供應商的大訂單，但實驗室已經無法獲得退款。我試圖指出失敗的原因，但是我的職級還不夠高，沒辦法解決人為問題。

當我正想離開勞倫斯利佛摩國家實驗室時，實驗室主任給我一個改變實驗室發展方向的機會。直到一九八〇年代，勞倫斯利佛摩國家實驗室主要透過武器研究獲得政府資金挹注。我認為實驗室可以支持其他研究。我在加速器方面經驗豐富，因此尋找一種加速器研究工具，讓使用我們設施的科學家能夠在新的科學領域取得成功。

我所選擇的工具是加速器質譜儀，可以透過磁場加速離子，以識別原子同位素。加速器質譜儀對實驗室來說是一筆巨大的投資，我不得不極力勸說上級放手一搏。我們向華盛頓大學購買使用過的加速器，讓花費減半。

加速器可以採集液體樣品，因此極靈敏的質譜技術首次用於生物系統。生物檢體，即實驗室動物的組織樣本可以裝入儀器中，並分析同位素。這使生物學家只需用重同位素（例如：碳14）標記分子，就可以通過生物體追蹤分子的路徑。給予小鼠小劑量的藥物後，雖然可能造成小鼠死亡，但提取其DNA，可以獲得碳14標記的藥物與DNA結合的位置和數量。

超過二百名研究生使用勞倫斯利佛摩國家實驗室的加速器進行論文研究。隨著加速器質譜儀在生物學研究的價值備受肯定，醫院和製藥公司也紛紛開始建造加速器。

同位素分離的工作讓我踏入核濃縮領域，即分離濃縮鈾放射性同位素，用於核燃料和核武器的生產。我成為核緊急搜索小組（Nuclear Emergency Search Team）的志工，受訓以搜尋恐怖分子的核子武器。我也成了美國防核子擴散為數不多的專家中的一員。

搜索伊拉克

在一個星期五，我接到實驗室負責人的電話，需要有人帶領聯合國檢查隊在伊拉克進行檢查。負責人說：「我們要派質譜專家到伊拉克。你星期二能到達華盛頓，星期四到巴林，加入那裡的團隊嗎？看你要買什麼必需品，出發前把報銷收據塞進門縫就可以了。」

當我開始準備這次旅行時，從戲劇社團和工程管理學到的即興發揮技能便派上用場。一次迅速購物之旅我買到大多數的必要工具，但缺少採樣要用的擦拭布、標籤和包裝袋。幸運的是，我想起女兒凱西在聖塔克魯茲任職的考古公司。在搜刮公司的儲藏室後，我向公司保證他們可以免費使用實驗室的加速器進行放射性碳測年測定兩天。

當我降落在巴格達時，我繼續即興發揮。埃及口譯員負責擔任聯合國團隊和伊拉克團隊之間的溝通橋樑。他比較沒有翻譯科學議題的經驗，他擔心自己的英語詞彙不足，沒辦法準確翻譯物理、化學和工程專有名詞。

靈感乍現，我教他一個我希望自己在大學時就知道的考試技巧。我拿一本電磁同位素分離教科書給他，告訴他只要讀圖表標題，就可以知道重要的內容。第二天早晨，他很開心地來到早餐室給我一個大大的擁抱。他說：「我搞定了！」他可能沒辦法製造電磁分離器，我也沒辦法，但一整個團隊可以。

到達伊拉克需要接受物理和反恐培訓，但最後我能完成任務有賴工具包中的所有工具。

這是一次尋找核計劃證據的搜索行動，過程驚險刺激。我們沒有武器，而且經常需要面對伊拉克武裝人員。有鑑於過去的公開演講訓練和我的身高優勢，我有信心在危急時刻保持冷靜。伊拉克原子能委員會主席後來告訴我，他們都以為我是中情局探員。我有時候會特別秀一秀幾年前學的德語，讓他們不敢輕忽，因為他們不知道我還會什麼其他語言。

管理團隊不是一件簡單的事。當我們偶然發現費盧杰的核設備車隊時，一些成員臨危不亂，冷靜地呼叫電台協助引起國際矚目，並將底片藏在內褲中，以確保底片的安全。但有些成員慌亂尖叫，認為我們的負責人大衛·凱（David Kay）造成一場國際事件，所以應該拋下他立即離開。凱命令我將亂了陣腳的成員強行帶回巴士安置，避免他們在危機處理時添亂。

任務中我最引以為傲的不是耍花招，也不是處變不驚，而是成功與伊拉克科學家交流。他們是非常好的科學家，一問一答漸漸變成同儕討論。伊拉克科學家和工程師很高興地與我們分享設計。

回到西方世界

在我們揭示伊拉克的核計劃並向聯合國安理會和國際原子能協會簡要介紹之後，好一陣子才逐漸淡出媒體的視線。在一九九七年，美國國防部成立國防威脅降低局，合併若干計劃和防止核擴散活動，由我擔任局長。將各自獨立的部門合併成一個新的政府組織並不容易，因為每個部門都認為對自己不利。但我很高興我能在國防威脅降低局創造行政人員和軍事人員合作無間的環境。

從國防威脅降低局退休後，我擔任赫茲基金會主席，監督基金會從私人慈善機構轉型為公共基金會。在這兩個工作中，我都很高興擁有創造成功環境所需的自主權。

關於主角

傑・戴維斯是赫茲基金會的主席兼榮譽理事。他是核物理學家，擁有德州大學奧斯汀分校的學士學位和威斯康辛大學麥迪遜分校的博士學位。

←戴維斯上大學時與他的高中女友瑪麗結婚。一九六四年，他到威斯康辛大學麥迪遜分校繼續深造。

↑一九八八年，戴維斯於在勞倫斯利佛摩國家實驗室建造加速器質譜儀。加速器質譜儀對化學、生物、地質和材料有廣泛的影響。戴維斯站在最大的加速器質譜儀前，照片大約攝於一九九三年。

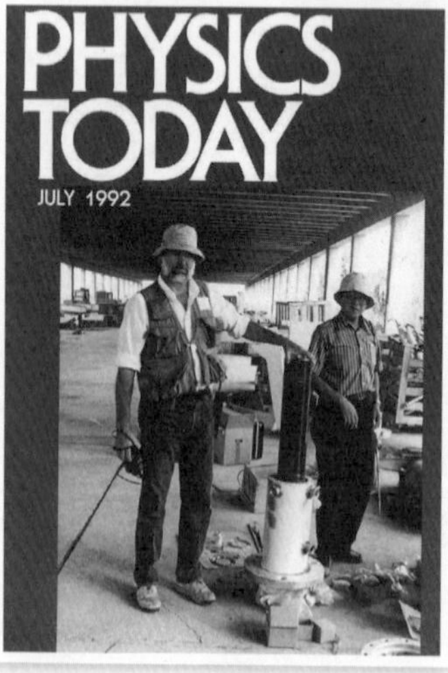

←戴維斯管理聯合國檢查隊，尋找伊拉克的核子武器。在一九九一年向聯合國安理會報告調查結果後，他的照片被刊登在《今日物理》（Physics Today）雜誌封面。

致謝詞

感謝每個同意參加這個計畫的科學家和工程師楷模。這些主角們慷慨地付出了時間和熱情，有些人還捐款資助了這個計畫。

本書是由方尼和約翰・赫茲基金會贊助之職涯指導研究計畫的成果。自一九六三年以來，赫茲基金會針對有望在科學、數學及工程領域上，能對人類問題產生重大影響的傑出人才提供博士獎學金。這個獎學金帶來的知識自由已經培養出許多跨世代的研究領導者及企業家；赫茲的研究生包括諾貝爾獎得獎者、執行長、將軍和暢銷作家。這個基金會由約翰・赫茲（John Hertz）的遺產設立，他是名匈牙利移民，透過汽車工業累積財富，他相信創新和進取的解決方案對美國的力量、安全和繁榮至關重要。有關赫茲基金會及其研究員的尖端創新，可參考網站：www.hertzfoundation.org.

感謝赫茲基金會許多成員的幫助，這本書獲得艾瑪・羅森菲爾德（Emma Rosenfeld）的對話，珍妮佛・施洛斯（Jennifer Schloss）、艾詩文・巴夏姆（Ashvin Bashyam）和山繆・羅德里克斯（Samuel Rodriques）協助訪問主角及編輯文章。班尼特・麥金托什（Bennett McIntosh）協助訪問及編輯，傑恩・艾佛拉特（Jayne Iafrate）協助照片編輯。我也要感謝羅比・科薩克（Robbee Kozak）、理查・邁爾斯和大衛・加拉斯，他們從一開始就支持這個計畫。

感謝格蕾塔・西布利（Greta Sibley），他創造了本書的第一個版型，感謝麻省理工出版社的編輯傑瑞米・馬修斯（Jermey Mathews）、黛博拉・康托－亞當斯（Deborah Cantor-Adams）和安妮・巴爾瓦（Annie Barva），他們帶領這個計畫直到出版。我還要感謝蘿拉・塞拉（Laura Serra），她為每個主角都畫了漂亮的肖像畫，還有文字編輯克里斯汀・帕爾姆（Christine Palm）。感謝莎夏・博格曼（Sasha Bergmann）、蘇珊・科恩（Susan Cohen）、伊莉奧拉・古德曼（Eliora Goodman）和喬爾・西格爾（Joel Segel）提出很有幫助的評論。

最後，要感謝家人在這個計畫期間的愛與支持，非常感謝麗莎在整個計畫期間優秀的建議，還有伊莉奧拉、塞斯和漢娜，謝謝他們和我分享他們的重要人生教訓。

丹尼爾・古德曼（Daniel Goodman）

麻薩諸塞州列星頓

國家圖書館出版品預行編目(CIP)資料

撕下標籤 成就最好的自己：當你不再侷限於自己或社會的設定，就能收穫所有的可能/丹尼爾.古德曼(Daniel Goodman)著；許可欣、黃馨葳譯. -- 初版. -- 臺北市：商周出版：家庭傳媒城邦分公司發行, 2021.03

面； 公分

譯自：Find Your Path：Unconventional Lessons from 36 Leading Scientists and Engineers

ISBN 978-986-477-997-0(平裝)

1.自我實現 2.職場成功法

177.2 110001233

新商業周刊叢書 BA8026

撕下標籤 成就最好的自己

當你不再侷限於自己或社會的設定，就能收穫所有的可能

原文書名／Find Your Path：Unconventional Lessons from 36 Leading Scientists and Engineers
作　　者／丹尼爾・古德曼（Daniel Goodman）
譯　　者／許可欣、黃馨葳
責任編輯／劉芸、張智傑
版　　權／黃淑敏、邱珮芸、劉鎔慈
行銷業務／王　瑜、黃崇華、林秀津、周佑潔

總 編 輯／陳美靜
總 經 理／彭之琬
事業群總經理／黃淑貞
發 行 人／何飛鵬
法律顧問／台英國際商務法律事務所 羅明通律師
出　　版／商周出版　台北市中山區民生東路二段141號9樓
電話：(02)2500-7008　傳真：(02)2500-7759
E-mail：bwp.service@cite.com.tw
發　　行／英屬蓋曼群島商家庭傳媒股份有限公司 城邦分公司
台北市104民生東路二段141號2樓
讀者服務專線：0800-020-299 24小時傳真服務：(02) 2517-0999
讀者服務信箱E-mail: cs@cite.com.tw
劃撥帳號：19833503 戶名：英屬蓋曼群島商家庭傳媒股份有限公司城邦分公司
訂購服務／書虫股份有限公司客服專線：(02) 2500-7718；2500-7719
服務時間：週一至週五上午09:30-12:00；下午13:30-17:00
24小時傳真專線：(02) 2500-1990；2500-1991
劃撥帳號：19863813 戶名：書虫股份有限公司
E-mail: service@readingclub.com.tw
香港發行所／城邦(香港)出版集團有限公司
香港灣仔駱克道193號東超商業中心1樓
電話：(825)2508-6231　傳真：(852)2578-9337
E-mail：hkcite@biznetvigator.com
馬新發行所／城邦(馬新)出版集團
Cite (M) Sdn Bhd
41, Jalan Radin Anum, Bandar Baru Sri Petaling, 57000 Kuala Lumpur, Malaysia.
電話：(603) 9057-8822 傳真：(603) 9057-6622 E-mail: cite@cite.com.my

封面設計／黃宏穎　　美術編輯／劉依婷　　印刷／韋懋實業有限公司
經 銷 商／聯合發行股份有限公司　電話：(02)2917-8022　傳真：(02) 2911-0053
地址：新北市231新店區寶橋路235巷6弄6號2樓

2021年03月09日初版1刷

ISBN 978-986-477-997-0　版權所有・翻印必究（Printed in Taiwan）
定價／450元

城邦讀書花園
www.cite.com.tw